이천 년의 공부

· 일러두기

- 《맹자》의 원문 및 해석은 주로 황종원 교수의 《맹자》(서책, 2010)를 참조했다.
- 책 이름은 《 》로, 편 이름은 〈 〉로 표기했다.

호연지기

지언

흔들리지 않는 마음이
필요할 때, 맹자를 읽는다

여민동락

인자무적

좌우봉원

반구저기

중용

이천 년의 공부

조윤제 지음

위즈덤하우스

맹자, 내 안의 가능성을 깨우다

살면서 누구나 고난에 맞닥뜨린다. 전혀 예상하지 못했기에 당황스럽고, 그 의미를 알 수 없어 막막한 순간이 생긴다. 이처럼 의도치 않게 맞닥뜨린 고난과 끊임없이 싸워나가는 것이 바로 평범한 우리네 삶일지도 모른다. 고난을 이겨내기 위해서는 자신에게 닥친 고난의 의미를 알아야 한다. 또한 조급해하지 말고 잠잠히 때를 기다릴 수 있어야 하며, 평온하고 안정되게 마음을 다스릴 수 있어야 한다. 공자孔子 다음가는 성인이라는 의미에서 아성亞聖이라고 불리던 맹자孟子는 온갖 문제로 고통받는 사람들에게 고난에 맞서는 정신적인 힘을 길러주려 했다.

맹자는 헛된 것에 흔들리는 이에게 "욕심을 줄이고 하늘이 준 선한 본성을 키워나가라"고 조언하고, 고난이 어렵다는 이에게 "고 나은 하늘이 그동안 하지 못했던 더 큰 일을 할 수 있게 만드는 연단이다"라고 격려한다. 사람과의 관계를 어려워하는 이에게는 "두 번을 돌이켜 스스로를 돌아보고 고쳐라. 만약 그래도 상대가 변하지 않는다면 관계를 단절하고 두 번 다시는 상관하지 말라"는 단호함도 보인다.

무엇보다도 마음을 굳건하게 하라고 가르친다. "어떤 상황에서 도 흔들리지 말라. 회피하지도 포기하지도 말라." 고난의 돌파자로 서, 정의의 수호자로서, 사랑의 힘을 가르쳐준 스승으로서, 백성의 보호자로서, 그리고 진정한 어른으로서 맹자는 말하고 있다.

"마음의 주인은 바로 당신 자신이다. 마음만 굳게 잡으면 세상의 주인이 될 수 있다."

이 책은 맹자가 전국시대라는 지극히 혼란한 시대를 어떻게 돌 파했는지 그 마음가짐에 대해 이야기한다. 지금으로부터 2천 3백 년 전, 맹자가 활동하던 시대는 전쟁이 일상이었다. '전국시대戰國時 代'라는 명칭이 말해주는 바와 같다. 그가 당시의 온갖 무도함을 이 겨내고 시대의 어려움을 돌파한 힘은 이천 년의 시간을 지나 오늘 날까지 남아 있다.

"나는 말을 알고(지언知言) 호연지기浩然之氣를 잘 기른다(아지언 아 선양오호연지기我知言 我善養吾浩然之氣)"는 말은 맹자가 제자인 공손추 公孫丑의 질문에 한 대답이다. 맹자는 지언을 이렇게 설명했다.

"편파적인 말을 들으면 가려진 것을 알고, 과장된 말을 들으면 무엇에 빠져 있는지를 알며, 사악한 말에서는 도리에 벗어난 것을 알고, 핑계 대는 말을 들으면 궁지에 몰렸다는 것을 안다."

지언은 이처럼 말을 통해 사람의 마음을 아는 능력이다.《논어論語》의 맨 마지막 문장 "말을 알지 못하면 사람을 알 수 없다"가 뜻하는 바와 같다.

호연지기는 맹자 스스로도 정확히 말하기 어렵다고 했다. 하지만 그의 말을 정리해보면 '평상시 곧고 바르게 살며, 마음속에 있는 선한 본성인 의로움을 꾸준히 키워나감으로써 얻을 수 있는 크고 위대한 기운'이라고 할 수 있다.

이로써 보면 맹자가 길렀던 것은 마음의 힘이다. 마음은 하늘로부터 받았기에 근본적으로 선하다(성선설性善說)는 신념, 살아가면서 때 묻었던 마음을 새벽의 맑고 깨끗한 생명의 힘(평단지기平旦之氣)이 회복시켜준다는 희망, 마음의 지킴은 반드시 스스로에게 달려 있다는 자유의지가 맹자에게 단단한 마음의 힘을 주었을 것이다. 그런 마음의 힘으로 맹자는 호연지기와 지언의 능력을 얻을 수 있었다. 그리고 맹자는 이렇게 결론을 내린다.

"나는 나이 사십에 마음이 동요되지 않았다(아사십부동심我四十不動心)."

사람들은 흔히 위대한 일을 이룬 사람, 큰 공적을 쌓은 사람의 현재에 집중한다. 빛나는 능력과 탁월한 결과에만 환호하는 것이다. 하지만 정말 집중해야 할 부분은 과정이다. 결과를 만들기 위해 그가 했던 노력, 쌓아나갔던 축적의 힘을 보아야 한다. 맹자도 마찬가

지다. 마흔이 되어 이루었던 부동심不動心, 그것을 위해 어떤 노력을
했고 무엇을 쌓아나갔는지 볼 수 있어야 한다. 그리고 어떤 원칙을
세우고 지켜나갔는지를 주목해야 한다.

먼저 맹자는 옳고 그름에 대한 확고한 분별력을 지켜나갔다. 옳
지 않은 것은 그 어떤 결과를 준다고 해도 그는 하지 않았다.

"사람은 하지 않은 것이 있은 다음에야 하는 것이 있다(인유불위
야 이후가이유위人有不爲也 而後可以有爲)."

무언가 간절히 이루고자 하는 것에 사람들은 집중한다. 과감하
게 도전하고 열심히 노력한다. 하지만 시작은 물론 과정에서도 그
일이 올바른지, 해도 될 일인지에는 고민해보지 않는다. 만약 시작
부터 확고한 가치관을 세우지 않고, 일하는 과정에서도 불의와 부
정에 대한 인식이 없다면 그 사람은 모래성을 쌓고 있는지도 모른
다. 사회에서 큰 성공을 거둔 사람이 불법과 불의로 한순간에 무너
지는 이유가 바로 이 때문이다.

자신을 먼저 돌아보는 반구저기 정신은 맹자가 지켰던 또 하나
의 마음가짐이다.

"이긴 자를 원망하지 않고, 스스로 돌이켜본다(불원승기자 반구저
기이이의不怨勝己者 反求諸己而已矣)."

일을 이루려면 누구나 실패를 거듭한다. 일이 크고 원대할수록
더욱 그렇다. 실패의 과정을 어떻게 헤쳐나오는지가 그다음을 좌
우한다. 경쟁에서 패배했을 때도 마찬가지다. 주위를 원망하고, 다
른 사람을 원망하고, 심지어 하늘을 원망하는 사람은 실패의 구렁

에서 헤어나오지 못한다. 실패를 거울삼아 먼저 스스로를 돌아보고, 자신의 강점과 약점을 파악해서 고치고, 더 나은 결과를 위해 매진하며 때를 기다릴 줄 아는 사람은 반드시 더 좋은 결과를 만들어낸다.

또 한 가지, 맹자는 아무리 큰 이익과 유혹 앞에서도 뜻을 굽히지 않았다.

"자신을 굽히면서 다른 사람을 바로잡을 수는 없다(왕기자 미유능직인자야枉己者 未有能直人者也)."

이처럼 맹자는 고난과 환란의 시대를 당당하게 맞서나갔다. 그리고 맹자 자신에게는 물론 좋은 세상을 만들기 위해 가장 소중했던 인의仁義의 철학과 학문을 지켜내었다. 비굴하지 않게 세상을 사는 법과 당당하게 잘못된 권위에 맞서는 지혜를 보여주었다. 유혹과 미혹으로부터 흔들리지 않고 마음을 지키는 법을 알려주었다. 아무리 허물어지고 무너졌어도 우리의 선함은 반드시 회복된다는 희망을 가르쳐주었다. 맹자를 공부하면서, 또 이 책을 쓰면서 나는 우리 시대가 바라는 진정한 어른의 모습을 보았다.

"어른이란 스스로 바르게 함으로써 만물을 바르게 하는 사람이다(有大人者 正己而物正者也유대인자 정기이물정자야)."

맹자가 말했던 어른의 정의처럼, 진정한 어른이란 혼란의 시대에 맞부딪치며 치열하게 스스로 살아가는 이를 말한다. 맹자는 시대의 어른으로서, 또 세상을 평안히 만들어야 한다는 시대적 소명으로 그 어떤 상대와도 당당히 맞서나갔다. 자신의 뜻에 맞지 않으면 그 누구와도 타협하지 않았다. 세상을 바꾸려고 했지만 그 시작은 언제나 자신이었다. 자기가 바르지 않으면 어느 누구도 설득할 수 없고, 따르지도 않는다는 사실을 명확히 알고 있었다. 그가 가르쳐준 모든 지혜는 고난과 환난에 맞설 잘 벼려진 도구다. 이 지혜를 도구 삼아 우리 모두 이 시대를 정의롭고 당당하게 돌파해나갔으면 한다. 맹자처럼 말이다.

2019년 5월
조윤제

차례

제7장　　좌우봉원左右逢原
내 안의 정의를 세우는 일상의 배움

제1장

호연지기

浩然之氣

세상을 품고 상황을 다스리는 큰 기운

진정한 용기는 그 어떤 것도 두려워하지 않다는 의미가 아니라,

두려워할 만한 것을 두려워하는 것이다.

단지 두려움으로 인해 스스로 지켜야 할

의지나 신념을 포기해서는 안 된다.

맹자의 소신과 신념은 바로 의로움이다.

그럴 때 그 내면의 기세가 자연스럽게 겉으로 드러날 수 있고,

천만 명의 군대 앞에서도 당당하게 맞설 힘이 생긴다.

신념만큼은 지켜야 한다

> 왕께서는 하필이면 이익을 말씀하십니까? 오직 인의만이 있
> 을 뿐입니다.
> 王 何必曰利 亦有仁義而已矣
> 왕 하필왈리 역유인의이이의
> 《맹자孟子》〈양혜왕梁惠王 상〉

전국시대는 치열한 전쟁이 난무하고 수많은 학파가 난립하는 시
대였다. 따라서 그 시대를 제자백가諸子百家들의 쟁명爭鳴의 시대라
고 부른다. 깊이 있는 철학, 혼란의 시대를 살아가는 지혜라기보다
는 대부분 각 나라의 왕들을 설득해 자기의 계책을 취하도록 하는
데 현실적인 목적을 두고 있었다. 제자백가에는 공자와 맹자가 속
했던 유가를 비롯해서 묵가·노가·도가·명가·종횡가가 있었다. 당
시 가장 두각을 나타내던 학파는 바로 종횡가였다. 현란한 말솜씨
와 외교술, 권모술수에 능했던 이들은 각 나라를 돌아다니며 왕들
을 설득했고, 왕들은 이들을 중용해서 천하의 주도권을 잡고자 했
다. 대표적인 인물이 바로 '합종연횡책'으로 유명한 소진蘇秦과 장

의張儀 같은 인물들이다. 실제로 이들은 큰 성공을 거두었고 천하의 정세를 좌지우지했다. 맹자도 이들과 마찬가지로 자신의 뜻에 맞게 천하를 다스리도록 왕을 설득하기 위해 각 나라를 돌았다.

위의 구절은 양혜왕梁惠王과 처음 만난 맹자가 했던 말로,《맹자》맨 앞에 실려 있다. 양혜왕이 "어르신께서 천릿길을 멀다 하지 않고 오셨으니 장차 우리나라에 이롭게 할 만한 것이 있는지요?"라고 물었을 때 맹자가 한 대답이다.

그의 말은 파격적이다. 양혜왕은 오히려 한 나라의 군주로서 자신을 만나 뜻을 펴려는 현자에게 당연히 해야 할 말을 했을 뿐이다. 군주가 현자를 쓰는 까닭은 나라에 이익을 줄 책략과 지혜를 얻기 위해서다. 그래서 '당신은 내세울 만한 것을 가지고 나를 만나러 왔는가'라고 최대한 예의를 갖추어 물었던 것이다. 하지만 맹자는 불쑥 '이익이 아닌 인의仁義를 말해야 한다'고 왕의 질문에 정면으로 반박하는 대답을 했다.

'인의'는 맹자 철학의 가장 핵심 개념이다. 공자가 인仁의 철학을 이야기했다면 맹자는 인의의 철학을 이야기했다. 물론 맹자도 인을 가장 근본으로 삼았지만 그에 못지않게 의를 중요시했다. 맹자에 의하면 내면에 갖추어진 선한 본성이 인이라면 그것을 겉으로 행하는 것이 의다. 마치 동전의 양면처럼 인과 의는 함께 갖추어야 마땅한 덕목인 것이다. 맹자는 인의란 개인이 갖추어야 할 덕목일 뿐 아니라 군주가 나라를 다스릴 때도 가장 근본으로 삼아야 한다고 왕에게 말한다.

하지만 아무리 자신의 소신과 철학이 뚜렷하다고 해도 왕의 물음에 함부로 대꾸하는 것은 무모한 행동이다. 그 당시 절대 권력을 가지고 있던 왕에게 무례하게 행하는 것은 목숨을 걸어야 할 정도의 일이었다. 맹자가 이런 사실을 몰랐을 리는 없다. 그가 이렇게 할 수 있었던 까닭은 바로 왕을 설득할 만한 확실한 대안이 있었기 때문이다.

먼저 '인의를 행하는 것이 오히려 왕에게 이익을 줄 수 있다'는 주장을 증명할 만한 탁월한 언어 능력이 맹자에게는 있었다. 이어지는 말을 보면 잘 알 수 있다.

"왕께서 '어떻게 해야 우리나라에 이로울 것인가?' 하시면 대부는 '어떻게 해야 우리 집안에 이로울 것인가'라고 할 것이고, 선비와 평민들은 '어떻게 해야 나에게 이로울 것인가'라고 말하게 됩니다. 윗사람과 아랫사람이 서로 이익을 취하면 결국 나라는 위태로워질 것입니다. 만 대의 전차를 소유한 나라에서 임금을 시해할 자는 천 대의 전차를 소유한 집안일 것입니다. 천 대의 전차를 소유한 나라에서 임금을 시해할 자는 백 대의 전차를 소유한 집안일 것입니다. 만 대의 전차를 소유한 나라에서 천 대의 전차를 취하고, 천 대의 전차를 소유한 나라에서 백 대의 전차를 취하는 것이 적지 않은데, 만약 의를 뒤로하고 이익을 앞세운다면 빼앗지 않고는 만족하지 못합니다."

한 나라의 정점에 있는 왕은 나라의 방향과 원칙을 정하는 인물이다. 신하를 비롯해 모든 백성들은 왕이 행하는 대로 생각하고 따르게 되어 있다. 공자가 노魯나라의 실권자 계강자季康子에게 이렇게 가르쳤던 바와 같다.

"귀하가 선해지고자 하면 백성들도 선해지는 것입니다. 군자의 덕은 바람이고 소인의 덕은 풀입니다. 바람이 불면 풀은 반드시 눕게 마련입니다."

맹자는 왕이 이익만을 탐하면 그 밑의 대부들 역시 자기 집안의 이익만을 생각하기 마련이고, 이는 백성들도 마찬가지여서 결국 온 나라가 자기 이익만을 탐하게 된다고 주장한 것이다. 그 결과는 바로 왕의 권력을 그 밑의 실권자인 신하가 빼앗는 것으로 마무리된다. 결국 나라가 망하는 결과를 막을 방법은 바로 왕이 인의를 베푸는 것이다. 맹자는 이렇게 결론을 내린다.

"인하면서 자기 부모를 버리는 사람이 없고, 의로우면서 자기 군주를 소홀히 하는 사람은 없습니다. 왕께서는 인의를 말씀하시지 하필이면 이익을 말씀하십니까?"

양혜왕이 맹자의 말에 수긍했는지는 알 수 없다. 실제로 전쟁의 시대에 인의로 세상을 다스리라고 하는 맹자의 주장은 역설을 넘어 억지에 가깝다고 생각했을 수도 있다. 역사적으로 보아도 양혜왕이 맹자의 의견을 받아들이지는 않았던 것이 사실이다. 하지만 양혜왕이 이 대화 이후에도 꾸준히 맹자를 귀하게 대접하며 만남을 계속한 것을 보면 최소한 인의에 대해 생각해볼 기회로 삼았던 점은 분명하다. 그 이유는 바로 왕이 듣고자 하는 바를 맹자가 말해주고 있기 때문이다. 맹자는 왕에게 원하는 이익을 주고 나라를 지킬 방법이 바로 인의라는 것을 논리적으로 설득했다. 비록 왕으로서는 기대했던 방법도 아니고 심정적으로 받아들이기는 힘들었을지 몰라도 역사적 사례를 보면 부정할 수 없는 사실이었다.《사기史記》〈태사공자서太史公自序〉에는 이렇게 실려 있다.

"《춘추春秋》에는 시해된 군주가 서른여섯이고, 망한 나라가 쉰둘이며, 제후가 달아나서 그 사직을 지키지 못한 곳은 셀 수도 없다."

《춘추》에 기록된 역사처럼 수많은 나라가 망했고, 그중에 군주가 시해된 사례가 서른여섯 번이나 될 정도로 나라를 지키는 것은 결코 쉬운 일이 아니다. 전국시대에 들어와서 이러한 현상은 더욱 심각해졌음을 양혜왕도 잘 알고 있었다. 그리고 바라지는 않지만 이 역사에서 자신만이 예외가 될 수 없음을 충분히 느꼈을 것이다.

맹자가 절대 권력인 왕에게 담대하게 소신을 펼칠 수 있었던 또한 가지 이유는 바로 어떤 상황에서도 포기할 수 없는 확고한 이념과 철학 때문이다.《맹자》〈이루離婁 상〉에서 맹자는 이렇게 말했다.

"천자가 인하지 못하면(불인不仁) 천하를 보존하지 못하고, 제후가 인하지 못하면 사직을 보존하지 못하며, 경과 대부가 인하지 못하면 종묘를 보존하지 못하고, 선비와 백성이 인하지 못하면 자기 몸을 보존하지 못한다."

인을 지켜야 하는 일은 위로는 천자에서부터 아래로 백성들까지 예외가 없으며, 나라를 지키기 위해서는 반드시 인을 실천해야 한다는 의미다. 그리고 맹자는 이렇게 재미있는 비유로 결론을 내렸다.

"지금 어떤 사람이 죽는 것을 싫어하면서 불인함을 좋아하고 즐긴다면, 취하기 싫다고 하면서 억지로 술을 마시는 것과 같다."

맹자의 비유는 이처럼 반드시 비근한 것에서 시작한다. 큰 이상을 말할 때조차 가까운 것에서 미루어 절실하게 느낄 수 있게 하는 것이다.

이 고사는 전쟁과 혼란의 전국시대를 맹자가 어떻게 돌파해나갔는지를 상징적으로 보여준다. 그리고 어떤 힘이 난세에도 사람답게 살 수 있게 하는지를 가르쳐준다. 오늘날에도 많은 평범한 사람들이 생존을 위해, 소신을 위해, 가족을 위해, 명예를 위해 서고 싶지 않은 자리에 서야 하고, 하고 싶지 않은 말을 해야 한다. 그때 무작정 자신의 주장만을 펼쳐서는 뜻하는 바를 이룰 수 없다. 반드시 말을 통해 바른 이치를 가리는 논변論辨의 능력을 갖추어야 한다. 그리고 확고한 철학과 이념이 든든히 서야 한다. 논변의 능력과 확고한 신념, 이 두 가지가 있다면 어떤 상황에서도 당당할 수 있다.

마음이 바로 서면 흔들리지 않는다

나는 나이 사십에 마음이 동요되지 않았다.
我四十不動心
아사십부동심
-《맹자》〈공손추公孫丑 상〉

공손추는 맹자의 가장 중요한 제자 가운데 하나로,《맹자》에 중요하게 등장하는 인물이다. 맹자의 능력을 확신해서, '스승님이 때를 만나지 못해서이지, 때만 만난다면 얼마든지 패업을 이룰 수 있을 것이다'라는 마음을 품고 있었다. 〈공손추 상〉1장에 "스승님께서 제나라에서 요직을 맡으신다면 관중管仲과 안자晏子가 이루었던 공적을 다시 이룰 수 있겠습니까?"라는 물음이 공손추의 생각을 말해준다. 춘추시대 관중은 제환공齊桓公을 5대 패왕의 한 사람으로 만들었고, 안자는 제나라 군주의 명성이 드러나게 했던 제나라 역사상 가장 뛰어난 재상이었다. 공손추는 맹자 역시 이 두 재상처럼 제나라의 부흥을 이끌 수 있다고 믿었다.

공손추는 당연히 긍정적인 대답을 기대했지만, 맹자는 '관중과 안자와 같이 세상의 패권이나 명예를 차지하는 일에는 관심도 없고 하고 싶은 마음도 없다'고 대답했다. 그러나 만약 하게 된다면 천하의 왕 노릇 하는 것은 손바닥 뒤집는 것만큼 쉬운 일이라고 말한다.

"오늘날 만 대의 전차를 가진 나라에서 어진 정치를 펼치면, 백성들은 거꾸로 매달려 있다가 풀려난 것처럼 기뻐할 것이다. 이렇게 일은 옛사람의 절반만 하고도 공이 반드시 배가 되는 것은 오직 지금 이 시대에만 가능할 것이다."

백성들이 학정에 시달리고 굶주림에 고통을 겪는 혼란한 시대에, 오직 인仁과 덕德으로 나라를 다스리면 반드시 백성들이 따르고 나라의 부흥을 이룰 수 있다는 확신이다.

공손추는 다음의 대화에서도 제나라에 대해 묻는다. 본인 스스로 제나라 출신으로서 스승이 제나라에서 큰 공적을 이루었으면 하는 소망이 있었을 것이다. 앞에서는 스승이 제나라에서 안자나 관중처럼 큰 공을 이룰 수 있겠는가를 물었다면, 이번에는 당연히 큰 공을 이룰 수 있다는 전제하에 마음의 다스림에 대해 물었다.

"스승님께서 제나라의 재상으로 계시면서 도를 행할 수 있다면, 이로 인해 패업을 이룰 수 있다고 해도 이상하지 않을 것입니다. 이와 같다면 마음이 동요되시겠습니까, 그렇지 않겠습니까?"

맹자가 대답했다.

"아니다. 나는 나이 사십에 마음이 동요되지 않았다."

"그렇다면 스승님은 맹분孟賁보다 훨씬 뛰어나신 것입니다."

"아니다. 그것은 어렵지 않다. 고자告子도 나보다 먼저 마음이 동요되지 않았다."

맹분은 진秦나라 무왕武王의 시대에 가장 용맹한 장수 가운데 하나다. 싸우는 소의 뿔을 맨손으로 뽑아버렸을 정도로 힘이 대단한 장수였다. 공손추는 맹자의 부동심을 외적인 무력이나 무모한 용기와 같이 생각했던 것이다. 맹자는 제자에게 고자를 예로 들어 진정한 부동심을 가르쳤다. 고자는 성선설을 주장하는 맹자에 맞서서 인간의 본성은 선하지도 악하지도 않고 중립적(성무선악설性無善惡說)이라는, 맹자의 관점에서 보면 왜곡된 주장으로 논쟁했던 철학사상가다. 맹자는 의로움에 바탕을 둔 진정한 용기가 곧 부동심을 얻는 도道가 된다고 몇 가지 사례를 들어 설명한다. 먼저 맹자는 북궁유北宮黝라는 용사가 용기를 기르는 방법을 말해준다.

"살갗을 찔러도 꿈쩍하지 않고, 눈을 찔러도 눈동자를 움직이지 않았다. 털끝만큼이라도 다른 사람에게 모욕을 당했다고 생각하면, 마치 저잣거리나 조정에서 매질을 당한 것으로 여겼다. 거칠고 헐렁한 옷을 입은 천한 사람에게도 모욕을 당하지 않고, 만 대의 전차를 소유한 군주에게도 모욕을 당하지 않았다. 만 대의 전차를 소유한 군주를 찌르는 것을 천한 사람을 찔러 죽이는 것처럼 여겼다. 제후를 두려워하지 않아서 나쁜 말을 들으면 반드시 반격을 가했다."

여기서 북궁유는 앞의 맹분처럼 외적으로 드러나는 용기를 길렀다고 할 수 있다. 다른 사람들 앞에서 치욕을 당하는 것을 참지 않고, 어떤 힘이나 권력을 가진 사람 앞에서도 굴복하지 않는 용기가 있었다. 이를 용기라고 할 수는 있지만 지혜롭다고 할 수는 없다.

두 번째는 맹시사孟施舍의 용기다.

"나는 이길 수 없는 자를 이길 수 있는 것처럼 본다. 적을 헤아린 후에 전진하고, 이길 수 있다고 생각한 후에 교전한다면 이는 삼군을 두려워하는 자다. 내가 어찌 반드시 이길 수 있겠는가? 단지 두려워하지 않을 뿐이다."

맹시사의 용기는 내적인 기氣를 키운 것이다. 강대한 적을 두려워하지 않고 당당히 맞설 용기를 말한다. 북궁유가 외면의 용기를 길렀다면 맹시사는 마음의 굳셈, 즉 내면의 단단함을 길렀다. 맹자는 이 둘의 우열을 가리기는 힘들지만 맹시사 쪽이 좀더 지킬 만하다고 말했다. 북궁유가 단순히 겉으로 보이는 용기였다면, 맹시사는 내면의 기를 길러서 자연스럽게 드러나는 경지이기 때문이다. 하지만 맹자는 이 둘 모두 진정한 용기에는 미치지 못한다고 생각했다. 그리고 증자가 자양子襄을 가르친 사례를 들어 진정한 용기가 무엇인지 가르쳐준다.

"그대는 용기를 좋아하는가? 내가 일찍이 스승인 공자로부터 큰 용기에 대해 들었던 적이 있다. 스스로 돌이켜보아 바르지 않으면 거칠고 더러운 옷을 입은 천한 사람도 두렵지만, 스스로 돌이켜보아 바르면 설사 천만 대군이 앞에 있다고 해도 나는 당당히 맞설 것이다."

그리고 맹자는 결론을 내린다.

"맹시사가 지켰던 것은 기운이니, 증자가 지켰던 것이 더 따를 만하다."

단순히 기운과 기세를 길러서 담대해지는 것만으로는 안 된다는 이야기다. 맹자는 겉으로 드러나는 용기보다, 내면의 기세보다, 반드시 의로움에 기반을 둔 용기를 가장 큰 용기이자 지킬 만한 용기라고 했다. 진정한 용기는 그 어떤 것도 두려워하지 않다는 의미가 아니라, 두려워할 만한 것을 두려워하는 것이다. 단지 두려움으로 인해 스스로 지켜야 할 의지나 신념을 포기해서는 안 된다. 맹자의 소신과 신념은 바로 의로움이다. 그럴 때 그 내면의 기세가 자연스럽게 겉으로 드러날 수 있고, 천만 명의 군대 앞에서도 당당하게 맞설 힘이 생긴다.

맹자는 마흔에 마음이 흔들리지 않았다는 것을 공손추가 알아듣기 쉽게 용기를 예로 들어 설명해주었다. 하지만 부동심은 단지 용기만으로 그치지 않는다. 부동심이란 세상의 명예와 권세 앞에서도 흔들리지 않는 마음을 말한다. 그 기반이 되는 것이 바로 의로움(의義)이다. 마음이 의로움으로 굳게 서 있으면 어떤 무력 앞에서도 당당할 수 있고, 유혹과 탐욕 앞에서도 무너지지 않는다.

또 한 가지 생각해볼 것은 '마흔'의 의미다. 맹자는 왜 마흔에 마음이 동요되지 않았다고 했을까? 많은 고전이 사람의 인생에서 마흔의 의미를 이야기한다. 공자는 "마흔이 되면 미혹되지 않는다(사십이부혹四十而不惑)"라는 유명한 이야기를 했다.《논어》〈위정爲政〉에 실린 말인데, 마흔이 되면서 세상의 유혹과 자신의 욕심에 흔들리지 않고 마음을 굳게 지킬 수 있었다는 뜻이다. 또한《예기禮記》〈곡례曲禮 상〉에서도 "마흔이 되면 벼슬에 나아갈 수 있는 나이"라고 했다. 공직에 나서기 위해서는 최소한 마흔까지는 공부와 경험, 그리고 수양을 쌓아 근본을 든든히 해야 한다는 것이다.

이처럼 옛날부터 마흔은 인격이 여물어 세상의 풍파와 유혹에 흔들리지 않고, 책임 있는 일을 맡아서 당당히 사회적인 책무를 질 나이다. 하지만 오늘날 관점으로 보면 마흔은 가장 흔들리기 쉬운 때이자 급격한 변화의 시기이기도 하다. 직장생활을 하든 직장에서 독립해 자기 사업을 하든 마찬가지다. 직장에서는 승진하기 위해 치열한 경쟁을 치러야 하고, 사업에서는 만약 실패한다면 재기를 기약할 수 없다. 가정에서는 사춘기 아이들 때문에 걱정이 끊이지 않고, 갱년기에 들어서면서 부부 사이도 서먹해진다. 이런 시기에 공자와 맹자와 같이 흔들리지 않는 마음을 가지라는 말이 사치라고 생각하는 사람도 있을 것이다. 하지만 이럴수록 현실에 당당히 맞설 용기와 마음을 다스리는 지혜가 필요하다. 그리고 그 기반이 바로 '의로움(의義)'이다. 의롭게 살겠다는 의지와 스스로를 돌아보는 성찰의 자세로 살아간다면, 비록 부동심의 경지는 아니더라도 부끄럽지 않은 어른의 모습은 될 수 있을 것이다.

뜻을 굳게 하고 기운을 해치지 말라

나는 말을 알고 호연지기를 잘 기른다.
我知言 我善養吾浩然之氣
아지언 아선양오호연지기
-《맹자》〈공손추 상〉

공손추는 고자가 어떻게 스승보다 먼저 부동심에 도달했는지 궁금
했다. 학문과 수양에서 최고의 경지인 스승보다 먼저 부동심에 도
달했다니 의아했기 때문이다. 그래서 맹자의 부동심과 고자의 부
동심은 무엇이 다른지 물었다. 맹자는 이렇게 대답해주었다.

"고자는 상대방의 말이 이해되지 않으면 마음에서 그 의미를 찾
지 말라고 했고, 마음에서 얻지 못하면 기운의 도움을 구하지 말라
고 했다. 마음으로 이해가 되지 않으면 기운의 도움을 구하지 말라
는 것은 옳지만, 말에서 얻지 못하면 마음속에서 찾지 말라고 한 것
은 옳지 않다. 뜻은 기운을 통솔하는 장수이고, 기운은 몸속에 가득
찬 것이다. 뜻이 한곳에 이르면 기운은 뜻에 따라서 그곳에 이른다.

그러므로 '뜻을 굳게 유지하고 기운을 해치지 말라'고 했다."

맹자의 말은 마치 동문서답 같다. 하지만 그 의미를 찬찬히 살펴보면 부동심의 근본인 마음과 기의 본질을 이야기했음을 알 수 있다. 마음과 기운이 서로 상호작용하지만, 만약 마음에 불편한 점이 있다면 반드시 그 마음을 제어하도록 해야지, 기의 도움을 받아서는 안 된다는 의미다. 이것은 고자 역시 주장했던 바다. 여기서 마음이란 선한 본성(성性)이고 뜻(지志)이란 '마음이 가는 곳'으로, 오늘날 개념으로 보면 이성이나 의지를 말한다. 기는 기운 혹은 감성을 뜻한다고 볼 수 있다. 맹자는 선한 마음을 근본으로 의지와 기운을 잘 길러 마음을 평온하게 하는 것이 부동심이라고 말한 것이다.

그 사람이 하는 말을 잘 이해할 수 없다면 그의 마음에서 의미를 찾아서는 안 된다는 고자의 생각은 옳지 않다고 맹자는 말했다. 고자는 사람의 선한 마음이 근본임을 부정하기 때문이다. 상대방의 말이 잘못되었거나 왜곡된 점이 있어 잘 이해하지 못했다면 그 사람의 마음에서 미루어 볼 수 있는 것은 바로 지언, 즉 말을 아는 능력이다. 지언은 맹자가 자신의 강점이라고 자부했던 능력이다.

맹자는 이어지는 대화에서 공손추가 "스승님은 무엇을 잘하십니까?"라고 묻자, "나는 말을 알고 호연지기를 잘 기른다"라고 대답했다. 맹자는 먼저 지언에 대해 이렇게 설명했다.

"편파적인 말을 들으면 가려진 것을 알고, 과장된 말을 들으면 그자가 무엇에 빠져 있는지를 알며, 사악한 말에서는 도리에 벗어난 것을 알고, 핑계 대는 말을 들으면 그가 궁지에 몰렸다는 것을 안다."

맹자는 마음은 사람의 본성이고, 그 본성이 겉으로 표현된 것이 말이라고 했다. 따라서 맹자가 말을 안다고 했던 것은 사람의 본성을 이해하고 있다는 뜻이다. 당연히 말에 의해 그 사람의 마음을 알수 있어야 하고, 맹자 스스로 그 능력을 갖추었다는 것이다. 이것은 《논어》의 맨 마지막 문장인 "말을 알지 못하면 사람을 알 수 없다(부지언무이지인야不知言無以知人也)"와 일맥상통한다. 맹자가 말의 능력을 이처럼 중요시했던 이유는 말로 인해 정치가 혼란스러워지고 일을 이루는 데 결정적으로 지장을 초래하기 때문이다. 천하가 혼란스러워지는 것이다. 바로 그 당시 활동하던 온갖 이단들, 즉 양주와 묵가의 폐해와 같은 것들이다.

호연지기는 맹자 자신도 잘 설명하기 어렵다며 이렇게 말했다.

"그 기운은 지극히 크고 강해, 곧게 길러 해치지 않으면 하늘과 땅 사이에 가득 차게 된다. 그 기운은 의義와 도道와 함께하는 것으로, 그렇지 않으면 기운은 곧 시들어진다. 이것은 의가 부단히 모여서 된 것이지, 의가 밖에서 엄습해 이루어진 것이 아니다. 행하고 나서 마음에 흡족하지 않으면 역시 호연지기는 시들해지기 마련이다."

호연지기는 사람의 마음에 가득 차 있는 지극히 크고 광대한 기운이다. 맹자는 사람의 마음은 하늘이 우리에게 부여해준 것이라고 했다. 하늘이 준 만큼 그 능력은 무궁무진하고, 그 힘은 천하를 가득 채울 정도로 크고 위대하다. 하지만 한 가지 조건이 있다. 반드시 선하고 바르게 키워 스스로 해치지 않아야 한다. 마음은 하늘로부터 받은 것이지만 그것을 키우고 해치는 것은 모두 자신에게 달려 있다.

그다음으로 호연지기는 반드시 의義와 도道 같은 선한 덕성을 기반으로 해야 한다. 이를 기반으로 하지 않으면 그 기운은 호연지기가 될 수 없다. 올바르지 않은 방향과 중용을 지키지 못하는 기의 발현은 반드시 문제를 야기할 뿐이고, 오래가지 못하고 시든다.

또 한 가지로, 호연지기는 반드시 내면에 있는 의를 꾸준히 모으고 연마해 생길 수 있다. 호연지기는 의라는 덕목을 쌓아나가서 만들어지는데, 외부에서 갑자기 얻거나 찾을 수 있는 것은 아니다. 맹자는 사람이 지켜야 할 도리인 인의예지仁義禮智는 모두 마음속에 있는 네 가지 선한 본성에서 기인한다고 했다. 따라서 호연지기를 자기 마음속에서 구해야 한다. 또한 호연지기는 반드시 삶에서 꾸준히 구현되어야 한다. 만약 의에 기반을 둔 행동을 하지 않으면 마음이 흡족할 수 없고, 마음이 흡족하지 않으면 호연지기는 곧 시든다.

이 말들을 종합해보면 호연지기란 '평상시 곧고 바르게 살며, 마음속의 선한 본성인 의로움을 꾸준히 키워나감으로써 얻을 수 있는 크고 위대한 기운'이라고 할 수 있겠다. 그리고 맹자는 호연지기를 기르는 데 반드시 염두에 두어야 할 일을 말해준다.

"호연지기를 기르기 위해 매사에 잊지 말고 노력해야 하지만 그 결과를 기대하지 말 것이며, 빨리 기르기 위해 조급해하지 말아야 한다."

호연지기란 항상 염두에 두고 기르기 위해서 애써야 하지만, 반드시 언제 어떻게 이루겠다고 정해두어서는 안 된다. 그리고 호연지기를 이루기 위해서 조급하게 생각하는 것 역시 바람직하지 않다. 하루하루의 생활에서 조급해하지도 지치지도 않고, 꾸준히 의로운 길을 걸으면 이룰 수 있는 경지가 곧 호연지기인 것이다. 맹자는 송나라 농부의 예를 들어 설명해준다. 알묘조장揠苗助長의 고사인데 오늘날 '바람직하지 않은 일을 부추긴다'라는 뜻으로 쓰는 '조장'의 어원이 되는 구절이다.

"송나라의 사람 중에 싹이 잘 자라지 않는 것을 안타까워하는 농부가 있었다. 하루는 자기 논의 싹을 살짝 뽑자 금방 싹이 자란 것처럼 보여서 흐뭇했다. 그 농부는 온종일 자기 논의 싹을 모두 조금씩 뽑은 다음 피곤한 모습으로 집에 와서, '내가 싹들을 모두 잘 자라도록 도와주었다'고 말했다. 깜짝 놀란 아들이 가서 살펴보자 싹들이 모두 말라 죽어 있었다."

맹자는 이 고사를 통해 호연지기를 기르는 올바른 방법을 일러준다. 호연지기를 기르는 일이 무익하다고 포기하는 사람은 아예 김을 매지 않는 사람이다. 반대로 조급하게 그 기운을 자라게 하려는 자는 싹을 뽑아 들어 올리는 자다. 이는 무익할 뿐 아니라 그것을 해치는 일이다.

맹자는 전쟁과 혼란의 전국시대를 지언과 호연지기로 자신의 뜻을 펼쳐 나갔다. 어렵고 힘든 상황에서 스스로를 지켜내었고, 나아가 자신의 학문과 이념도 지켜낼 수 있었다. 오늘날 그 당시 가장 유력한 학파였던 종횡가는 물론 노가와 법가, 도가는 단지 옛날의 철학과 사상으로 남아 있을 뿐이다. 하지만 맹자가 지켜낸 유학은 동양 철학의 뿌리로서, 동양의 세계관으로 동양은 물론 전 세계적으로 깊은 영향을 끼칠 수 있었다. 그 기반이 된 것이 바로 혼란의 시대에 굴복하지 않았던 '맹자의 돌파력'이다.

오늘날도 어쩌면 맹자의 시대에 못지않은 치열한 시대일지도 모른다. 잠깐 뒤처지면 도태되는 경쟁의 시대를 살아가는 힘은 지언과 호연지기로 얻을 수 있다. 하지만 반드시 염두에 두어야 할 것이 있다. 힘들고 어려운 상황에 매몰되어 포기해서도 안 되며, 무언가를 이루기 위해 조급해서도 안 된다. 단지 의롭고 올바른 길을 꾸준히 걸으며 마음속에 의를 쌓아나갈 때 호연지기를 얻을 수 있다. 호연지기가 굳건히 세워지면 어떤 사람도, 어떤 상황도 두렵지 않으며 당당히 맞설 수 있다.

나이만 먹는다고 어른이 되지는 않는다

> 천하의 가장 넓은 집에 살고, 천하의 가장 올바른 자리에 서
> 고, 천하의 가장 큰 길을 걸어라.
> 居天下之廣居 立天下之正位 行天下之大道
> 거천하지광거 입천하지정위 행천하지대도
> -《맹자》〈등문공滕文公 하〉

요즘은 어른이 드문 시대다. 진정한 어른, 어른다운 어른을 찾기 힘
들다는 말이다. 남보다 지위가 높거나 남을 가르치는 사람들조차
어른으로서 진면목을 보여주지 못한다. 맹자는 진정한 어른(대인大
人)에 대해 많은 이야기를 남겼다. 지금 못지않게 그 당시에도 참다
운 어른을 찾기 힘들었기 때문일 것이다. 이로써 보면 어른이란 나
이만 든다고 되는 것은 아닌 것 같다. 지식과 재능만이 아니라 올바
른 사람이 되기 위한 수양과 노력이 반드시 뒤따라야 한다.

　《맹자》〈이루 하〉에는 "대인이란 어린아이의 마음을 잃지 않은
사람이다"라고 실려 있다. 어른이 어른다울 수 있는 것은 어린아이
와 같은 순수함을 지니고 있을 때다. 사람이면 누구나 하늘로부터

선한 마음을 본성으로 받는다. 이 마음을 가장 잘 보존하는 자가 어린아이다. 맹자는 처음 받은 어린아이와 같은 마음을 잘 보존한 사람이 진정한 어른이라고 보았다. 또한 맹자는 "예가 아닌 예와 의가 아닌 의를 대인은 하지 않는다(비례지례 비의지의 대인불위非禮之禮非義之義 大人弗爲)"라고 했다. 속마음은 전혀 다르면서 겉으로만 예와 의를 갖추는 것은 위선일 뿐이다. 어른은 겉으로 보이는 행동과 속마음이 같다. 또한 대인은 '스스로를 바르게 함으로써 만물을 바르게 하는 사람', 즉 스스로를 바르게 함으로써 주위의 모든 것을 바르게 이끌어가는 사람이다.

맹자는 이 모든 것을 '대장부大丈夫'라는 단어로 집대성했다.《맹자》〈등문공 하〉에 실려 있는 고사다. 경춘景春이 말했다.

"공손연公孫衍과 장의張儀는 어찌 진정한 대장부가 아니겠습니까? 한번 노하면 제후들이 두려워하고, 편안히 있으면 천하가 잠잠해지니 말입니다."

그러자 맹자가 말했다.

"이들을 어찌 대장부라 할 수 있는가? 남자가 관례를 할 때는 아버지가 훈계하고, 여자가 시집갈 때는 어머니가 훈계하는데 문 앞에서 이렇게 이야기한다. '네 집에 가면 반드시 공경하고 경계해야 하고, 남편을 거스르지 마라.' 이처럼 순종을 바른 것으로 삼는 것은 여자의 도道일 따름이다."

앞서 언급했듯이 종횡가는 외교적 책략과 변론을 통해 권력을 쟁취하려는 사상가들을 말한다. 경춘 역시 종횡가에 속한 변론가로서, 종횡가의 가장 유명한 인물이던 공손연과 장의를 대장부로서 손색이 없다고 여겼던 것 같다. 그래서 맹자에게 은근히 그들을 내세우며 동의를 구하고 있다. 제후들과 함께 천하를 다스렸던 인물들이니 그들이 최고의 대인, 즉 대장부가 아니냐는 물음이다. 실제로 공손연은 합종책의 주창자로서 전국시대 7대 강국 가운데 다섯 나라의 외교를 담당하는 재상이었다. 합종책의 대표적인 인물인 소진보다 먼저 합종책을 펼쳤던 인물이다. 장의는 연횡책의 주창자로서 최고 강대국 진秦나라의 재상으로 활약하며 소진의 합종책을 와해시켰다. 소진과 장의는 은둔의 철학자였던 귀곡자鬼谷子의 제자로, 시차를 두고 천하를 좌지우지했던 인물들이다. 특히 장의는 처음부터 승승장구했던 소진과 달리 많은 고초를 겪은 후 소진의 도움으로 세상에 나설 수 있었다.

맹자는 그 당시 가장 영향력이 있던 공손연과 장의 두 사람을 남편에게 순종하는 아녀자로 비유했다. 왕의 비위만 맞추고 왕의 뜻에 순종만 하는 것은 진정한 대장부가 아니라는 의미다. '순종은 아녀자의 도'는 2,300년 전의 시대상을 반영한다.

권모술수로 천하를 호령했지만 옳은 길을 가지 못하고, 올바른 방법을 왕에게 권유하지 않는 것은 당당한 태도가 아니다. 맹자는 또한 이 두 사람이 인의로 다스려지는 세상이 정의롭다는 사실을 안다고 여겼다. 알면서도 하지 않기에 더 큰 잘못이고 비겁한 태도라는 것이다. 맹자는 진정한 대장부를 이렇게 말했다.

"천하의 가장 넓은 집에 살고, 천하의 가장 올바른 자리에 서 있으며, 천하의 가장 큰 길을 걸어, 뜻을 얻으면 백성과 함께 그 길을 따라 걷고, 뜻을 얻지 못하면 홀로 그 길을 걷는다. 부귀함도 마음을 어지럽히지 못하고, 빈천함도 뜻을 바꾸지 못하며, 위협에도 뜻을 굽히지 않으니 이런 자가 진정한 대장부다(거천하지광거 입천하지정위 행천하지대도 득지여민유지 부득지독행기도 부귀불능음 빈천불능이 위무불능굴 차지위대장부居天下之廣居 立天下之正位 行天下之大道 得志與民由之 不得志獨行其道 富貴不能淫 貧賤不能移 威武不能屈 此之謂大丈夫)."

위의 구절에서 천하의 넓은 집은 인仁을 뜻하고, 올바른 자리는 예禮, 천하의 큰 길은 의義의 삶을 의미한다. 성선설을 주장하던 맹자는 사람은 누구나 선한 본성을 하늘로부터 부여받았다고 했다. 그 선한 본성을 지키며 사는 것이 바로 인의예지의 삶이며, 만약 그렇지 못하면 '사람이 아니다(비인야非人也)'고까지 이야기했다. 아무리 지위가 높거나 부가 많다고 해도 마찬가지다. 반드시 올바르게 살아야 하고, 그렇지 않은 사람은 대장부라 할 수 없다. 심지어 그런 사람은 사람의 도리도 못 하는 금수와 같은 사람일 뿐이다.

그다음 맹자가 말하는 대장부의 요건은 바로 백성들과 함께해야 한다는 것이다. 《맹자》〈양혜왕 하〉에는 '여민동락如民同樂'의 성어가 실려 있다. 군주가 음악이나 사냥을 즐기는 것은 좋으나 반드시 백성들과 그 즐거움을 나눌 수 있어야 한다는 것이다. 이 말은 군주와 백성이 같이 즐겨야 한다는 의미가 아니라, 군주의 즐거움을 함께 기뻐할 수 있도록 만들어주어야 한다는 것이다. 그렇게 되기 위해서는 생활이 안정되어야 하고, 전쟁으로 인한 위협과 지장을 받

지 않아야 하고, 평안한 세상을 만들어 백성들에게 여유와 평안을
주어야 하는 것이다.

또 한 가지, 부와 빈곤, 그리고 위기 등 상황에 좌우되지 않고 꿋
꿋하게 자기 길을 가는 사람이 대장부다. 부와 빈곤에 좌우되지 않
는 것은《논어》〈학이學而〉에서 공자가 제자 자공子貢을 가르친 고
사에서 알 수 있다. 자공이 "가난하면서도 남에게 아첨하지 않고
부유하면서도 다른 사람에게 교만하지 않으면 어떻습니까?(빈이
무첨 부이무교 하여貧而無諂 富而無驕 何如)"라고 묻자 공자는 이렇게 대
답했다.

"그 정도면 괜찮은 사람이다. 하지만 가난하면서도 즐겁고, 부유
하면서도 예의를 좋아하는 것만은 못 하다."

자공이 부자이면서도 교만하지 않겠다는 결심을 말하자 공자는
그 정도로는 안 되며 부와 가난이라는 상황에 구애받지 않는 진정
한 안빈낙도安貧樂道로 살아야 한다는 가르침을 주었다.

오늘날 흔히 착각하듯이 지위가 높다고, 권세와 부를 누린다고
대장부가 되는 것은 아니다. 성공과 출세를 위해 수단과 방법을 가
리지 않고, 온갖 비굴한 행동으로 높은 자리에 오르는 것은 오히려
부끄러운 일일 뿐이다. 맹자의 대장부는 바로 '사람답게 사는 법'
을 말한다. 처한 상황에 따라 변하지 않고 당당하게 의로운 길을 가
는 사람이 대장부다.

진실로 잘 기르면 자라지 않는 것이 없고,
진실로 기르지 않고 내버려두면 사라지지 않는 것이 없다.

-《맹자》〈고자告子 상〉 중에서

자긍심으로 스스로를 당당하게 세운다

천하를 태평하게 만들고자 한다면 지금 이 시대에 나 말고 누가 있겠는가?
如欲平治天下 當今之世 舍我其誰也
여욕평치천하 당금지세 사아기수야
-《맹자》〈공손추 하〉

맹자가 제나라에서 한동안 머물며 왕의 책사를 하다가 관직을 내려놓고 왕을 떠나게 되었다. 당초에는 왕이 예의를 차리지 않음을 핑계로 조정에 출석을 피했지만, 계속된 왕의 초빙에 조정에 나아갔고 왕과 많은 대화를 나눌 수 있었다. 맹자는 제선왕齊宣王에 대해 완전히 만족하지는 못했으나 그래도 함께 인의의 정치를 펼칠 가능성이 가장 높은 왕으로 보았다. 제선왕 역시 맹자와 함께 뜻을 펼치지 못하는 것을 아쉽게 생각했다. 제선왕은 맹자가 조금은 비현실적이고 이상에 치우친 주장을 한다고 인식했으나, 맹자의 깊은 철학과 담대한 웅변만큼은 왕의 마음을 사로잡았던 것이다.

제선왕의 마음은 이중적이라고 할 수 있다. 떠나보내기는 아쉽

지만 붙잡기는 부담스러운 존재가 바로 맹자였을 것이다. 왕은 최
대한 예의를 갖추어 맹자에게 이렇게 말했다.

"옛날에는 만나고 싶었으나 만나지 못하다가, 모시고 조정에 함
께 있게 되어 크게 기뻤습니다. 이제 다시 저를 버리고 고향으로 돌
아가신다고 하니, 잘 모르겠습니다만 이후에도 다시 만날 기회가
있을런지요?"

충분히 예의를 갖추어 이별의 안타까움을 잘 나타낸 말이지만
크게 만류하지는 않는 모습이다. 그러자 맹자가 대답했다.

"제가 감히 청하지 못했을 뿐, 본래 제가 가장 바라던 바였습니
다(불감청이 고소원야 不敢請耳 固所願也)."

오늘날 흔히 쓰는 '불감청 고소원'이라는 성어의 원전이다. 맹자
는 자신의 뜻과 이상을 왕이 채택하기만 한다면 얼마든지 왕을 도
울 마음이 있다는 뜻을 밝힌 것이다. 그 후에 왕은 신하에게 말했다.

"내가 도성 한가운데에 맹자를 위해 집을 지어드리고, 만종萬鍾
의 곡식으로 제자들을 가르치게 해 여러 대부와 백성들에게 모범
이 되게 하고 싶다. 이 말을 맹자에게 전해주도록 하라."

맹자의 말을 따르기는 어렵지만, 맹자의 명성과 학문을 위해 제
나라에 머물게 하고 싶다는 의미다. 맹자는 이 말을 듣고 이렇게 말
했다.

"내가 부자가 되고 싶었다면 10만 종鍾을 사양하고 1만 종을 받
겠는가? 이것이 부자가 되려는 사람의 모습이겠는가?"

맹자는 앞서 제자 진진陳臻이 "왜 제나라에서 주는 금 100일(1일

鎰은 20냥)을 받지 않으십니까?"라고 묻자 "명분이 없이 주는 것은 매수하려는 것이다. 군자로서 재물에 매수될 수는 없다"라고 대답했던 적이 있다. 맹자는 왕이 주는 재물에 현혹되지도 않을 것이며, 자신이 원하는 것이 부자도 아니기에 돈을 받을 수 없다는 것이다. 인으로 나라를 다스리자는 의견을 듣지도 않고, 직접 정치에 참여해 뜻을 펼치게 하지도 않으면서 돈으로 머물게 하는 것은 명분도 없고 매수와 같기에 맹자는 결코 받아들일 수 없었다. 이와 더불어 맹자는 부를 독점하고, 옳지 않은 방법으로 돈을 모으는 것은 천한 일임을 장사꾼의 예를 들어 말한다.

"옛날에 장사를 한다는 것은 자신에게 있는 것을 없는 것과 바꾸는 일로, 관리들은 이를 감독만 했다. 그런데 어떤 천한 남자가 아래가 내려 보이는 높은 언덕(농단壟斷)에 올라 이익을 모두 독점했다. 사람들은 모두 이를 천하게 여겼다. 그래서 그 사람에게 세금을 징수하게 되었다. 상인들이 세금을 내게 된 것은 이 천한 남자에게서 비롯되었다."

오늘날 많이 쓰이는 '국정농단國政壟斷'은 이 고사가 출전이다. 원래 농단은 높은 언덕이라는 뜻으로, 여기서는 장사꾼이 시장이 훤히 보이는 가장 좋은 위치에 자리 잡고 시세를 살펴 시장의 이익을 독점한다는 뜻이다. 국정농단은 국가의 요직을 차지해 사욕을 채우는 것을 말한다. 권력의 대물림이나 지위와 권력을 이용해 자기 욕심을 채우는 것들이 모두 이에 포함된다.

맹자가 부귀영화를 누릴 수 있는 제나라를 떠나 고향으로 돌아간 것은 그 당시에도 큰 화제였다. 보통 사람들이 이해하기 어려운 행보였기 때문이다. 또한 평소에 맹자의 철학을 흠모하던 선비들에게는 실망스러운 행보이기도 했다. 맹자가 제나라를 떠나기를 망설였다고 생각했기 때문이다. 평소에 맹자를 흠모하던 윤사尹士라는 선비가 실망해 말했다.

"제나라 왕이 탕왕湯王이나 무왕武王과 같이 될 수 없다는 것을 몰랐다면 맹자는 현명하지 못한 것이다. 만약 알고도 왔다면 맹자는 부귀를 추구했던 것이다. 천릿길을 와서 왕을 뵙고는 뜻이 맞지 않아 떠나는데, 사흘이나 묵은 후에 주읍을 떠나니, 어찌 그렇게 오래 지체한다는 말인가? 나는 그 점이 불쾌하다."

제자인 고자高子가 그 말을 듣고 맹자에게 전했다. 맹자가 대답했다.

"윤사가 어찌 나를 알겠는가? 천릿길도 멀다 않고 왕을 뵌 것은 내가 원하던 것이다. 그러나 뜻이 맞지 않아 떠난 것은 어찌 내가 원했겠는가? 나는 어쩔 수 없어서 떠난 것이다. 또 내가 사흘을 머문 후에 주읍을 떠난 것은 그 당시 내 마음으로 보자면 오히려 빠르다. 나는 왕이 마음을 바꾸어 반드시 나를 돌아오게 할 것이라고 생각했다. 하지만 주읍을 떠났으나 왕은 나를 다시 찾지 않았다. 그 후에야 고향으로 돌아가겠다는 마음이 굳어졌다. 내가 비록 그러하지만 어찌 왕을 버리겠는가. 왕은 그래도 선정을 베풀 수 있는 분이다. 왕이 만약 나를 쓴다면 단지 제나라 백성만 편안해지겠는가? 천하의 백성이 모두 편안해질 것이다. 왕이 마음을 바꾸기를 나는 날마다 바라고 있다. 내가 어찌 그런 졸장부이겠는가? 군주에게 간언해 받아들여지지 않으면 크게 화를 내어 얼굴에 그 노기를 드러내고, 떠날 때는 온존일 온 힘을 다해 걸어 따라오지 못하게 한 다음에야 유숙하는 그런 사람이겠는가?"

윤사가 그 말을 듣고 말했다.

"내가 참으로 졸장부구나!"

윤사는 맹자가 권력을 탐해 제나라 왕을 찾아왔다고 오해했다. 바로 떠나지 못하고 사흘씩이나 왕궁과 가까운 곳에 유숙한 것도 역시 부귀를 놓친 것이 아쉬워 왕이 다시 부르기를 기다렸다고 생각했다. 물론 맹자가 왕의 부름을 기다린 것은 사실이다. 하지만 윤사의 생각과는 달리 오직 제나라 왕과 함께 제나라 백성은 물론 천하를 평안하게 하는 데 힘을 다하기 위해 왕의 부름을 기다렸던 것이다. 전쟁과 혼란의 시대에 그나마 천하를 태평하게 잘 다스릴 수 있는 군주가 제선왕이라고 생각했기 때문이다. 그리고 오직 자신만이 그 일을 할 수 있다고 믿었다. 따라서 세상을 바로잡고자 뜻을 펼치는 데 남의 이목이나 자존심을 거론하는 것은 쓸데없는 일이라는 것이다. 윤사는 맹자의 진심을 전해 듣고는 오히려 자신이 졸장부임을 인정했다. 이로써 미루어보면 윤사도 졸장부는 아니다. 자신의 오해와 잘못을 즉시 인정하고 스스로를 돌아볼 줄 아는 사람이기 때문이다.

제나라를 떠나 고향으로 돌아가는 길에 제자 충우充虞도 물었다.

"스승님의 안색이 좋지 않아 보입니다. 예전에 저는 스승님께 '군자는 하늘을 원망하지 않고 사람을 탓하지 않는다(군자불원천 불우인(君子不怨天 不尤人)'라는 말을 들었습니다."

맹자가 대답했다.

"그때도 한때이고 지금도 한때다. 역사를 보면 500년마다 필히 천하의 왕이 일어섰으며 그사이에도 세상에 이름을 떨치는 자가 있었다. 주周나라 이래 이미 700년이 지났다. 그 햇수로 본다면 성현이 나타날 때가 되었다. 하늘이 아직 천하를 태평하게 하지 않는 것이다. 만약 천하를 태평하게 만들려고 한다면 지금 이 시대에 나 말고 누가 있겠는가? 내가 왜 불쾌해하겠는가?"

충우는 뜻을 이루지 못해 원망하는 마음 때문에 맹자의 안색이 좋지 않다고 생각했다. 그래서 '하늘과 사람을 원망하지 않는다'는 스승의 말과 지금의 행동이 다른 것이 아니냐고 물었다. 맹자는 그것이 아니라고 알려준다. 비록 지금 뜻이 이루어지지 않았지만, '언젠가 이 세상을 평안하게 할 사람은 나밖에 없는데 왜 내가 불편해하겠는가?'라는 확신에 찬 대답이다.

살아가다보면 모든 일이 항상 잘되는 것은 아니다. 그럴 때마다 일희일비한다면 마음이 상할 뿐 아니라 사기가 떨어져 새롭게 도전하기도 어렵다. 또한 실망해 자책하거나 자존심을 상하는 것도 바람직하지 않다. 한두 번의 실패로 자신의 가치를 폄하하는 것은 어리석은 일이다. 그때 필요한 것이 바로 '나는 큰일을 할 수 있다'는 당당한 자신감과 '나는 바른길을 가고 있다'는 의로운 확신이다. 당당한 자신감과 의로운 확신, 이것이 어려운 상황의 타개책이며 새롭게 시작할 수 있는 동력이다.

걱정과 어려움이 나를 살게 한다

> 걱정과 어려움이 살게 하고, 안락함이 죽음으로 이끈다.
> 生於憂患 死於安樂
> 생어우환 사어안락
> - 《맹자》〈고자 하〉

중국을 넘어 세계 최고의 역사서로 꼽히는 《사기》의 저자 사마천司馬遷은 마흔여덟의 나이에 생식기를 뿌리째 절단당하는 궁형宮刑이라는 형벌을 받는다. 차라리 죽임을 당하는 것보다 더 참혹한 형벌이었지만 그는 자신의 책을 완성하기 위해 사람들의 질시와 곤욕 속에서도 살아남는다. 아버지 대로부터 이어 내려온 필생의 역작 《사기》를 완성하지 않고 헛된 죽음을 맞이할 수 없다는 결론이었다. "태산보다 더한 죽음이 있고, 깃털보다 더 가벼운 죽음이 있다(사혹중어태산 혹경어홍모死或重或泰山 或輕於鴻毛)"가 바로 치욕 속에서도 가볍게 목숨을 버릴 수 없던 자신의 심경을 표현했던 말이다. 그는 옥에 갇혀 죽음을 기다리던 친구 임안任安에게 자신의 심경을 전하며 다음의 글을 남겼다.

"옛날 주문왕周文王은 감옥에 갇혀 있는 동안《주역周易》을 만들었다. 공자는 진나라에서 어려움에 처했을 때《춘추》를 만들었다. 굴원屈原은 초나라에서 추방되자《이소경離騷經》을 만들었다. 좌구명左丘明은 장님이 되고서《국어國語》를 만들었다. 손무孫武는 다리가 끊기고서《병법兵法》을 만들었다. 여불위呂不韋는 촉나라에 귀양 가서《여씨춘추呂氏春秋(呂覽)》를 만들었다. 한비韓非는 진나라에 사로잡힌 몸으로〈세난說難〉,〈고분孤憤〉등의 문장을 만들었다. 시 300편도 거의 현인·성인 들의 발분으로 만들어진 것이다. 이렇듯 이 모두가 한스러운 마음의 소치이며, 그 한을 풀 길이 없어 과거를 돌이켜보고 미래를 굽어보게 된 것이다."

사마천은 최악의 인생 역경 속에서 훌륭한 명작을 남긴 사람들을 거론하면서, 자신 역시 감당하기 어려운 고초 속에서도 책을 남겨 후세에 전하고 싶다는 심경을 밝혔다. 사마천의 글에서 보면 역사상 최고의 걸작으로 꼽히는 책들은 거의 모두 고난 속에서 만들어졌음을 알 수 있다. 꼭 책이 아니더라도 인류 역사의 획을 그은 사람들은 어떤 분야든 혹독한 역경의 과정을 거친 사람들이다.

물론 훌륭한 인물이 되기 위해 일부러 고난을 당할 필요는 없다. 하지만 고난은 더 위대한 것을 이루게 하는 축복이 될 수 있다는 사실을 우리는 새길 필요가 있다. '젊어서 고생은 사서도 한다'는 흔한 말을 굳이 거론하지 않아도 될 것이다. 역사 속 수많은 인물들은 거의 모두 자신의 삶을 통해 '고난은 또 하나의 축복'임을 증명하고 있다.

거듭 언급했듯이, 맹자가 살던 시대는 ㄱ 어떤 때보다 더 살아남
기 힘들었다. 춘추시대 수백 개에 달하던 나라는 총 일곱 개의 큰
나라가 되었다. 단순히 나라를 합친 것이 아니라 오직 무력과 전쟁
으로 큰 나라들이 약한 나라들을 침략하고 병합한 결과다. 전쟁을
일상처럼 치르던 나라들의 시대인 것이다. 나라뿐 아니라 그 당시
사람들은 너무나 쉽게 목숨을 잃었다. 군인은 전쟁터에서 죽고, 일
반 백성 역시 굶어서 혹은 전쟁에 휩쓸려 죽임을 당했다. 바로 이런
시대에 철저한 민본주의자였던 맹자는 고난의 의미를 가르쳤다.
비록 현실은 어렵고 힘들지만 그 속에 담긴 의미를 찾고 때를 기다
리라는 것이다. 그는 《맹자》〈고자 하〉에서 사마천과 같이 고난으
로써 위대한 인물이 된 사람들의 예를 들었다.

"순舜임금은 들판에서 발탁되었고, 부열傅說은 성을 쌓다가 발탁
되었으며, 교격膠鬲은 어물전에서 어물과 소금을 팔다가 발탁되었
고, 관중은 옥에 갇혔다가 발탁되었고, 손숙오孫叔敖는 바닷가에서
발탁되었으며, 백리해百里奚는 시장에서 발탁되었다."

사마천은 역사가이자 문학자로서 탁월한 문학적 성취를 이룬 사
람들을 주로 든 반면, 맹자는 고난을 겪은 후 정치적으로 큰 성공을
거둔 인물들을 예로 들었다. 순임금은 전설 속의 황제였고, 부열은
재상으로 발탁되어 상나라의 전성기를 이끌었던 인물이다. 마찬가
지로 교격, 관중과 손숙오는 모두 춘추시대의 명재상으로서 나라
를 잘 다스려 최고의 전성기를 만든 인물들이다. 하지만 이들은 출

신성분이 천했고, 모두가 험한 일을 겪고 난 후에 발탁되었다. 맹자는 이들이 어려운 일을 거쳤던 까닭은 단순히 시대를 잘못 타고났거나 운이 나빴기 때문이 아니라 그들을 크게 쓰려는 하늘의 뜻이었다고 말한다.

"하늘이 장차 그 사람에게 큰 사명을 내리려 할 때는, 먼저 그의 마음을 괴롭게 하고, 뼈와 힘줄을 힘들게 하며, 육체를 굶주리게 하고, 그에게 아무것도 없게 해 그가 행하고자 하는 바와 어긋나게 한다. 마음을 격동시켜 성정을 강하게 함으로써 그가 할 수 없었던 일을 더 많이 할 수 있게 하기 위함이다."

맹자는 왜 하늘이 굳이 크게 쓸 사람에게 어려움을 겪게 하는지 그 이유를 알려준다.

"사람은 항상 과오를 범하고 난 후에 고칠 수 있고, 마음이 괴롭고 생각이 막힌 후에야 분발하고, 얼굴빛과 목소리에 고뇌가 드러난 후에야 깨닫는다."

사람은 고난을 통해 스스로를 반성하고 어려움에 처한 후에 더욱 분발해 적극적으로 나선다. 물론 고난에 치여 무너지는 사람도 분명히 존재한다. 하지만 역사적으로 위대한 일뿐 아니라 그 어떤 일이라도 고난에 무너지면 이루어질 수 없다. "가난과 고난과 근심 걱정은 그대를 옥처럼 완성한다"는 《근사록近思錄》의 말처럼, 사람 역시 고난에 의해 빛이 나는 법이다. 마치 아름다운 옥이 훌륭한 옥공의 손에 갈고닦고 쪼여야 만들어질 수 있는 것과 같다. 오늘날 관점에서 보더라도 역경을 통해 얻는 인내와 자제력, 그리고 고난 극

복능력이 위대한 일을 해낼 자질과 능력이 된다는 것에 우리는 충분히 공감할 수 있다. 또한 역경과 고난을 통해 얻은 경험이 삶에서 그 무엇보다 소중한 자산이 된다는 사실을 부인할 사람은 없을 것이다. 맹자는 이어서 나라에도 똑같은 이치를 적용한다.

"나라 안에 법도를 지키는 대신과 임금을 보필하는 현인이 없고, 밖으로는 대적하는 나라와 외침의 우환이 없으면, 이런 나라는 언제나 망하기 마련이다. 이로부터 '걱정과 어려움이 살게 하고, 안락함이 죽음으로 이끈다(생어우환 사어안락生於憂患 死於安樂)'는 이치를 알게 된다."

사람이든 나라든 '걱정과 어려움을 통해 성장하고 발전하지만, 당장의 안락에 젖으면 이미 패망의 길로 간다'라고 맹자는 말하고 있다. 고난에서도 좌절하지 말고, 안락할 때 방탕하지 말라는 경계의 말이다.

이처럼 비극과 절망이 가득한 시대에 맹자는 고난의 유익을 말하며 끊임없이 사람들에게 희망을 주고 있었다.《맹자》〈진심盡心상〉에 실려 있는 글도 마찬가지다.

"덕과 지혜, 재능과 지식이 뛰어난 사람들은 늘 환난과 고난 속에 있었다. 버려진 신하나 천대받는 서자는 마음속으로 늘 경계하고 불안해하며, 환난이 닥칠 것을 깊이 우려하기 때문에 사리에 통달한다."

고난은 물론 평안도 스스로 결정할 수 없는 인생이다. 꼭《주역》을 거론하지 않더라도 사물이 극에 달하면 반드시 되돌아간다는 물극필반物極必反의 원리에서 누구도 자유로울 수는 없다. 이러한 삶의 굴곡에서 어떤 태도를 세우느냐에 따라 그 사람의 삶의 성패가 좌우된다. 평안할 때 위기를 생각하는 유비무환有備無患의 자세가 환난을 이겨낼 수 있다. 유비무환 고사는 평상시에 나라의 기강을 세우고 바르게 이끌면 어떤 환난도 이겨낼 수 있다는 가르침이다. 개인의 경우도 마찬가지다. 평상시에 바르게 살아갈 수 있다면 쉽게 위기를 만나지 않을 뿐더러 고난이 닥쳐도 이겨낼 수 있다. 또한 고난을 밑거름 삼아 삶에서 큰일을 이룰 수도 있을 것이다. 물론 꼭 역사적인 인물이 된다고 할 수는 없다. 단지 하루하루의 삶에 충실한 일상의 영웅은 될 수 있다.《채근담菜根譚》에는 이렇게 실려 있다.

"작은 일을 소홀히 하지 않고, 보이지 않는 곳에서도 속이거나 숨기지 않고, 실패했을 때도 포기하지 않으면, 이것이 진정한 영웅이다(소처불삼루 암중불기은 말로불태황 재시개진정영웅小處不滲漏 暗中不欺隱 末路不怠荒 纔是個眞正英雄)."

큰 물고기에게는 큰물이 필요하다

바다를 본 자는 다른 물을 물이라고 하기 어렵다.
觀於海者難爲水
관어해 자난위수
- 《맹자》〈진심 상〉

'정저지와井底之蛙'는 《장자莊子》〈추수秋水〉에 나오는 고사다. 우물 안 개구리가 우물에서의 삶이 얼마나 즐겁고 행복한지를 동해에서 온 자라에게 자랑한다. 자라는 개구리에게 바다에 대해 이야기해 준다.

"바다는 천 리의 먼 거리로 그 거대함을 표현하기에 부족하고, 천 길의 높이로도 그 깊이를 가늠하기 어렵다네. 우禹임금 시절에는 10년 동안 아홉 번이나 홍수가 났지만 바닷물은 불지 않아 그대로였고, 탕왕 시절에는 8년 동안 아홉 번이나 가뭄이 들었어도 바닷물은 줄어들지 않았네. 시간의 길고 짧음에 따라 변화하는 일도 없고, 비가 많으나 적으나 불어나거나 줄어드는 일이 없으니, 이 또

한 동해에 사는 즐거움이라네."

이 고사에서 개구리는 광대한 바다에 관한 이야기를 듣고 깜짝 놀라 정신을 잃었지만, 현실 사람들은 바다의 이야기를 들어도 믿지 못한다. 자신의 세계에 갇혀 광대한 바다를 꿈꾸지도 상상하지도 못하는 것이다.

장자莊子는 이어서 황하의 신 하백河伯과 바다의 신 약若의 대화를 통해서도 우물 안 개구리의 한계를 말해준다. 바다의 장대함을 보고 놀라는 하백에게 해주었던 충고다.

"우물 안 개구리에게는 바다를 설명할 수 없다. 우물이라는 공간의 한계에 갇혀 있기 때문이다. 여름에만 살다 죽는 곤충에게는 얼음을 알려줄 수 없다. 시간의 제약이 있기 때문이다. 어설픈 전문가에게는 진정한 도의 세계를 말해줄 수 없다. 자신의 지식에 갇혀 있기 때문이다."

자연의 한계는 아무리 노력해도 벗어나기 어렵다. 우물 안 개구리는 그곳에 만족하며 안주하기 마련이고, 여름만 사는 곤충은 아무리 애를 써도 자연의 법칙을 거슬러 물이 얼음이 되는 겨울까지 살 수 없다. 마찬가지로 그 어떤 동물도 본능적인 지식 이상의 능력을 발휘할 수는 없다. 활동하는 무대, 주어진 시간, 그리고 알고 있는 지식의 한계다.

오직 사람만은 여기서 벗어날 힘이 있다. 그 힘은 바로 현실을 벗어나 도약하고 싶은 의지와 자신이 꿈꾸고 만들고 싶은 미래에서 나온다. 그럼에도 여전히 자신이 속한 환경과 자신을 둘러싼 제약을 탓하며 스스로 안주하는 사람들도 있다.《맹자》〈진심 상〉에도 이처럼 편협한 생각과 좁은 식견에 사로잡힌 사람들에게 주는 말이 실려 있다. 바로 위의 예문이 속해 있는 글이다.

"공자께서 동산에 올라 노나라를 작다고 하고, 태산에 올라 천하가 작다고 했다. 이런 이유로 바다를 본 자는 다른 물을 물이라고 하기 어렵다. 성인의 문하에서 노닌 자는 다른 말을 말이라고 하기 어렵다."

유교의 시조이자 가장 현명한 철학자라고 일컫는 공자조차도 태산에 올라서야 천하를 작다고 느낄 수 있었다. 자신이 보지 못한 것, 경험하지 못한 것을 상상하기 어렵기 때문이다. 드넓은 바다를 경험하지 못한 사람 역시 크고 광대한 바다를 상상하기 어렵다. 이 말을 역으로 생각하면 드넓은 바다를 경험한 사람은 어떤 물도 하찮아 보이기 마련이다. 도와 학문의 경우도 마찬가지다. 최고 경지에 다다른 사람에게 섣부른 지식을 말할 수 없다. 자신의 좁은 안목과 편협한 지식에 갇혀서 최고의 경지를 상상하기도 어렵기 때문이다. 도道의 고전이라고 할 수 있는《도덕경道德經》의 맨 첫머리에 실린 글이 그것을 잘 말해주고 있다.

"도라고 할 수 있는 도라면 그것은 참된 도가 아니다. 부를 수 있는 이름은 참된 이름이 아니다(도가도 비상도 명가명 비상명道可道 非常道 名可名 非常名)."

도란 이름을 붙일 수도 없고, 그 실체를 명확히 알 수도 없는 존재다. 따라서 그 심오한 경지는 감히 실체를 짐작할 수 없고, 이름을 지어 부를 수도 없다.

맹자는 앞의 문장에 이어서 이렇게 말해준다. 더 높은 경지와 진정한 도를 얻기 위한 방법이다.

"물을 보는 데에는 방법이 있다. 반드시 그 여울을 보아야 한다. 해와 달에는 밝음이 있어, 빛을 받아들이는 곳이라면 어디든 비춘다. 흐르는 물이라는 것은 웅덩이를 채우지 않으면 앞으로 나가지 않는다. 군자는 도에 뜻을 두는데, 일정한 수준에 이르지 못하면 통달할 수 없다."

물을 볼 때 여울을 보아야 한다는 말은 피상적인 현상만 보면 안된다는 의미다. 여울이 생긴다는 것은 그 밑에 웅덩이가 있거나 보이지 않는 둑이 있다는 의미다. 여울을 볼 때 근원을 생각해야 하듯이, 사물과 세상의 모든 현상은 근본을 알아야 진정한 뜻을 이해할 수 있다. 물은 웅덩이를 모두 채우지 못하거나 둑을 넘어서지 못하면 더는 앞으로 나아갈 수 없다. 배움도 마찬가지다. 매번 겪는 한계를 넘어설 수 있어야 한 차원 높이 진전한다.

또한 해와 달이 세상 모든 곳을 비추듯이, 학문과 수양은 반드시 보편적이고 타당한 지식을 얻어야 한다. 어느 한곳에서만 통하는 편협한 지식은 진정한 지식이 될 수 없다. 우물 안 개구리와 같이 자기 처지에 만족하며 혼자 즐거워할 뿐이다. 학문과 수양은 필요로 하는 모든 곳에 혜택을 줄 수 있어야 한다. 세상 모든 곳을 다 비추어주는 햇빛·달빛과 같다. 세상에 빛이 되는 공부가 아니라 오직 나의 출세, 나의 성공만을 위해 공부한다면 이는 진정한 공부라고 할 수 없다.

맹자는 군자의 학문과 도의 경지에 대해 말하고자 이러한 비유를 든 것이다. 군자가 진정한 도의 경지에 이르려면 반드시 일정한 수준에 도달해야 한다.《대학大學》에 있듯이 '격물格物,' 즉 사물의 이치를 연구한 후에야 지극한 지식(지지知至)이 되고 올바른 뜻(성의誠意)과 바른 마음(정심正心)을 거쳐 수신修身에 이를 수 있다. 천하를 평안하게 하는 힘은 바로 여기에서부터 나오는 것이다. 지식 없이 이상만 높으면 허상을 그릴 뿐이다. 지식은 많은데 이상을 그릴 줄 모르면 편협한 지식인이 될 뿐이다. 이것은 일을 하는 것도 마찬가지고 세상을 살아가는 이치도 마찬가지다.

무슨 일을 하든지 이루고자 하는 바가 있다면 반드시 꿈과 이상을 크게 키워야 한다. 하지만 꿈만 꾸어서는 안 된다. 필요한 지식과 식견이 뒷받침되어야 한다. 또한 반드시 중간에 장애물과 어려움이 있다는 사실을 알아야 한다. 가로막는 둑을 넘어서야 물이 앞으로 나갈 수 있듯이 장애물과 어려움을 뛰어넘어야 일을 이룰 수 있다.《맹자》〈진심 상〉에서 맹자는 이렇게 말했다.

"무엇을 하고자 한다는 것은 비유컨대 우물을 파는 것과 같다. 우물을 아홉 길을 팠으되 샘물이 솟는 데까지 이르지 못했다면 그것은 우물을 버린 것과 같다(유위자비약굴정 굴정구인이불급천 유위기정야有爲者辟若掘井 掘井九軔而不及泉 猶爲棄井也)."

우리가 살아오면서 눈앞의 어려움 때문에 많은 일을 포기했던 순간이 바로 이러한 상황이었는지도 모른다. 마지막 한 길을 파지 못해 얼마나 많은 우물을 버렸을까.

담대심소膽大心小라는 성어가 있다. 당唐나라 손사막孫思邈이 문장을 지을 때의 마음가짐을 말한 글인데, 삶의 모든 일에 새겨볼 수 있다.

"담대한 꿈을 가지되 세심함을 잃지 마라."

어떤 일이든 크게 꿈꾸어야 하지만, 그 일을 이루어가는 일상에 최선을 다하지 않으면 안 된다. 꿈과 일상의 조화가 반드시 필요하다. 모든 비범함은 일상의 평범함이 축적되어 비롯된다.

호연지기를 기르기 위한 맹자의 가르침

- 논변의 능력과 확고한 신념만 있다면 어떤 상황에서도 당당할 수 있다

- 진정한 용기는 그 무엇도 두려워하지 않는 무모함이 아니라, 두려워할 만한 것을 두려워하는 것이다.

- 의롭게 살겠다는 의지와 스스로를 돌아보는 성찰의 자세가 부끄럽지 않은 어른을 만든다.

- 마음은 하늘로부터 받은 것이지만, 그것을 키울지 아니면 해칠지는 오직 자신에게 달려 있다.

- 상황에 따라 처신을 바꾸지 않고 오직 의로운 길만 가는 자가 대장부다.

- 자신의 출세와 성공만을 위한 공부는 무용할 뿐이다.

- 가로막는 둑을 넘어서야 물이 앞으로 나갈 수 있듯이, 장애물과 어려움을 뛰어넘어야 무엇이든 이룰 수 있다.

제2장

지언

知言

어려울수록 빛이 나는 말의 능력

공자는 "바탕이 겉모습을 넘어서면 거칠어지고,

겉모습이 바탕을 넘어서면 겉치레가 된다.

겉모습과 바탕이 잘 어울린 후에야 군자답다"라고 말했다.

내면이 꽉 차 있다고 해서 완성된 것이 아니라

그것을 겉으로 잘 표현해서 조화를 이루어야 한다는 의미다.

마음을 멋지게 표현하는 것이 중요하다.

상대방은 내 마음을 들여다볼 수 있는 독심술사가 아니다.

말의 그릇도 본질만큼 중요하다

왕께서 전쟁을 좋아하시니 전쟁을 비유해 말하겠습니다.
王 好戰 請以戰喩
왕 호전 청이전유
-《맹자》〈양혜왕 상〉

"군주의 마음을 얻으려면 반드시 그 마음의 밝은 곳에서부터 시작
해야 한다(결어군심 필자기소명처 내능입야 結於君心 必自其所明處 乃能入
也)"는 문장은《근사록》에 실려 있는 지혜로, 여기서 밝은 곳(명처明
處)이란 바로 활짝 열린 곳이다. 잘 알고 있고, 제대로 이해하고 있
고, 좋아하는 것을 말한다. 반대로 어두운 곳이란 막혀 있는 곳으
로, 잘 알 수 없고 제대로 이해하지 못하는 것이다. 당연히 좋아할
수가 없다. 따라서 군주의 마음을 설득하려면 밝은 곳부터 시작해
야 성공할 수 있다. 어두운 곳, 즉 제대로 알지 못하는 것으로 설득
한다면 당연히 성공하기 어렵다. 오늘날도 마찬가지다. 전문적인
용어와 어려운 지식을 총동원해서 설명한다면 상사를 설득하기는

커녕 자기자랑이나 늘어놓는 한심한 사람으로 인식될 수도 있다. 맹자에게는 이미 오래전부터 설득에 대한 지혜와 통찰이 있었다.

양혜왕은 몇 번의 대화를 통해 맹자의 사상과 철학을 어느 정도 이해하게 되었다. 백성을 사랑하는 마음과 나라를 인의(仁義)로 다스리는 군주가 천하를 얻을 수 있다는 맹자의 통치사상을 깨달은 것이다. 당연히 양혜왕은 맹자의 고차원적인 생각을 충분히 이해하지는 못했다. 하지만 자신 역시 백성을 사랑하는 마음이 있다는 것을 맹자에게 말해주고 싶었다. 그리고 실제로 백성을 사랑하는 마음을 실천했음에도 왜 나라가 부흥하지 않는지 물었다. 양혜왕이 물었던 구체적인 질문은 다음과 같다. 충분히 예의를 지켜 물었지만 실상은 맹자에게 따지는 것과 다름이 없었다.

"과인은 온 마음을 다해 내 나라를 다스렸습니다. 황하 내륙 쪽에 흉년이 들면 사람들을 동쪽으로 이주하게 돕고, 흉년이 든 쪽에는 곡식을 지원해주었습니다. 반대로 황하 동쪽에 흉년이 들어도 마찬가지로 했습니다. 이웃 나라를 보면 이처럼 하는 사람이 없는데도 이웃 나라의 백성은 줄지 않고 과인의 백성은 늘지 않는 까닭은 무엇입니까?"

양혜왕은 흉년이 들었을 때 피해가 심한 지역의 사람들을 다른 지역으로 이주하도록 도와주고, 그들에게 식량을 지원해주었다고 자랑했다. 여기서 백성이 늘지 않느냐고 묻는 까닭은 백성의 숫자가 나라의 부강함을 평가하는 기준이기 때문이다. 그 당시 백성들은 거주 이전의 자유가 있었기에 살기 좋고 부강한 나라로 이주하는 것이 가능했다.

맹자가 양혜왕의 물음에 대답했던 첫머리가 바로 위의 구절이다. 인의의 정치로 설명해도 제대로 이해하지 못할 테니, 왕이 잘 알고 좋아하는 전쟁을 예로 들겠다는 것이다. 왕의 이해를 돕기 위함이지만 맹자의 대답에도 언중유골言中有骨, 즉 말 속에 은근히 숨은 의도가 있었다. '인의의 정치를 하려면 제대로 해야 한다. 전쟁이나 좋아하는 사람이 흉내만 내는 것으로는 아무것도 바뀌지 않는다'라는 뜻을 담아 맹자가 대답했던 것이다.

"왕께서 전쟁을 좋아하시니 전쟁을 비유해 말하겠습니다. 둥둥 북을 울리며 창칼이 맞부딪치자 갑옷과 무기를 내던지고 한 병사는 50보를, 한 병사는 100보를 도망치다 멈추었습니다. 그때 50보 도망간 병사가 100보 도망친 병사를 비웃는다면 어떻습니까?"

유명한 '오십 보 백 보五十步笑百步' 고사다. 당연히 양혜왕은 "말도 안 되는 소리입니다"라고 대답했고, 맹자는 이렇게 답했다.

"이를 알면 이웃 나라보다 백성이 많아지기를 바라지 마십시오."

그리고 맹자는 파격적인 비유를 들어 결론적으로 다음과 같이 지적했다.

"개나 돼지가 사람 음식을 먹는데도 단속할 줄 모르고, 길에 굶어 죽는 사람이 있어도 곡식을 풀 줄 모르면서 사람이 죽으면 '내 탓이 아니라 흉년 탓이다'라고 한다면, 사람을 찔러 죽인 다음에 '내가 죽인 것이 아니라 무기가 죽인 것이다'라고 하는 것과 다를 바가 없습니다. 왕께서 흉년 탓을 하지 않는다면, 천하의 백성이 당신께 올 것입니다."

진정한 왕도란 애초에 백성들이 굶주리지 않도록 인의의 정치를 펼치는 것이다. 백성들이 생업인 농사를 짓는 데 때를 놓치지 않도록 하고, 어업과 산림 등의 자원을 보존해 부족함이 없게 도와야 한다. 이 모든 것이 전쟁과 부역을 일으키지 않음으로써 가능해진다. 맹자는 이와 같은 정치를 하지 않고 백성들이 굶어 죽는 상태가 되어서야 겨우 목숨을 잇도록 돕는 것은, 전쟁에서 50보 도망친 자가 100보 도망친 자를 비웃는 것과 다를 바 없다고 왕을 깨우쳤다.

다음 만남에서도 맹자는 양혜왕에게 다시 한 번 같은 비유를 한다. 맹자의 설득에 관심을 가진 양혜왕이 "과인이 기꺼이 어르신의 가르침을 따르려고 합니다"라고 가르침을 구했다. 먼저 맹자는 이렇게 물었다.

"몽둥이로 사람을 죽이는 것과 칼로 사람을 죽이는 것에 차이가 있습니까?"

누구도 부인하기 어려운 당연한 질문이다. 왕이 "차이가 없습니다"라고 대답하자 맹자는 이어서 질문한다.

"칼로 사람을 죽이는 것과 정치로 죽이는 것은 차이가 있습니까?"

상당히 민감한 질문이다. 만약 처음부터 이 질문을 받았다면 왕은 대답하기에 좀더 고민스러웠을 것이다. 정치를 하는 사람은 왕 자신이기 때문이다. 양혜왕이 마지못해 "차이가 없습니다"라고 대답하자, 맹자는 왜 그런지를 설명해준다. 자신이 말하고자 하는 바를 왕이 분명히 인식할 수 있도록 못을 박는 것이다.

"주방에 살진 고기가 있고, 마구간에 살진 말이 있는데, 백성은 굶주리고 들에 굶어 죽은 사람이 있다면 이는 짐승을 데려와 백성을 잡아먹게 하는 것입니다. 짐승끼리 잡아먹는 것도 사람들은 싫어하는데, 백성의 부모가 되어서 짐승이 사람을 잡아먹게 하는 것을 막지 못한다면 부모의 자격이 있는 것입니까?"

맹자는 공자의 말을 인용해서 이야기를 마무리한다.

"공자께서 '최초로 사람의 모양을 한 인형을 부장품으로 쓴 사람은 후손이 없어졌을 것이다'라고 말했던 까닭은 사람을 소중히 여겼기 때문입니다. 그런데 어찌 백성을 굶어 죽게 만들 수 있습니까?"

유교의 창시자인 공자는 지금도 마찬가지지만 그 당시에도 최고의 성인으로 누구나 인정하는 인물이다. 그의 말을 인용해 자신의 말에 권위를 부여하고 상대방이 부인하지 못하게 타당성을 만드는 말솜씨다. 맹자는 '사람은 귀하고 소중한 존재다'라는 공자의 말을 인용함으로써 백성을 귀하게 여길 줄 알아야 진정한 백성의 부모 자격이 있고, 올바른 정치라는 것을 강조한다.

공자는 "말은 뜻을 전달하면 그만이다(사달이이의辭達而已矣)"라며 말의 본질을 중요시했다. 교언영색의 허망한 말들이 넘치는 세태에 반드시 필요한 경구다. 하지만 전달하고자 하는 말의 핵심도 중요하지만 그 말로 상대를 설득하지 못하면 아무 의미가 없다. 그래서 말의 본질만큼 꾸밈도 중요한 것이다. 그때 가장 긴요하게 쓰이는 기술이 바로 다양한 말의 기법이며, 대표적인 것이 비유와 인용이다.

비유가 효과적인 까닭은 상대방으로 하여금 상상하고 이미지를 그릴 수 있게 만들기 때문이다. 인용은 상대방이 내 말을 믿게 하는 든든한 기반이 된다. 권위 있는 사람이나 책에 담긴 훌륭한 말을 인용함으로써 주장에 타당성과 신빙성을 부여하는 것이다. 비유를 활용해 상대방을 충분히 이해시키고, 인용을 써서 자신의 말에 신뢰를 부여한다. 상대의 마음을 움직여 설득하는 가장 효과적인 도구다.

원칙을 지키는 사람은 지지 않는다

물이 아래로 흐르듯 할 것이니 누가 막을 수 있겠는가?
由水之就下 沛然誰能禦之
유수지취하 패연수능어지
-《맹자》〈양혜왕 상〉

양혜왕은 국가를 부흥시키기 위해 추연鄒衍·순우곤淳于髡·맹자 등 천하의 뛰어난 자들을 초청해 스스로를 낮추고 그들의 말을 귀담아 들었다. 비록 국력이 쇠퇴하기는 했지만 이러한 자세를 국가의 부흥을 꿈꾸는 기틀로 삼으려 했다. 양혜왕이 죽고 아들 양양왕梁襄王이 그 뒤를 이었다. 양혜왕에 이어 양양왕 때에도 양梁나라(위魏나라)는 강대국 진나라와 초나라에게 침범을 받아서 국토를 빼앗기고 국력이 많이 쇠퇴했다.

하지만 양양왕은 성품이 교만해 현자들의 말을 귀담아 듣지 않았다. 맹자와의 대화에서도 교만하고 건방진 성품이 그대로 드러난다. 아버지인 양혜왕이 맹자를 나라의 스승으로 모셨음에도 기본적인 예의도 지키지 않고 존중하는 마음도 품지 않았다. 맹자가 자신에게 나라를 다스리는 지혜를 주기보다는 자신의 권위 앞에 아부하기만을 바랐던 것이다. 양양왕을 만나고 나온 맹자는 다른 사람에게 그를 이렇게 평가했다.

"멀리서 바라보아도 왕 같지 않고, 가까이서 만나보니 두려워할 만한 점이 보이지 않았는데, 갑자기 '천하가 어떻게 되겠습니까?' 하고 묻기에 '하나가 될 것입니다'라고 대답했다. 그러자 '누가 천하를 통일할 수 있겠습니까?'라고 물어서, 나는 '사람을 죽이지 않는 자가 통일할 수 있습니다'라고 대답했다."

먼저 맹자는 양양왕의 외모에서부터 왕으로서의 권위와 자질을 볼 수 없었다. 《논어》에서는 군자의 세 가지 모습을 '군자삼변君子三變'이라고 표현했다.

"군자에게는 세 가지 변화가 있다. 그를 멀리서 바라보면 위엄이 있고, 가까이서 대해보면 온유하며, 그의 말을 들어보면 엄정하다(군자유삼변 망지엄연 즉지야온 청기언야려君子有三變 望之儼然 卽之也溫 聽其言也厲)."

맹자가 이 말을 염두에 두었는지는 모르겠으나 양양왕에게는 이와 같은 군자의 모습이 전혀 없었다. 멀리서나 가까이서나 군자의 모습이 보이지 않는 것은 물론, 인사도 없이 다짜고짜 질문을 던지는 것은 결코 군자의 언행이 아니다. 양양왕의 관심은 천하를 어떻게 하면 정복하고 통일할 수 있는가에만 있었다. "천하가 어떻게 되겠습니까?"라는 질문이 그것을 말해준다. "누가 천하를 통일할 수 있겠습니까?"라는 질문도 마찬가지다. 양양왕은 맹자로부터 '바로 당신이 천하를 통일하는 왕이 될 것이다'라는 대답을 듣고 싶었던 것이다.

양양왕의 이런 태도에 보인 맹자의 대답은 단호하고 직설적이다. 왕의 권위에 짓눌려 에둘러 말하지 않고 자신이 하고 싶은 말을 하는 데 망설임이 없었다.

'천하는 결국 통일이 될 테지만 당신이 생각하듯이 전쟁을 잘하는 왕이 아닌, 사람 죽이기를 싫어하는 인자한 왕이 통일할 것이다.'

맹자는 양양왕의 생각과 의도를 충분히 짐작하고 있었다. 하지만 그의 무례한 태도와 왕이라는 자리가 주는 위압감에 눌리지 않고 오히려 더 단호하게 자신의 생각을 밝혔다. 그러자 양양왕은 "누가 그 사람을 따르겠습니까?"라고 묻는다.

힘이 있고 전쟁을 잘하는 사람에게 사람들이 굴복하는 것은 양양왕에게는 당연하다. 아니, 보통 사람들 대부분이 그렇게 생각할 것이다. 그런데 전쟁을 싫어하는 사람이라니 도대체 누가 그렇게 무지렁이 같은 사람을 따르겠느냐는 물음이다. 맹자는 기다렸다는 듯이 자신의 생각을 이야기한다.

"천하에 그 사람을 따르지 않는 사람이 없을 것입니다. 왕께서는 싹에 대해 알고 계십니까? 7, 8월에 가뭄이 오면 말랐다가, 하늘이 구름을 일으켜 비를 내리면 싹이 쑥쑥 자랍니다. 이것은 그 누구도 막을 수 없습니다. 지금 천하의 임금 중에 사람 죽이기를 좋아하지 않는 이가 없습니다. 만약 사람 죽이기를 좋아하지 않는 이가 있다면, 천하의 백성들은 모두 그 사람을 우러러볼 것입니다. 참으로 그렇다면 백성들이 그 사람에게로 돌아가는 것이 마치 물이 아래로 흐르는 듯할 것이니, 누가 그것을 막을 수 있겠습니까(유수지취하 패연수능어지由水之就下 沛然誰能禦之)?"

백성을 진심으로 아끼고 위하는 맹자의 평소 신념에 기반을 둔 말이다. 맹자는 심지어 "백성이 가장 귀하고 사직이 그다음이며 군주가 가볍다. 백성의 마음을 얻으면 천자가 되고, 천자의 신임을 얻으면 제후가 되며, 제후의 신임을 얻으면 대부가 된다"라고 말했을 정도로 백성을 가장 중요하게 여겼다. 백성들의 마음을 얻는 사람이 천하를 통치하는 황제가 될 수 있는데, 그 방법은 바로 사람 죽이기를 싫어하는 인仁의 실천에 있다는 것이다. 당시에는 사람 죽이기를 싫어하는 군주가 없었기에, 누구든지 백성을 사랑하는 사람이 있다면 모든 백성이 그를 따를 것이라는 이치다. 그리고 그 이치는 마른 땅에 비가 내려 싹이 살아나는 자연의 이치처럼 결코 변함이 없을 것이라는 결론이다. 두 사람의 대화가 끝난 이후에 이야기가 어떻게 전개되었는지는 나타나 있지 않다.

물론 양양왕은 맹자의 이런 생각에 동의하지도, 이를 받아들이지도 않았을 것이다. 맹자 역시 그 사실을 잘 알고 있었다. 맹자는 양양왕과 처음으로 대면하는 순간 이미 그 사람의 됨됨이를 정확히 파악했다. 겉모습만 보아도 왕의 권위가 없는 소인과 같은 사람이었기에 대화를 해보아도 마찬가지였던 것이다. 그럼에도 맹자는 자신의 신념을 당당히 밝혔다. 어떤 상황에서도 변하지 않고, 어떤 권위에도 타협할 수 없는 자신의 의지를 지켜야 했기 때문이다. 이것이 맹자가 그 당시 활동했던 소진과 장의와 같은 종횡가와 다른 점이었다. 종횡가는 왕의 비위를 맞추고 마음을 사로잡아 자신의 뜻을 이루는 것을 목적으로 했던 변론가들이다. 맹자 역시 이들처럼 왕을 설득해 자신이 바라는 인의仁義의 세상을 꿈꾸었다. 하지만 맹자는 의지와 뜻을 굽혀서 왕을 설득하는 것은 아무런 의미가 없다고 보았다. 《맹자》 〈진심 하〉에는 이렇게 실려 있다.

"큰 권력을 지닌 사람에게 유세할 때는 그 사람을 하찮게 보고, 그의 높은 위세를 보지 마라(세대인 즉묘지 물시기외외연說大人 則藐之 勿視其巍巍然)."

맹자에게는 이런 원칙이 있었기에 어떤 사람과 대화를 해도 주눅이 들거나 위축되지 않았다. 왜냐하면 상대는 단지 높은 지위와 권세를 가졌을 뿐이지 맹자가 진정으로 소중히 여기는 가치를 가지지 않았기 때문이다. 맹자는 이어서 이렇게 말했다.

"집의 높이가 여러 길이 되고 처마가 몇 자가 되든지 내가 뜻을 펼친다면 나는 그렇게는 하지 않을 것이다. 앞에 한 길이 넘는 음식이 차려지고, 시중드는 처첩이 수백 명이라도 내가 뜻을 펼친다면 그렇게 하지 않는다. 술을 즐기고, 말을 달려 사냥을 하고, 뒤따르는 수레가 천 대가 넘어도 나는 그렇게 하지 않을 것이다. 저들이 가진 것은 모두 내가 하지 않을 것들이고, 내가 가진 것은 모두 소중한 고대의 제도와 가르침인데, 내가 왜 저들을 두려워하겠는가?"

오늘날 성공주의와 물질주의 풍조가 만연하다 보니 높은 지위에 있는 사람들은 오히려 맹자의 시대보다 더 큰 착각에 빠진 경우가 많다. 가진 것이 자신의 가치를 나타낸다고 생각하는 것이다. 하지만 사람의 진정한 가치는 무엇을 소유했는지가 아니라 어떻게 살고 있는지에 달려 있다. 설사 가진 것과 자신의 가치를 동일시해 사람들 위에 군림하려고 하더라도 생각이 같은 사람들에게만 통할 뿐이다. 사람에 대한 사랑과 배려의 정신이 더 소중하다고 믿는 사람에게는 그 사람의 권세와 부귀는 부러운 것이 아니고, 그 사람 자체도 두렵지 않다.

사람의 생활은 수많은 타인들과의 대화로 이루어진다고 해도 과언이 아니다. 그중에는 지극히 높은 사람도 있고, 내 앞날을 좌우할 사람도 있다. 이를 테면 입사면접이나 중요한 계약을 결정할 사람, 사업상 관계에서 이른바 갑의 위치에 있는 사람도 있다. 물론 이들과 대면하면서 함부로 무례하게 대하는 것은 지혜롭지 못하다. 하지만 상대의 권위 앞에서 주눅이 들어 제대로 말도 못 한다면 오히려 더 불리하다. 자신감 결여와 능력 부족으로 비추어지기 때문이다. 이럴 때 맹자의 말을 마음속으로 새겨볼 필요가 있다. 당당한 한 사람의 파트너로서 자신감 있게, 소신 있게 대화한다면 훨씬 더 좋은 결과를 얻을 수 있을 것이다.

상대의 마음을 기꺼이 헤아린다

> 다른 사람의 마음을 내가 헤아린다.
> 他人有心 予忖度之
> 타인유심 여촌락지
> -《맹자》〈양혜왕 상〉

제선왕은 위나라(양나라)와의 전쟁에서 크게 싸워 이긴 군주다. 마릉 땅에서 위나라의 명장 방연龐涓을 죽이고, 태자 신을 사로잡아 개선함으로써 그 당시 강국으로서의 면모를 확고히 했다. 이때 맹활약했던 군사軍師가 바로 병법의 대가로 유명한 손빈孫臏이다. 손빈은 동문수학했던 방연의 배신으로 위나라에서 다리가 잘리고 제나라로 도망쳤지만, 마릉 땅에서 방연을 죽임으로써 원한을 푼다.

제선왕 시대에 제나라는 손빈의 힘으로 크게 번영했다. 춘추오패 중에서도 제일 강력했던 제환공 이후에 가장 나라를 번성시킨 군주라고 할 수 있다. 하지만 제환공과 같이 패왕이 되어 천하를 호령할 정도는 아니었기에, 맹자로부터 제환공의 성공요인을 듣고 배우고 싶었을 것이다. 뛰어난 현자로 소문난 맹자는 제나라를 패권국으로 만들고도 남을 지략과 능력을 갖추었으리라 믿었기 때문이다. 제선왕은 맹자와의 만남에서 이렇게 물었다.

"제환공과 진문공晉文公의 일을 들려주실 수 있습니까?"

진문공 역시 제환공과 함께 춘추오패 중의 한 사람으로 꼽히는 군주였다. 19년간 망명생활 끝에 군주에 올라 나라를 강력하게 만들었던 입지전적인 인물이다. 이때 맹자는 단호하게 진문공과 제환공에 대해서는 들어본 적이 없다고 말했다.

"공자의 제자 중에 제환공과 진문공의 일을 말한 이가 없었습니다. 그래서 저도 듣지 못했습니다."

맹자의 말은 사실이 아니다. 공자가 두 사람에 대해 평가했던 말이 《논어》에 실려 있기 때문이다. 〈헌문〉에 "진나라 문공은 남을 속이고 바르지 못했고, 제나라 환공은 바르게 하며 속임수를 쓰지 않았다"라고 실려 있다. 춘추시대 두 패자에 대해 평가했던 말로, 천하의 패권을 잡는 데도 정직하고 올바른 길을 따라야 한다는 주장이다. 진문공과 같이 남을 속이고 올바르지 않은 방식으로 패자가 되는 것이 아니라, 제환공처럼 정직하고 올바르게 패자가 되어야 한다는 가르침이다.

맹자는 어떤 방식이든 간에 무력으로 패자가 되는 자체에 거부감이 있었기에 그것을 화제로 삼고 싶지 않았다. 그래서 대화의 싹을 자르고 자신이 원하는 왕도정치를 논하기 위해 아예 모른다고 말하는 방법을 택했던 것이다. 물론 인의를 주장하는 현자가 거짓

76

말을 했다는 사실에 거부감이 들 수도 있다. 하지만 공자도 그러했지만 맹자 역시 원칙이라고 해서 무조건 지켜야 한다고 말하지 않았다. 아무리 좋은 덕목이어도 언제나 올바르지는 않기에, 때와 상황에 적절하지 않으면 바람직하지 않을 수도 있는 것이다.

결국 맹자의 시도는 성공했고, 제선왕과의 대화는 자연스럽게 왕도에 관한 이야기로 넘어갔다. 왕이 이렇게 물었다.

"덕이 어떠해야 왕 노릇을 잘할 수 있습니까?"

"백성을 보호하며 왕 노릇을 한다면 이를 막을 수 있는 자는 없습니다."

"과인과 같은 사람도 백성을 보호할 수 있습니까?"

"그럴 수 있습니다."

"어떤 근거로 제가 그럴 수 있다고 하십니까?"

왕의 질문이 이에 이르자 맹자는 예전에 호흘胡齕이라는 신하로부터 들었던 이야기를 해준다. 종에 동물의 피를 칠하는 의식의 제물로 쓰기 위해 끌려가는 소를 보고 왕이 불쌍히 여겨 양으로 바꾸라는 명령을 내렸다는 이야기를 근거로 들었다. 바로 '차마 하지 못하는 것을 하지 않는 마음'이 왕에게 있었다는 것이다. 측은지심, 즉 사람의 선한 본성 가운데 가장 근본이 되는 마음이다. 하지만 백성들은 '왕이 소를 양으로 바꾼 것은 인색하기 때문이다'라고 비난했고, 왕은 자기 스스로도 왜 그랬는지 그 이유를 알 수 없었다고 맹자에게 말했다.

"참으로 과인이 인색하다고 말하던 백성들이 있는데, 제나라가 작지만 제가 어찌 소 한 마리를 아끼겠습니까? 그 소가 벌벌 떨면서 죄 없이 사지로 끌려가는 모습을 차마 볼 수 없어서 양으로 대체하라고 한 것입니다."

맹자는 명쾌하게 그 이유를 설명해준다.

"그것이 바로 인을 행하는 방법입니다. 소는 보셨지만 양은 보지 않았기 때문입니다. 군자는 살아 있는 금수를 보았다면 그것이 죽는 것은 차마 보지 못합니다. 또한 그것이 죽어가며 내는 소리를 들었다면 그 고기를 차마 먹지 못합니다. 이런 이유로 군자는 푸줏간을 멀리합니다."

맹자의 이 말에 제선왕은 내심 크게 기뻐하며 말했다.

"《시경詩經》을 보면 '다른 사람의 마음을 내가 헤아린다'라고 했는데, 바로 선생을 두고 한 말입니다. 내가 행하고도 왜 그렇게 했는지 그 까닭을 알 수 없었는데, 선생의 말씀을 들으니 내 마음을 비로소 알 것 같습니다. 이러한 마음이 왕도에 부합하는 까닭은 무엇 때문입니까?"

맹자가 자기도 모르던 마음을 깨닫게 해주자 왕은 크게 기뻐하며 대화를 이어나가기를 원했다. "이러한 마음이 왕도에 부합하는 까닭은 무엇 때문입니까?"라는 왕의 물음은, 맹자의 왕도에 대해 관심을 보이고 알아나가겠다는 의지를 천명한 것이다. 사람들은 누구나 자기 마음을 알아주는 사람을 좋아하고 그 사람의 말에 설득되기 마련이다. 법가의 학문과 이론을 집대성한 책《한비자韓非子》에는 "설득이 어려운 까닭은 상대의 마음을 알아내어 거기에 맞

출 수 있어야 하기 때문이다(범세지난 재지소세지심 가이오세당지凡
說之難 在知所說之心 可以吾說當之)"라고 실려 있다. 이처럼 설득을 잘하기
위해서는 상대방과 공감하는 것이 가장 중요하다. 상대의 마음을
알고 그에 맞출 수 있다면 어떤 사람과도 좋은 대화를 이끌어나갈
수 있다.

맹자와 제선왕의 대화는 오늘날에도 통하는 설득의 방법을 보여
준다. 사람들 사이의 관계는 설득으로 이루어져 있다. 설득을 잘하
는 사람은 능력 있는 사람으로 인정을 받고 승승장구하지만, 설득
을 못 하면 사회생활에 어려움을 겪는다. 그래서 사람들은 논리적
으로 말하는 법을 배우고, 효과적인 커뮤니케이션 기법을 갖추려
고 노력한다.

하지만 아무리 뛰어난 말솜씨로 상대를 설득하려고 해도 상대의
마음을 얻지 못하면 일을 성사시키기는 힘들다. 서로 공감이 되지
않기 때문이다. "아내가 예쁘면 처갓집 말뚝에도 절을 한다"는 우
리 속담이 말하는 바가 바로 그것이다. 반대로 "중이 미우면 입고
있는 적삼도 밉다"라는 속담도 있다. 좋은 인간관계가 형성되어 있
지 않다면 아무리 화술이 좋아도 뜻을 관철시키기 어려운 법이다.

상대방이 듣기에 거북한 말로 다짜고짜 본론에 들어가서는 좋
은 결과를 얻을 수 없다. 설득하기는커녕 마음만 상하게 할 수도 있
다. 설득하려면 먼저 상대를 인정하고 높이는 지혜가 필요하다. 상
대방의 장점, 혹은 좋아하는 것으로 마음을 열게 한 다음 본론을 시
작해야 한다. 또한 다양한 말의 기법과 기교도 구사할 수 있어야 한

다. 공자는 "바탕이 겉모습을 넘어서면 거칠어지고, 겉모습이 바탕을 넘어서면 겉치레가 된다. 겉모습과 바탕이 잘 어울린 후에야 군자답다(질승문즉야 문승질즉사 문질빈빈 연후군자質勝文則野 文勝質則史 文質彬彬 然後君子)"라고 말했다. 내면이 꽉 차 있다고 해서 완성된 것이 아니라 그것을 겉으로 잘 표현해서 조화를 이루어야 한다는 의미다.

흔히 '마음이 중요하지 그것을 꼭 말해야 아나'라고 생각한다. 하지만 이는 표현을 제대로 못 하는 사람의 변명일 뿐이다. 마음을 멋지게 표현하는 것이 중요하다. 상대방은 내 마음을 들여다볼 수 있는 독심술사가 아니다.

신뢰가 쌓이면 설득은 어렵지 않다

하지 않아서이지 할 수 없어서가 아니다.
不爲也 非不能也
불위야 비불능야
-《맹자》〈양혜왕 상〉

맹자가 만난 여러 명의 왕 가운데 제선왕과의 대화가 가장 길었을 뿐더러 품격도 있었다. 그 이유는 맹자가 대화를 잘 이끌기도 했지만 제선왕이 다른 왕들에 비해 상대적으로 인품과 지적인 수준이 높았기 때문이다. 제선왕은 다양한 학파의 현자들을 불러 모아 자유롭게 쟁론하고 뜻을 펼치게 함으로써 문화 융성기를 만들었다. 맹자를 비롯해 추연·순우곤·고자 등이 제나라의 국정에 참여했다.

　제선왕은 맹자와의 대화에 적극적으로 참여하면서 스스로《시경》의 구절을 인용하며 자신의 생각을 밝히기도 했다. 그 당시《시경》등 옛 고전의 구절을 인용하는 것은 선비로서 자기주장을 뒷받침하고 학문적 당위성을 드러내는 가장 좋은 방법이라고 할 수 있다. 공자도 그러했고 맹자도 마찬가지였다. 제선왕은 비록 그동안은 무력으로 천하를 제패하는 패업에 관심이 있었지만 선비로서의 근본은 갖추었기에, 맹자가 이끄는 왕도정치에 관심을 보이기 시작했다. 제선왕은 자신이 죽어가는 금수를 보고 불쌍한 마음이 드는 까닭이 왕도와 어떤 관련이 있는지 물으며 대화를 이어가기를 원했다. 이때 왕은 분명히 맹자로부터 좋은 대답을 듣기를 기대했을 것이다. 하지만 이어지는 대화에서 맹자는 또 한 번 비유로 말을 시작한다.

"어떤 사람이 왕께 아뢰기를 '저의 힘은 3,000근은 충분히 들 수 있지만 깃털 하나는 들 수 없고, 저의 시력은 가는 짐승의 털끝 하나도 충분히 볼 수 있지만 수레 가득 실린 땔나무는 볼 수 없습니다'라고 한다면 왕께서는 그 말을 인정할 수 있겠습니까?"

"인정할 수 없습니다."

"지금 왕의 은혜가 금수에게까지 미치면서도 백성에 미치지 못하는 것은 도대체 무슨 까닭일까요? 그러니까 터럭 하나가 들리지 않는 것은 힘을 쓰지 않기 때문이고, 수레의 땔나무가 보이지 않는 것은 눈을 쓰지 않기 때문입니다. 백성이 보호받지 못하는 것은 은혜를 베풀지 않기 때문입니다. 그러니까 왕이 왕 노릇을 못 하는 것은 하지 않아서이지 할 수 없어서가 아닙니다."

제선왕은 기쁜 마음으로 대화를 계속하기를 청했지만 여기서 대반전이 일어난다. 맹자가 지금까지처럼 우호적이거나 칭찬하는 말이 아니라 왕이 듣기에 거북한 충고를 시작했던 것이다. 왕이 금수조차 불쌍히 여기는 것은 분명히 선한 마음이 있기 때문이다. 하지만 그 선한 마음이 백성들에게 미치지 않는 것은 할 수 있지만 하지 않는 것이라는 질책이다. 잘 알다시피 능력이 부족해 못 하는 것은 어쩔 수 없다. 하지만 할 수 있는 데도 하지 않는 것은 마음이 없는 것이다. 설사 능력이 있어도 마음이 없으면 하지 않는다. 어쩔 수 없이 하더라도 열성이 없고 건성으로 하기 때문에 결과를 만들 수도 없다. 《대학》전傳 7장에 실려 있는 "마음이 없으면 보아도 보이지 않고, 들어도 들리지 않고, 먹어도 그 맛을 알지 못한다(심부재언 시이불견 청이불문 식이부지기미心不在焉 視而不見 聽而不聞 食而不知其味)"의 구절이 말하는 바와 같다.

하지만 일단 앞선 대화에서 맹자가 왕의 마음을 우호적으로 만들었기에 비록 거북한 말일지라도 얼마든지 부드럽게 대화를 끌고 나갈 수 있었다. 이를 테면 추상과 같은 꾸짖음을 마음 상하지 않게, 부드럽게 전달하는 방법이라고 할 수 있겠다. 그 비결은 먼저 상대의 마음을 열게 만드는 것이다.

맹자의 질책을 받았지만 제선왕은 좀더 구체적으로 말해주기를 원했다. 갑작스러운 맹자의 변화에 당황했을 수도 있지만 화를 내기보다 맹자가 말하는 바를 더욱 명확히 알기를 바랐던 것이다.

"하지 않는 것과 할 수 없는 것은 구체적으로 어떻게 다른 것입니까?"

"태산을 옆구리에 끼고 북해를 뛰어넘는 일을 '나는 그렇게 못한다'라고 말하면 그것은 정말로 할 수 없는 일입니다. 하지만 노인을 위해 나뭇가지를 꺾는 일을 '나는 할 수 없다'라고 한다면 그것은 하지 않는 것이지 할 수 없는 것이 아닙니다. 그러니까 왕이 왕노릇을 하지 못하는 것은 태산을 끼고 북해를 뛰어넘는 일이 아니라 나뭇가지를 꺾는 종류의 일입니다."

앞의 대답과 같은 뜻이지만 좀더 명확하다. 지금 왕이 제대로 된 왕도를 펼치지 않는 것은 못 하는 것이 아니라 할 수 있음에도 하지 않는 것이다. 그리고 맹자는 비로소 유교의 핵심 철학인 인仁의 덕목이 나라의 통치에도 필요하며, 천하를 다스리는 데 가장 바람직하고 효과적이라는 사실을 일러준다.

"우리 집안의 노인을 공경해 다른 노인에게 미치고, 우리 집안의 어린아이를 사랑해 남의 어린아이에게 미치게 한다면 천하는 손바닥 위에서 다루듯이 할 수 있습니다. 《시경》에는 '아내에게 모범을 보여 형제에게 미치고, 집과 나라를 다스리는 데까지 미친다'라고 했는데, 이는 이 마음을 들어서 저들에게 베풀 따름인 것입니다. 그러므로 은덕을 베풀어나가면 천하도 충분히 보전할 수 있고, 은덕을 베풀지 못하면 처자도 보전하지 못합니다. 옛사람이 뛰어난 것은 다른 것이 아닙니다. 지금 은덕이 금수에까지 미치면서도 백성에게 이르지 못함은 도대체 무슨 까닭인가요?"

유교에서 인仁은 사람과의 관계를 사랑으로 만들어가는 것을 말한다. 그리고 그 시작은 바로 자기 자신, 그리고 자기 집안에서 비롯되어야 한다. 말로 아무리 사랑과 배려를 외쳐도 자신의 행실이 바르지 못하면 다른 사람을 움직이지 못한다. 《대학》의 잘 알려진 구절 '수신제가치국평천하修身齊家治國平天下'가 말하듯이 천하를 다스리는 일도 그 시작은 자신의 수양과 자기 집안을 바르게 하는 일이다. '수신제가'가 되지 않은 사람이 나라를 다스려보겠다는 말은 어불성설이다. 자신이 올바르지 않은데, 자기 집안조차 다스리지 못하는데 어떻게 나라를 바르게 다스리겠다는 것인지 궁금하다. 맹자는 이어지는 대화에서 제선왕이 근본을 지키지 못하면서 천하를 다스리고 싶어 하는 것을 '연목구어緣木求魚'라고 표현했다. 강에서 잡아야 할 물고기를 나무에서 찾는 것처럼 불가능한 일이라는 말이다. 그리고 근본을 지키는 방법과 이치를 일러준다.

"지금 왕께서 정사를 베푸는 데 인을 근본으로 한다면, 천하의 뛰어난 사람들이 왕의 조정으로 모이고, 농사짓는 사람들이 모두 왕의 나라에서 경작하기를 원하고, 장사치들이 모두 왕의 저잣거리에서 장사하기 원하고, 여행하는 자들이 모두 왕의 길로 왕래하고 싶어 할 것입니다. 그러면 천하에서 자기 나라의 왕을 싫어하고 미워하는 사람들이 모두 왕께로 나아올 텐데, 그러면 누가 그것을 막을 수 있겠습니까?"

제선왕과의 긴 대화에서 때로는 마음을 열게 하고, 때로는 질책하고, 때로는 비유로 깨닫게 하고, 때로는 이론적으로 설명하며 맹자가 말하고자 했던 결론은 바로 '근본으로 돌아가라'는 권유였다. 백성을 사랑하고, 백성의 생업을 보장해주고, 부모를 봉양하는 데 부족함이 없게 하고, 그런 다음 백성들을 가르쳐 선善의 길로 나가도록 해야 한다는 것이다. 이 가르침에서 우리가 잘 아는 '무항산

무항심無恒産無恒心' 성어가 등장한다. '일정한 소득이 없으면 일정한 마음이 없다,' 즉 백성들에게 충분한 소득이 보장되지 않으면 충성스러운 마음이 생길 수 없다는 뜻이다. 맹자는 그 무엇보다도 먼저 백성들의 삶을 보장해주어야 한다고 강조했다.

《대학》에는 "만물에는 근본과 말단이 있고, 일에는 끝과 시작이 있다(물유본말 사유종시物有本末 事有終始)"라고 말한다. 근본이 흔들리면서 말단이 잘되는 경우가 없고, 시작이 잘못되었는데 끝이 좋을 수 없다. 하고 싶은 일, 하기에 좋은 일만 하면서 그 결과를 바라는 것도 마찬가지다. 맹자는 사람으로서 반드시 지켜야 할 근본인 인의예지의 삶을 나라의 통치에 적용해야 한다고 강조했다. 그리고 스스로 인의예지의 삶을 지켜나갔다. 비록 어렵지만 해야 할 일이기 때문이다. 그리고 할 수 있다고 믿었기 때문이다. 이것이 바로 맹자의 웅변이 설득력 있는 이유다. 확실한 신념과 원칙을 정하고, 자신의 삶에서 한 치의 오차도 없이 지키고, 그것을 기반으로 말하고 행동할 때 어떤 사람의 마음도 잡을 수 있다. 당연히 그를 설득할 수도 있다.

마음이 안정된 사람은 그 말이 무겁고 조용하며,
안정되지 못한 사람은 그 말이 가볍고 빠르다.

- 《근사록》 중에서

통찰력은 타고나지 않는다

그 사람의 말을 듣고 그의 눈동자를 관찰하면 사람이 어떻게
자신의 마음을 숨기겠는가?
聽其言也 觀其眸子 人焉廋哉
청기언야 관기모자 인언수재
- 《맹자》〈이루 상〉

"눈은 마음의 창이다"라는 말이 있다. 눈을 보면 그 사람의 마음이
드러난다는 의미다. 심리학적으로 사람이 무언가 숨기는 것이 있
으면 눈빛이 흔들리거나 시선을 회피하는 행동을 한다. 또한 언어
적인 관점에서 보면 말이 아닌 행동으로 보이는 비언어적 의사소
통의 하나로 볼 수 있다. 한 연구에 따르면 사람이 자신의 의사를
표현하는 데 말보다는 이러한 비언어적인 방법에 훨씬 더 많이 의
존한다고 한다. 그래서 연인들이 오래도록 말을 하지 않고 서로의
눈을 보고 있어도 마냥 행복한 것이다. 요즘도 여러 가지 분야에
서 많이 쓰이는 비언어적인 의사소통 이론의 원작자는 맹자다. 《맹
자》〈이루 상〉에서 이렇게 말했다.

"사람을 관찰하는 방법 가운데 눈동자를 살펴보는 것만큼 좋은 것은 없다. 눈동자는 그 사람의 악한 마음을 가리지 못한다. 마음이 바르면 눈동자가 맑고, 마음이 바르지 못하면 눈동자가 흐리다. 그 사람의 말을 듣고 그의 눈동자를 관찰하면 사람이 어떻게 자신의 마음을 숨기겠는가?"

눈빛을 보면 사람들의 마음이 바른지, 바르지 않은지를 정확히 알 수 있다. 마음이 바르면 눈동자가 맑고 바르지 못하면 흐리다. 그래서 맹자는 눈동자를 관찰하고 그의 말을 잘 들어보면 그 사람을 정확히 판단할 수 있다고 했다. 절대로 사람은 자신의 마음을 숨기지 못한다는 것이다. 맹자는 자신이 가장 잘하는 것으로 호연지기와 함께 지언, 즉 말을 잘 아는 것을 들었다. 상대의 말을 들어보면 그 사람이 어떤 상태인지, 본마음이 어떤지를 정확히 알 수 있다는 것이다. 맹자가 말로써 사람을 아는 것을《맹자》〈이루 상〉에서도 언급했던 적이 있다.

"사람들이 말을 쉽게 내뱉는 까닭은 책임감이 없기 때문이다(인지이기언야 무책이의人之易其言也 無責耳矣)."

말은 한 사람의 책임감을 알아볼 수 있는 가장 중요한 척도 중의 하나다. 한자의 믿을 신信은 사람 인人과 말씀 언言으로 이루어져 있다. 따라서 사람에 대한 믿음은 그 사람의 말에서 비롯된다. 책임감 있는 사람은 자신의 말을 무겁게 여기기에 함부로 말하지 않는다. 그래서 일언천금一言千金, 즉 말 한마디의 무게와 가치를 천금처럼 여긴다는 말이 있는 것이다. 하지만 자신의 말에 책임을 느끼지 않는 사람들은 함부로 말을 남발한다. 듣기에는 그럴듯하지만 전혀 실천이 따르지 않는 사람들이다. 공자는 이런 사람들을 가르치면서 "먼저 행동을 한 다음, 그다음에 말하라(선행기언 이후종지先行其言 而後從之)"고 말하기도 했다. 언변이 뛰어난 자공의 "군자의 언행은 어떠해야 합니까?"라는 물음에 주었던 가르침이다. 또한 공자는 언행이 거친 사마우司馬牛에게 "인한 사람은 말하는 것을 조심한다(인자 기언야인仁者 其言也訒)"라고 가르치기도 했다.

예문에서 "사람이 어떻게 자신의 마음을 숨기겠는가?"라는 문장은 원문이 '인언수재人焉廋哉'다. 이 구절은《논어》에도 있는데 역시 공자가 사람의 마음을 읽는 방법을 일러주는 데서 나온다.《논어》〈위정〉에 실려 있는 글이다.

"그 사람이 하는 것을 보고, 그 동기를 살펴보고, 그가 편안히 여기는지를 보라. 사람이 어떻게 자기를 속이겠는가? 사람이 어떻게 자기를 속이겠는가(시기소이 관기소유 찰기소안 인언수재 인언수재視其所以 觀其所由 察其所安 人焉廋哉 人焉廋哉)?"

'하는 것을 보는 것'은 시기소이視其所以다. '동기를 살피는 것'은 관기소유觀其所由다. 그리고 '편안하게 여기는지를 관찰하는 것'은 찰기소안察其所安이다. 즉 잘 보고(견視), 잘 살피고(관觀), 잘 관찰하면(찰察) 그 사람에 대해 속속들이 알게 된다는 의미다. 이를 강조하기 위해 공자는 "사람이 어떻게 자기를 속이겠는가"라는 말을 두 번씩이나 되풀이한다. 사람을 잘 관찰하는 능력이 있으면 사람의 본성과 속마음을 꿰뚫어볼 능력을 얻게 되고, 누구도 그 앞에서 본심을 감추고 속일 수 없다는 의미다.

공자와 맹자가 말했던 사람을 보는 능력을 '통찰력'이라고 한다. 통찰력은 '사물을 훤히 꿰뚫어볼 수 있는 능력'으로 정의된다. 사람의 경우라면 언행 등의 겉모습으로 드러내지 않는 내면을 보는 것이다. 맹자는 그 사람의 말을 듣고 눈동자를 살펴보는 것이 방법이라고 했다. 공자는 그 사람의 행위와 동기를 살피고, 겉모습으로 드러나는 표식을 살펴보는 것이다. 진나라의 실권자였던 여불위가 편찬한 《여씨춘추》에서는, 이 힘을 '관찰하는 능력'이라고 표현했다. 눈앞에 있는 사람이나 사물들의 의지意志와 징조徵兆, 그리고 표상表象을 잘 관찰하면 그 내면을 읽을 수 있고, 앞으로 일어날 일이 미리 보인다는 것이다.

"사람의 마음은 숨겨지고 감추어져 있어서 측량하기가 어려운데, 사람을 잘 관찰하면 그 사람의 숨겨진 의지를 보게 된다. 하지만 이러한 능력은 오직 성인들만 할 수 있는데 평범한 사람들은 이러한 능력을 갖추기 어렵다. 그래서 평범한 사람들은 성인들의 통찰력을 보고 요행이라고 생각한다."

사람의 마음을 읽는 통찰력은 특별한 사람만의 능력이라는 말이다. 따라서 평범한 사람들은 이들의 능력을 보고 무언가 감추어진 술수가 있다고 의심하거나 요행이라고 폄하한다. 하지만 공자와 맹자는 평범한 사람들도 얼마든지 사람의 속마음을 읽는 능력을 갖출 수 있다고 말한다. 물론 성인과 같이 비범한 사람들처럼 타고난 능력은 아닐 것이다. 다만 평소에 폭넓은 지식기반과 사고능력을 키우고, 눈앞에 보이는 현상을 잘 관찰하고, 그것을 미루어 깊이 생각하는 습관과 능력을 키운다면 통찰력은 점차 배양될 수 있다. 바로 학이지지學而知之, 즉 열심히 배우고 경험함으로써 알 수 있는 능력이다.

통찰력은 그 무엇보다도 지도자, 혹은 지도자를 꿈꾸는 사람에게 가장 필요한 덕목 가운데 하나다. 단순히 지식만 많다고 해서, 리더십이 뛰어나다고 해서 훌륭한 지도자가 되는 것은 아니다. 오히려 자기 능력을 과신하면 독단에 빠지고, 독단은 자신은 물론 조직 전체를 위험에 빠뜨리기도 한다. 지도자에게 가장 중요한 것은 바로 사람을 제대로 볼 줄 아는 능력이다. 그리고 상대의 능력을 최대한 발휘하도록 만드는 능력이다. 뛰어난 사람을 선발하고, 그의 장점과 능력을 잘 발휘하게 하려면 사람을 꿰뚫어볼 수 있는 통찰력이 필수다. 《한비자》에서는 "지도자는 슬기롭지 않으면서도 슬기로운 자를 거느리고, 지혜롭지 못하면서도 지혜로운 자의 우두머리가 된다(불현이위현자사 부지이위지자정不賢而爲賢者師 不智而爲智者正)"라고 했다. 지도자의 지혜는 자신만의 우물에서 벗어나 뛰어난 다른 사람의 지혜를 쓸 수 있는 능력인 것이다.

아무리 뛰어난 사람이라고 해도 그 능력에는 한계가 있다. 모든 분야에 통달한 사람이란 있을 수 없다. 특히 오늘날과 같이 다기화되고 복잡다변화된 세상에서는 더욱 그렇다. 이러한 때 자신의 능력을 내세우기보다는 우수한 인재를 선발하고, 그들의 장점과 능력을 잘 살리는 태도가 지도자가 갖추어야 할 덕목이다. 하지만 아무리 뛰어난 인재가 있어도 그를 알아볼 능력이 없다면 무용지물이다.《어씨춘추》의 "눈앞에 천리마가 있어도 좋은 감정사가 없으면 없는 것과 마찬가지다"가 가르치는 말이다. 그것을 위해 반드시 필요한 것이 바로 통찰력이다.

공명정대한 용기가 진정한 용기다

청컨대 왕께서는 작은 용기를 좋아하지 마십시오.
王請無好小勇
왕청무호소용
-《맹자》〈양혜왕 하〉

제선왕이 맹자에게 이웃 나라와 교류하는 원칙이 있는지 묻자 맹자는 이렇게 대답했다.

"있습니다. 오직 어진 사람만이 큰 나라로서 작은 나라를 섬길수 있습니다. 그래서 탕왕이 갈葛나라를 섬기고, 문왕이 곤이昆夷를 섬겼습니다. 또 오직 지혜로운 사람만이 작은 나라로서 큰 나라를 섬길 수 있습니다. 그래서 태왕太王이 훈육을 섬기고 구천句踐이 오나라를 섬겼습니다. 큰 나라로서 작은 나라를 섬기는 자는 천명을 즐거워하는 자이고, 작은 나라로서 큰 나라를 섬기는 자는 천명을 두려워하는 자입니다. 천명을 즐거워하는 자는 천하를 보전하고, 천명을 두려워하는 자는 자기 나라를 보전합니다.《시경》에서는

'하늘의 위엄을 두려워해 이에 나라를 보전한다'고 했습니다."

탕왕과 문왕은 인의仁義로 천하를 다스렸던 덕이 있는 왕들이었다. 이들은 가장 강력한 힘과 능력이 있었지만 약한 나라들을 무력이 아닌 섬김의 정신으로 다스렸다. 천명, 곧 하늘의 뜻에 합치하도록 천하를 다스린 것이다. 이런 나라들은 천하를 보전하고 평화롭게 다스릴 수 있다. 또한 태왕과 월나라의 구천과 같은 약한 나라의 군주들은 지혜롭게 처신했다. 자신보다 강대한 나라를 섬김으로써 자국을 보전할 수 있었던 것이다. 이들은 자신이 처한 상황을 거스르지 않고 하늘의 뜻에 순응함으로써 나라를 지키고 미래를 도모할 수 있었다. 맹자는《시경》〈주송周頌〉아장我將의 구절 "하늘의 위엄을 두려워해 이에 나라를 보전한다"를 인용해 이런 이치를 말해주었다.

제선왕은 맹자의 말을 듣고 "훌륭한 말씀입니다. 하지만 제게는 흠이 있습니다. 저는 용맹스러운 것을 좋아합니다"라고 대답했다. 제선왕이 맹자의 말에 완전히 공감했던 것은 아닐지도 모른다. 평생을 무력으로 적들과 싸워왔는데, 섬김으로 작은 나라를 다스린다는 말은 제선왕으로서는 납득하기 어려웠을 것이다. 하지만 제선왕은 먼저 맹자의 말을 인정하고 "훌륭한 말씀입니다"라고 칭찬했다. 곧이어 '자신은 용맹스러운 것을 좋아하는 흠이 있다'라고 말한다.

제선왕의 화법은 오늘로 치면 'Yes, But' 화법이라고 할 수 있다. 먼저 상대의 말을 인정한 다음, 자신의 의견을 말하는 방법이다. 상대의 감정을 상하지 않고 부드러운 분위기를 유지하면서 효과적으로 대화를 이끌어갈 수 있는 긍정적인 화법이다. 제선왕은 자신이 비록 왕이지만 맹자를 존중하는 마음이 있었기에 자연스럽게 이러한 표현을 구사했을 것이다.

또한 제선왕에게는 은근히 자신의 무공을 자랑하려는 의도도 있었다. 많은 나라를 무력으로 굴복시켜 당대의 강국으로 자리 잡을 정도로 용맹스럽다고 은근히 나타낸 것이다. 하지만 맹자는 이런 제선왕의 용기를 작은 용기로 폄하하며 직설적으로 말했다.

"왕께서는 청컨대 작은 용기를 좋아하지 마십시오. 칼을 매만지며 성난 눈초리로 말하기를 '저자가 어찌 나를 당할 수 있겠는가'라고 하면, 한 사람을 대적하는 필부의 용기입니다. 왕께서는 청컨대 큰 용기를 가지십시오."

맹자는 큰 용기와 작은 용기를 나누고, 작은 용기는 한낱 평범한 사람들의 용기라고 말했다. 한 나라를 이끄는 왕으로서 단지 남에게 힘을 과시하는 것은 부끄러운 모습일 뿐이다. 그리고 진정한 용기, 큰 용기를《시경》과《서경書經》에 실린 문왕과 무왕을 예로 들며 말했다. 문왕과 그 아들 무왕은 부패한 상나라를 물리치고 주나라를 건국했던 인물들이다.

"《시경》에서 '문왕께서 진노하시어 군대를 정돈하고, 침략하는 적들을 막아 주나라의 복을 두터이 하고 천하에 응답했다'고 했으니 이것이 문왕의 용기입니다. 문왕께서는 한 번 노해 천하의 백성을 편안하게 했던 것입니다. 또한《서경》에는 이렇게 말했습니다.

'하늘이 백성들을 내려주고, 군주를 세우고, 스승을 세운 것은 그들로 하여금 하늘의 상제를 도와 백성들을 사랑하기 위함이다. 천하에 죄가 있고 없는 것은 모두 나에게 달려 있으니 천하에 감히 그 뜻을 넘어서는 자가 있겠는가?' 그리하여 한 사람이 천하에 횡행하면 무왕께서는 이를 부끄러워하셨습니다. 이것이 무왕의 용기입니다. 무왕 또한 한 번 노해 천하의 백성들을 편안하게 하셨습니다."

맹자는 문왕과 무왕의 용기를 예로 들며 제선왕에게 진정한 용기를 설명했다. 문왕은 무력으로 작은 나라를 침범하려는 무리를 막아서 천하를 평화롭게 다스렸다. 이처럼 전쟁을 막고 백성들을 안전하게 지키는 것이 큰 용기다. 무왕 역시 군주로서의 책무를 이해하고, 자신을 군주로 세운 하늘의 뜻을 분명히 알고 있었다. 훌륭한 스승의 지혜를 잘 받아들이고, 천하의 백성을 평안하게 다스리는 것이 바로 하늘로부터 받은 명령이다. 이를 위해 천하를 어지럽히는 무리를 응징하고 정의를 바로 세우기 위해 과감하게 일어서는 것이 바로 진정한 용기다. 맹자는 고전에 실린 문왕과 무왕의 역사를 통해, 진정한 용기란 천하를 평화롭게 하고 정의롭게 다스리는 것이라는 사실을 왕에게 말해주었다. 사사로운 분노나 자신의 힘을 과시하는 용기가 아니라 공명정대하고 정의로운 용기가 큰 용기인 것이다.

공자는《논어》〈태백泰伯〉에서 "용감하면서 예가 없으면 질서를 어지럽히게 된다(용이무례즉란勇而無禮則亂)"라고 했다. 〈양화陽貨〉에서는 "용기를 좋아하되 배우기를 좋아하지 않으면 그 폐단은 질서

를 어지럽히게 된다(호용불호학 기폐야란好勇不好學 其蔽也亂)"라고 했
다. 두 문장 모두 의미는 비슷하다. 용기만 있고 예와 지식으로 절
제하지 않으면 반드시 혼란을 일으킨다는 뜻이다. 만약 작은 인물
이라면 한 동네의 질서를 어지럽힐 것이고, 큰 인물이라면 나라나
천하를 어지럽히는 일을 하게 된다. 이를 잘 나타내는 말이 역시
〈양화〉에 실려 있다. 용맹함을 좋아하는 제자인 자로子路가 "군자는
용기를 숭상합니까?"라고 묻자 공자는 이렇게 대답했다.

"군자는 의로움을 최상으로 여긴다. 군자가 용기만 있고 의로움
이 없으면 난을 일으키고, 소인이 용기만 있고 의로움이 없으면 도
적질을 하게 된다."

《논어》의 말들을 종합해보면 용기란 반드시 다른 올바른 덕목이
뒷받침되어야 바르게 발휘될 수 있다. 바로 '덕불고 필유린德不孤必
有隣'이라는 성어가 함축하고 있는 의미다.《논어》〈이인里仁〉에 실
려 있는 이 말은 원래 "덕이 있는 사람은 외롭지 않다. 반드시 이웃
이 있다"로 직역되는데, 덕이 있는 사람은 비록 힘들고 외로운 길
을 가지만 반드시 덕을 숭상하는 사람들이 주위에 모여든다는 의
미다. 하지만 또 다른 측면에서 생각해보면 한 사람의 좋은 덕목이
반드시 다른 좋은 덕목을 불러 모아 덕이 완성될 수 있다고도 볼 수
있다. 만약 좋은 덕목들이 함께하지 못하고 오직 한 가지 덕목에 치
중하면 중용을 지키지 못하고 결국 폐단이 드러난다.

맹자는 인의예지의 좋은 덕목과 함께하지 않는 용기를 작은 용
기(소용小勇)라고 말했다. 설사 한 나라의 왕과 같이 지위가 높다 해

도 이런 용기는 한낱 작은 용기일 뿐이며, 그 사람은 소인에 불과하다. 그리고 인의예지의 좋은 덕목과 함께하는 용기는 큰 용기, 즉 대용大勇이라고 했다. 이런 큰 용기를 쓸 수 있어야 나라는 물론 천하를 바르게 다스릴 수 있다. 따라서 백성들은 오히려 왕이 큰 용기를 내어주기를 기대한다는 것이다. 맹자는 결론을 이렇게 내렸다.

"이제 왕께서도 한 번 노하시어 천하의 백성을 편안하게 하신다면, 백성들은 행여 왕께서 용기를 좋아하지 않을까 걱정할 것입니다."

용기란 네 가지 중요한 덕목인 인의예지에 포함되지는 않지만, 군자로서 반드시 지녀야 할 덕목이라고 맹자는 말하고 있다. 하지만 조건이 있다. 반드시 의로움과 공명정대함에 기반을 두고 용기를 발현해야 한다. 자신의 힘과 권력, 지위만 믿고 약자를 괴롭히고 남의 것을 탐한다면 그것은 작은 용기조차 될 수 없는 만용에 불과하다.

험난한 시대를 살아가려면 용기는 반드시 필요하다. 곤경에 처했거나 고난을 이겨나갈 때 용기가 없으면 쉽게 무너진다. 그래서 공자는 "인한 사람은 근심하지 않고, 지혜로운 사람은 미혹되지 않으며, 용감한 사람은 두려워하지 않는다(인자불우 지자불혹 용자불구仁者不憂 知者不惑 勇者不懼)"라고 말했다. 여기서 "용감한 사람은 두려워하지 않는다"는 것은 무모한 용기가 아닌 의로움에 기반을 둔 큰 용기다. 이런 용기를 발휘한다면 어떤 상황에 처해도 두려워할 필요가 없다는 뜻이다.

요즘은 무모함과 만용을 용기로 착각하는 시대다. 무모함과 만용은 마음속에 두려움이 있을 때 그것을 감추기 위해 겉으로 드러내는 모습이다. 만약 두려운 마음이 생겨난다면 내가 하는 일이 옳은지 돌이켜볼 일이다. 옳고 바른길이라는 확신이 있다면 어떤 상황에서도 당당할 수 있다.

지언을 기르기 위한 맹자의 가르침

- 말의 본질만큼이나 꾸밈도 중요하다. 상대를 설득하지 못하면 아무 의미가 없다.

- 신념을 꺾으면서까지 어떤 상황이나 권위 앞에 고개 숙일 필요는 없다. 신념을 지키는 당당함이 나를 지키는 힘이다.

- 표현하지 않으면 상대가 알 수 없다. 상대방은 내 마음을 들여다보는 독심술사가 아니다.

- 말을 천금같이 생각해야 한다. 믿음은 그 사람의 말에서 비롯된다.

- 통찰력은 타고나는 능력이 아니다. 배움과 경험으로 얼마든지 기를 수 있다.

- 무모함과 만용을 용기로 착각하지 않아야 한다. 의로움과 공명정대함에 기반을 둔 용기가 진짜 용기다.

제3장

인자무적

仁者無敵

결코 무너지지 않는 사랑의 힘

사람의 마음을 얻을 수 있다면

그 어떤 일도 이룰 수 있다.

그 근본이 되는 것이 덕德이다.

덕이 있는 사람 곁에는 반드시 사람들이 모인다.

그는 다스리지 않아도 사람들이 따르고

부르지 않아도 사람들이 함께한다.

위정이덕爲政以德, 인화와 덕으로 다스리는 것은

북극성을 중심으로 하늘의 모든 별들이 따라 도는 것과 같다.

상대를 아끼는 속마음을 드러내라

인한 사람은 반드시 이긴다.
仁者無敵
인자무적
-《맹자》〈양혜왕 상〉

양나라는 원래 그 뿌리가 강대국 진晉나라였다. 진나라의 제후였던 세 명의 대부가 반란을 일으켜 진나라를 멸망시키고 위나라·한韓나라·조趙나라를 세웠다. 셋 중에서도 위나라가 가장 강대했는데, 특히 위문후와 위무후 당시 전성기를 누렸다. 명재상 이회李悝가 나라를 부국강병으로 이끌었고, 명장군 오기吳起가 승승장구하며 다른 나라들을 압도했다.《맹자》맨 앞머리에 나오는 양혜왕은 이들의 뒤를 이어서 왕이 된 인물이다. 최고의 전성기를 구가했던 위나라를 이어받았지만, 잦은 전쟁의 패배로 나라가 피폐해지자 수도를 대량大梁으로 옮겨 양나라로 국호를 바꾸었다. 양혜왕은 자신의 대에서 나라를 크게 위축시켰다는 자괴감과 복수심에 사로잡혀 있었다. 맹자와의 대화를 보면 그의 심경을 잘 알 수 있다.

"우리 진晉나라가 천하에서 가장 강했다는 것은 어르신께서도 잘 아실 것입니다. 그런데 과인의 대에 이르자 동쪽에는 제나라에 패해 맏아들을 잃었습니다. 서쪽으로는 진秦나라에 땅 700리를 빼앗겼습니다. 남쪽으로는 초나라에 욕을 당했습니다. 과인이 부끄럽기 짝이 없어 죽은 이를 위해 이 치욕을 씻고자 하니 어떻게 해야 하겠습니까?"

양혜왕은 국력을 다시 회복하고 자국을 짓밟은 다른 나라들에 복수하기 위해 순우곤·추연 등 천하의 인재들을 불러 모았다. 맹자도 그중의 한 사람이었다. 이런 군주에게 '인의仁義'로 다스리는 나라를 만들자는 맹자의 주장은 당연히 받아들여지기 힘들 수밖에 없었을 것이다. 하지만 양혜왕은 맹자의 주장에 귀를 기울였고, 오랜 시간 맹자와 많은 대화를 나누었다. 여기에는 이유가 있었다. 바로 맹자의 논변論辯 능력 때문이다. 사물의 이치를 밝히는 합리적이고 확고한 이론과 설득력 있게 말하는 능력이 맹자에게 있었다.

여기서도 양혜왕은 국력을 키워 복수할 방법을 맹자에게 묻고 있다. 하지만 맹자는 양혜왕의 기대와는 완전히 다른 해답을 제시한다.

"땅이 사방으로 100리만 되어도 왕 노릇을 할 수 있습니다. 왕께서 만일 백성에게 어진 정치를 베풀어, 형벌을 줄이고 세금을 적게 거두고, 농사를 잘 짓게 도와주고, 좋은 인성을 가르쳐 부모에게 효도하게 하고 윗사람을 섬기게 하면, 백성들은 몽둥이를 들고서라도 초나라와 진나라의 강력한 군대에 맞설 것입니다.”

먼저 맹자는 비록 국력이 약해졌지만 아직도 위나라는 충분히 큰 나라라는 사실을 일깨워준다. 나라의 영토가 크고 작은 것이 문제가 아니라 옳은 방법으로 나라를 다스릴 수 있느냐가 핵심이라는 것이다. 백성들을 잘 가르치고 잘살게 해준다면, 시키지 않아도 백성들은 나라를 지키기 위해 분연히 나선다는 이야기다. 맹자는 이어서 다른 나라의 예를 들어 이유를 말해준다.

“저들은 백성이 농사지을 때를 빼앗아 농사로 부모를 봉양할 수 없게 합니다. 부모는 춥고 굶주리며 형제와 처자식은 뿔뿔이 흩어집니다. 저들이 자기 백성을 환란에 빠뜨릴 때 왕께서 그 나라를 정벌한다면 누가 왕을 대적하겠습니까?”

‘백성이 농사지을 때를 빼앗는 것’은 전쟁과 부역으로 백성들을 동원한다는 의미다. 백성들이 생업을 위해 농사지을 시간을 뺏기면 당연히 도탄에 빠지고 왕을 원망하게 된다. 이런 나라와 대적하는 나라가 백성을 진심으로 사랑한다면 당연히 이길 수밖에 없지 않겠느냐는 물음이다. 왜냐하면 적국의 백성들마저 자신들을 해방시키러 온 나라의 군대를 환영하고 도와주려 할 것이기 때문이다. 맹자의 이 말은 양혜왕에게 양면적인 의미를 던지고 있다. 만약 양혜왕의 나라가 백성들을 환란에 빠지게 한다면 인정仁政을 베푸는 다른 나라를 결코 이길 수 없다는 말과 같다. 이런 논리로 양혜왕을 생각하게 만든 다음에 맹자는, 양혜왕이 듣고 싶은 이야기로 결론을 내린다.

"따라서 옛말에 '인자는 적이 없다(인자무적仁者無敵)'고 했습니다. 왕께서는 이 말을 의심치 마십시오."

진정으로 전쟁에서 승리하고 다른 나라들을 이기기 원한다면 먼저 백성들을 사랑으로 다스려야 한다는 의미다. 원래 인자무적仁者無敵에는 '인자와는 맞서 싸우고자 하는 사람이 없기 때문에 적이 없다'라는 의미가 있다. 하지만 맹자는 '인자는 백성들의 지지를 받기 때문에 어느 누구와 싸워도 반드시 이긴다'로 절묘하게 바꿔서 양혜왕을 설득했다. 비록 양혜왕이 앞서 맹자의 말에 공감하지 못했을지라도 마지막 이 말에는 마음이 흔들렸을 것이다. 자신의 영토를 뺏고 아들을 잃게 하고 패배감에 사로잡히게 했던 나라들에 복수할 수 있기 때문이다. 맹자는 다른 나라를 이겨 치욕을 씻고 복수하기를 원하는 양혜왕의 심리를 교묘하게 건드려 자신의 의견을 따르도록 유도했다.

현실적으로는 힘이 있고 무력이 강한 나라가 약한 나라를 이기는 것이 일반적이다. 그러니 강한 자가 아니라 사랑이 많은 자가 이긴다는 인자무적은 굉장히 역설적인 표현이다. 인자무적은 비움과 역설의 철학인 노자老子의《도덕경》에 그 뿌리를 두고 있다. 노자는《도덕경》67장에서 이렇게 말했다.

"나에게는 세 가지 보물이 있는데 이것을 잘 지켜 보존하고 있다. 첫째는 사랑이고, 둘째는 검약이고 셋째는 남보다 앞서지 않는 겸손이다. 사람을 사랑하므로 도리어 용기가 있으며, 사물을 아끼므로 오히려 넉넉할 수 있다. 남보다 앞서지 않으므로 도리어 앞설 수 있다. 이제 사랑을 버리고 용감해지려 하고, 검약을 버리고 넉넉해지려 하고 뒤로 물러남을 버림으로써 죽음에 이르게 된다. 무릇 사랑하는 마음으로 싸우면 이기고, 사랑으로 지키면 견고하다(부자이전즉승 이수즉고夫慈以戰則勝 以守則固). 하늘이 구원하려고 하면 사랑으로 보호할 것이다."

사람을 사랑하는 마음이 있기에 용기를 얻을 수 있으며, 사랑을 버리고 용기만 앞세우면 오히려 패배와 죽음뿐이라는 의미다. 그 근거는 하늘이 보호함에 있다. 이로써 보면 맹자와 노자의 철학은 서로 통한다고 말할 수 있다.

맹자는 인자무적이라는 말로 양혜왕의 마음을 건드렸다. 사람들은 누구나 자신이 원하는 이야기를 해주는 사람을 믿고 신뢰한다. 하지만 무엇보다도 맹자가 양혜왕에게 당당히 이야기할 수 있었던 이유는 확고한 신념에 기반을 두었기 때문이다. 확고한 신념과 자신감이 있을 때 탁월하고 설득력 있게 말할 수 있다. 또한 지식도 겸비해야 한다. 지식이 바탕이 되지 않는 신념은 공허한 주장이 될 수밖에 없다. 《논어》〈양화〉에는 공자가 제자 자로에게 여섯 가지 좋은 덕목에 지식이 뒷받침하지 않으면 폐단이 된다고 가르친 구절이 나온다.

"인을 좋아하되 배우기를 좋아하지 않으면 그 폐단은 어리석게 된다. 지혜로움을 좋아하되 배움을 좋아하지 않으면 분수를 모르게 된다. 신의를 좋아하되 배움을 좋아하지 않으면 남을 해치게 된다. 곧은 것을 좋아하되 배움을 좋아하지 않으면 박절하게 된다. 용기를 좋아하되 배움을 좋아하지 않으면 질서를 어지럽힌다. 굳센 것을 좋아하되 배움을 좋아하지 않으면 조급하게 된다."

여기서 배움이란 지식과 더불어 수양의 의미도 있다. 공자는 아무리 좋은 덕목이라 해도 지식을 기반으로 삼지 않으면 중용을 지킬 수 없다고 말한 것이다. 중용을 지키지 못하면 좋은 덕목이 오히려 폐단이 될 수밖에 없다. 또한 지식에는 다양한 경험이 뒷받침되어야 한다. 지식과 경험을 통해 식견을 키워야 도량이 넓어진다. 식견이란 지식과 경험을 통해 바르게 볼 수 있는 힘이다. 든든한 지식과 폭넓은 경험에 기반을 둔 신념이 굳건하게 서 있을 때 자신감이 생긴다. 자신감이 있으면 어떤 상황에서, 어느 누구에게라도 당당하게 자신의 뜻을 펼칠 수 있다. 여기에 자신의 생각을 논리적이고 설득력 있게 밝히는 논변 능력까지 갖추었다면 더 말할 나위가 없다.

오늘날 관점에서 보면 맹자의 논리는 지나치게 이상에 치우쳐 있는 것도 사실이다. 하지만 극단의 물질주의와 오염된 성공주의가 지배하는 세태에서, '사랑으로 세상을 바꾸어보자'는 맹자의 이상주의가 더욱 절실할지도 모른다.

관대하게 대하면 많은 사람을 얻게 되고,

신의가 있으면 백성이 믿고 따르게 된다.

민첩하게 하면 공을 이루게 되고,

공정하게 하면 사람들이 기뻐하게 된다.

– 《논어》〈요왈堯曰〉 중에서

그 무엇보다도 마음을 지켜라

> 사람에게는 누구나 다른 사람의 고통을 참지 못하는 마음이
> 있다.
> 人皆有不忍人之心
> 인개유불인인지심
> -《맹자》〈공손추 상〉

《논어》〈선진先進〉에는 제자 자로와 공자의 대화가 실려 있다. 자로
가 귀신 섬기는 일에 대해 묻자 공자가 말했다.

"사람도 제대로 섬기지 못하는데 어찌 귀신을 섬길 수 있겠느냐?"

"감히 죽음에 대해 묻습니다."

공자가 대답했다.

"삶도 제대로 모르는데 어찌 죽음을 알겠느냐?"

공자의 실천적이고 현실지향적인 생각을 잘 말해주는 대화다.
물론 이 대화에는 아직 학문이 부족한 자로에게 세상을 알고 사람
을 아는 일이 먼저라는 가르침을 주려는 공자의 의도가 담겨 있다.
하지만 공자의 주된 관심사 역시 오직 사람들 사이의 조화로운 관

계를 통해 이상적인 세상을 만드는 데 있었다. 그래서 '기이한 일, 힘으로 하는 일, 세상을 어지럽히는 일, 귀신에 관한 일(괴력난신怪力亂神)' 등 명확히 실체를 알 수 없거나 실증할 수 없어서 논쟁이 될 만한 일은 아예 화제로 삼지 않으려 했던 것이다.

이외에도 《논어》에는 공자가 제자들을 가르치지 않았던 것으로 사람의 본성(성性)과 천도天道를 들고 있다. 〈공야장公冶長〉에서 자공이 했던 말인데, 이 역시 검증할 수 없고 추상적인 논의에 빠질 수 있는 이야기를 함부로 제자들에게 하지 않았다는 내용이다.

그로부터 약 200년 후 공자의 유교를 이었던 맹자는 공자가 회피했던 주제, 즉 본성과 천도를 본격적으로 거론하기 시작했다. 특히 사람의 본성은 선하다는 성선설을 주창하면서 본성과 마음의 관계를 논리적·학술적으로 체계화시키려고 시도했던 것이다. 그 핵심적인 내용이 바로 《맹자》 〈공손추 상〉에 실려 있다.

"사람에게는 누구나 차마 다른 사람의 고통을 참지 못하는 마음이 있다. 선왕先王에게는 차마 다른 사람의 고통을 참지 못하는 마음이 있었기에, 그런 정치를 할 수 있었다. 다른 사람의 고통을 참지 못하는 마음으로 정치를 한다면 천하를 다스리는 일은 손바닥 위에서 움직이는 것과 같다."

맹자가 말하는 "다른 사람의 고통을 참지 못하는 마음(불인인지심不忍人之心)"은 유교의 가장 핵심적인 덕목인 인仁을 발현하는 마음이다. 인의 마음이 있었기에 예전의 훌륭한 왕들이 배려와 사랑의 정치를 베풀고, 천하를 손쉽게 잘 다스릴 수 있었다. 맹자는 이어서

타인의 고통을 참지 못하는 마음이 무엇인지 실질적인 예를 들어 설명해주고 있다.

"사람들에게 누구나 차마 다른 사람의 불행을 참지 못하는 마음이 있다고 말하는 것은, 어린아이가 우물에 빠지려는 것을 보면 누구나 깜짝 놀라 측은히 여기는 마음(측은지심惻隱之心)이 생겨나기 때문이다. 이는 어린아이의 부모와 교류하려는 마음이 있어서도 아니고, 마을사람이나 친구들로부터 좋은 평판을 얻기 위함도 아니고, 어린아이의 울음이 듣기 싫어서도 아니다."

사람들이 우물에 빠지는 아이를 그냥 두지 못하고 구하는 행동은 이기적인 마음이 아닌 하늘로부터 받은 착한 본성에서 발현된 것이다. 부모에게 사례를 받고자 해서도 아니고, 자기 이름을 널리 알려 명성을 얻기 위해서도 아니고, 아이의 울음이 시끄러워서도 아니다.

사람의 착한 본성은 네 가지가 있다. 바로 불쌍히 여기는 측은지심惻隱之心, 잘못을 미워하고 부끄러움을 아는 수오지심羞惡之心, 예의를 지키는 사양지심辭讓之心, 옳고 그름을 가릴 수 있는 시비지심是非之心이다. 이 네 가지 선한 마음으로부터 유교의 가장 핵심적인 덕목인 인의예지가 발현된다. 측은지심은 인, 수오지심은 의, 사양지심은 예, 시비지심은 지의 실마리가 된다는 것으로, 맹자는 이 마음들을 사단四端이라고 불렀다. 맹자에 따르면 네 가지 마음은 하늘로부터 부여받은 것으로, 사람이라면 반드시 지니고 있어야 한다. 앞서 언급했듯이, 맹자는 이 네 가지 가운데 하나만 없어도 사람이 아니라고까지 말했다.

"불쌍히 여기는 마음이 없으면 사람이 아니고, 부끄러움을 아는 마음이 없으면 사람이 아니고, 사양하는 마음이 없으면 사람이 아니고, 옳고 그름을 가리는 마음이 없으면 사람이 아니다(무측은지심 비인야 무수오지심 비인야 무사양지심 비인야 무시비지심 비인야無惻隱之心 非人也 無羞惡之心 非人也 無辭讓之心 非人也 無是非之心 非人也)."

맹자가 이처럼 극단적으로 이야기했던 까닭은 선한 마음은 하늘로부터 모든 사람이 공평하게 받았고, 누구나 가지고 있기 때문이다. 따라서 이 네 가지 가운데 어느 한 가지라도 가지지 않았다면 사람 되기를 포기한 자라는 것이다. 사람 노릇을 하기에 부족한 정도가 아니라 사람이 아닌 자, 즉 금수와 같은 자라고 맹자는 질타한다. 맹자는 그 이유를 이렇게 말한다.

"사람으로서 이 네 가지 단서가 있는 것은 사람의 몸에 사지가 있는 것과 같다. 이 네 가지 단서가 있음에도 '나는 할 수 없다'라고 말하는 사람은 스스로를 해치는 사람이다. '우리 임금은 그렇게 할 수 없다'라고 하는 사람은 자기 임금을 망치는 사람이다."

사람들이 처음부터 팔다리를 가지고 태어나는 것처럼 네 가지 선한 마음을 타고난다는 것이다. 팔다리가 있으면서 쓰지 않는 사람이 없듯이 선한 마음을 쓰지 못하는 사람은 없다. 따라서 "나는 할 수 없다"라고 말하며 하지 않는 것은 하지 못하는 것이 아니라 스스로 하지 않는 것이며, 자기 자신을 해치는 것이다. 팔다리가 멀쩡하게 있으면서도 "나는 팔다리를 쓸 수 없어"라고 하며 일하지 않는 것과 같다. 또한 자기 임금을 보고 인의예지를 행하지 않는다고 비난한다면 그 임금을 해치는 사람이다. 즉 임금에 맞서고 임금을 모욕하는 사람이므로 반역과 다름없다.

"무릇 나에게 있는 네 가지 단서를 확충할 줄 안다면, 마치 불이 처음 타오르고, 샘이 처음 솟아나는 것과 같다. 그것을 키워서 확충해나가면 천하도 보전할 수 있지만, 그것들을 확충하지 않는다면 자신의 부모조차 섬길 수 없다."

맹자는 이 마음들을 키우고 성장시키면 그 가능성은 무궁무진하다고 말한다. 스스로의 성장을 넘어서 천하를 얻을 수도 있다는 것이다. 크게 어려운 일은 아니다. 일단 그것을 확충할 수 있는 방법을 실천한다면 마치 불이 타오르듯, 샘이 솟아나듯 저절로 커지는 것이다. 맹자는 《맹자》 〈진심 상〉에서 "내 안에 있는 것을 구하면 얻을 수 있지만, 밖에 있는 것을 구하면 반드시 얻는다고 할 수 없다"고 했다. 내 안에 있는 것은 바로 여기서 말하는 선한 본성이다. 내 밖에 있는 것은 재물이나 권세와 같은 욕망을 말한다.

물론 재물과 욕망을 구하는 행동을 무조건 나쁘게 볼 수는 없다. 오직 욕망을 채우는 데 집중해 정도를 지키지 않고, 편법을 쓰고, 불의한 방법을 마다하지 않기에 바람직하지 않은 것이다. 하지만 내 속에 이미 갖추어놓은 선한 마음은 마땅히 키워나가야 한다. 키워나가지 못한다면 자기 부모도 섬기지 못하는, 인간적인 도리를 할 수도 없는 사람이 된다. 앞에서 말했던 "사람이 아니다"가 뜻하는 바와 같다.

맹자의 성선설은 하늘로부터 받은 선한 본성인 네 가지 마음을 근본으로 한다. 그중에서도 핵심은 바로 인仁이 실마리인 '측은지심'이다. 다른 사람의 불행을 차마 보지 못하는 마음이 곧 인이며, 인은 사랑이라고 정의된다. 맹자는 사랑은 곧 사람이며, 그 사랑만 있으면 천하를 얻을 수도 있다고 했다. 오늘날도 당연히 마찬가지다. 사랑이 가장 강하다.

덕이 있는 자 곁에는 사람이 모인다

하늘의 때는 지리적 이점만 못 하고, 지리적 이점도 인화보다
는 못 하다.
天時不如地利 地利不如人和
천시불여지리 지리불여인화
-《맹자》〈공손추 하〉

공자는 평화주의자였다. 인仁, 즉 사랑과 배려의 정신으로 수양하
고, 세상을 다스려야 한다는 이상理想을 가진 철학자였다. 따라서
그에게 전쟁이란 가장 어울리지 않은 단어라고 할 수 있다. 심지어
전쟁에 관련된 용어조차도 입에 담으려고 하지 않았다. 공자의 학
문과 철학을 이어받은 맹자 역시 평화주의자였다. 다만 맹자는 전
쟁과 평화를 다루는 방법이 공자와 조금 달랐다. 공자는 전쟁을 거
론조차 하지 않았던 데 반해 맹자는 전쟁에 관한 자신의 해법을 당
당하게 제시했다. "인仁한 정치를 하는 군주는 반드시 이긴다"는 인
자무적이 그것을 말해준다. 어떻게 보면 상당히 역설적인 주장이
다. 그러했기에 그 당시 오직 강력한 군대를 가지고 무력으로 다른

나라를 이기려 하는 군주들에게 전혀 받아들여지지 않았을 것이다. 하지만 맹자는 당당하게 자신의 철학과 소신을 계속 견했고, 비록 알아듣지 못하는 군주들임에도 설득하는 데 전혀 거리낌이 없었다. 맹자는 자신의 전쟁 철학을 또한 이렇게 밝혔다.

"하늘의 때는 지리적 이점만 못 하고, 지리적 이점도 인화보다는 못 하다."

맹자에 따르면 날씨나 계절과 같은 하늘이 준 기회보다는 지리적으로 이점이 있는 편이 훨씬 낫고, 지리적 이점보다는 사람들이 화합을 이루어 힘을 합치는 것이 최선이다. 그는 이렇게 설명을 덧붙인다.

"사방 3리의 내성과 사방 7리의 외곽 성을 둘러싸고 공격을 해도 이기지 못했다고 하자. 성을 포위하고 공격한 것은, 하늘이 준 좋은 기회를 얻었다는 의미다. 하지만 이기지 못한 것은 하늘의 때보다는 지리적으로 이점을 얻은 편이 훨씬 더 낫다는 것을 말해준다."

지리적 이점이 하늘의 때보다 전쟁에서 훨씬 유리하다는 것이다. 하지만 지리적 이점보다 더 나은 것이 있는데 바로 사람들 사이의 인화의 힘이다.

"성이 높지 않은 것도 아니고, 못이 깊지 않은 것도 아니며, 무기가 날카롭지 않은 것도 아니고, 식량이 많지 않은 것도 아니지만, 성을 버리고 떠나는 것은 지리적으로 이점을 얻는 것보다 사람들이 화합을 이루는 것이 낫다는 점을 일러준다."

오늘날로 치면 천시, 즉 하늘의 때란 처한 환경과 상황을 말한다.

좋은 기회를 잡은 것도 천시라고 할 수 있다. 기업의 경우라면 기업 환경이나 국제적인 상황, 혹은 자신의 업종이 호황을 맞는 경우일 것이다. 사람의 경우는 성장배경이 되겠다. 만약 어린이가 좋은 환경에서 자라면 나쁜 환경에 처한 경우보다 훨씬 더 성공할 확률이 높아진다. "개천에서 용 난다"는 속담처럼 어려운 환경을 이겨내고 큰 성공을 거두는 사람은 확률적으로 높지 않음을 인정해야 한다.

지리적 이점이란 기업으로 본다면 내부적인 힘을 말한다. 튼튼한 재정, 우수한 경영진, 열정적인 직원, 훌륭한 기술을 보유하는 것이다. 이런 기업은 당연히 승승장구하게 마련이다. 사람의 경우는 바로 높은 학력과 많은 경험을 바탕으로 하는 능력과 자질, 그리고 훌륭한 인성을 갖춘 경우다. 물론 이런 사람이 성공을 거둘 확률이 높다.

하지만 아무리 뛰어난 인재들이 모인 조직이라고 해도 서로 반목하고 사람들 사이의 갈등이 끊이지 않는다면 그 조직은 발전할 수 없다. 비록 조직원들의 능력이 그리 뛰어나지 않더라도 동일한 목표를 공유하고 함께 힘을 합쳐 그것을 이루기 위해 노력한다면 훨씬 더 좋은 결과를 만들어낼 수 있다. 사람의 경우를 보면 아무리 자질이 좋은 사람이라고 해도 인간관계가 좋지 않다면 성공하기 어렵다. 특히 오늘날은 좋은 인맥과 인간관계가 성공을 좌우하는 가장 큰 힘이 된다고 해도 과언이 아니다. 다른 사람의 입장을 이해하고 배려하고 협동하는 사람은 어떤 상황에서도 성공을 거둘 수 있다.

《주역》에는 '이인동심기리단금二人同心其利斷金'의 성어가 담겨 있다. "두 사람이 힘을 합치면 그 날카로움은 쇠를 자른다"라는 뜻으로 인화의 힘을 잘 말해준다. 두 사람이 힘을 합쳐도 이렇게 놀라운 결과를 만들 수 있는데, 만약 한 팀이, 조직 전체가 힘을 합치면 그 힘은 과연 어떨지 충분히 짐작할 만하다.

하지만 힘을 합친다는 것은 모두가 같은 생각으로 일사불란하게 움직인다는 의미가 아니다.《논어》에 실려 있는 "군자는 조화를 추구하되 같음을 강요하지 않고, 소인은 같음을 추구하되 조화를 이루지는 않는다(군자화이부동 소인동이불화君子和而不同 小人同而不和)"는 조화를 이루는 올바른 방법이다. 각자의 개성과 강점을 살리면서 힘을 합치는 것이 바로 조화다.

맹자도 인화를 추구하고자 하는 군주들이 행하는 올바른 방법을 말해주고 있다.

"그러므로 백성이 사는 곳을 제한하되 국경으로 하지 않고, 나라를 튼튼히 하되 산이나 강의 험준함을 가지고 하지 않으며, 천하에 위엄을 보이되 날카로운 무기를 가지고 하지 않는다. 도를 얻은 사람은 도와주는 사람이 많고, 도를 잃은 사람은 도와주는 사람이 적다(득도자다조 실도자과조得道者多助 失道者寡助). 도와주는 사람이 적은 것이 극에 달하면 친척조차 배반할 것이고, 도와주는 사람이 많은 것이 극에 달하면 천하의 사람이 그를 따를 것이다."

앞서 언급했듯이, 맹자가 살던 시대에는 백성들이 국경을 자유롭게 왕래할 수 있었다. 그래서 덕으로 나라를 다스리는 군주가 있다면 살던 곳을 떠나 그곳으로 옮기는 것이 다반사였다. 만약 억압과 무력으로 백성을 다스리려는 군주가 있다면 아무리 튼튼히 국경을 지켜도 떠나는 백성을 막을 수 없었다. 하지만 올바른 도와 덕으로 나라를 다스리는 군주가 있다면 굳이 다른 노력을 하지 않아도 백성들이 모여든다. "도를 얻은 사람은 도와주는 사람이 많고, 도를 잃은 사람은 도와주는 사람이 적다"는 구절이 뜻하는 바다. 만약 도를 얻는 것이 극에 이르면 천하를 얻는 경지에 다다를 수 있다. 천하 사람이 모두 모여들어 그를 따르기 때문이다. 하지만 덕을 잃어 사람이 멀어지면 그는 패망한다. 개인적으로는 사람의 도리도 할 수 없으니 가까운 친척들마저 등을 돌리는 것이다. 맹자가 내리는 결론은 이렇다.

"천하가 따르는 그 사람이 친척조차 배반하는 그 사람을 공격하므로, 군자는 싸우지 않음이 있을지언정 싸우면 반드시 승리한다(군자유부전 전필승의君子有不戰 戰必勝矣)."

결국 인자무적의 논리와 같다. 인과 덕으로 세상을 다스리는 사람은 반드시 승리한다는 것이다. 그 이유는 사람의 마음을 얻을 수 있기 때문이다. 아무리 무력과 군대가 강력해도 병사들의 마음을 얻지 못하면 그 군대는 결국 오합지졸이다. 지휘관은 병사를 믿지 못하고, 병사는 지휘관을 믿지 못하면 패망할 수밖에 없다.《회남자淮南子》에는 이렇게 실려 있다.

"여러 사람의 지혜를 모으면 천하를 소유할 수 있지만, 자기에게

만 의존하면 제 몸 하나 보존하기도 어렵다(승중인지지 즉천하지부
족유야 전용기심 즉독신불능보야乘衆人之智 則天下之不足有也 專用其心 則獨身
不能保也)."

역시 같은 책에 "백 사람의 능력을 가진 사람을 쓰면 백 사람의
힘을 얻는 것이고, 천 사람이 좋아하는 사람을 쓰면 천 사람의 마음
을 얻는 것이다(용백인지소능 즉득백인지력 거천인지소애 즉득천인지
심用百人之所能 則得百人之力 擧千人之所愛 則得千人之心)"라고도 실려 있다.

이 말들은 모두 공감과 인화로써 사람들과 함께할 때 놀라운 일
을 이룰 수 있다는 말이다. 사람의 힘이 가장 강하다. 사람의 마음
을 얻을 수 있다면 그 어떤 일도 이룰 수 있다. 그 근본이 되는 것이
덕德이다. 덕이 있는 사람 곁에는 반드시 사람들이 모인다. 그는 다
스리지 않아도 사람들이 따르고 부르지 않아도 사람들이 함께한
다. 위정이덕爲政以德, 인화와 덕으로 다스리는 것은 북극성을 중심
으로 하늘의 모든 별들이 따라 도는 것과 같다.

어지러울 정도로 스스로 연마하라

만약 약이 독하지 않으면 그 병은 낫지 않는다.
若藥弗瞑眩 厥疾弗瘳
약약불명현 궐질불추
-《맹자》〈등문공 상〉

양혜왕이 "국력이 약해 초나라와 진나라와 같은 대국에 치욕을 당한 것을 갚을 길이 있겠습니까?"라고 묻자 맹자는 "땅이 사방 100리만 되어도 왕 노릇을 할 수 있습니다"라고 대답했다. 맹자의 이 말은 양나라는 국력이 충분하다는 뜻도 있지만, 나라가 제대로 구실을 하려면 최소한 사방 100리는 되어야 한다는 의미이기도 하다. 한편 맹자는 제선왕과의 대화에서, "성군인 문왕의 동산은 사방 70리였지만 백성들은 넓다고 여기지 않았습니다"라고 말했다. 제선왕이 "제 동산이 사방 40리인데도 백성들이 넓다고 여긴다"라고 말하자 했던 대답이다. 백성들을 사랑으로 다스리고 왕의 즐거움을 백성들과 함께 나눌 수 있다면 백성들은 왕의 동산이 아무리 넓어도 상관없다는 의미다. 이 문장들로 미루어보면 맹자는 한 나라의 국토가 사방 100리, 즉 임금의 동산보다 조금 더 큰 정도만 되어도 충분히 국가로서 당당할 수 있다고 말하고 있다.

등滕나라는 사방 50리에 불과한 약소국이었다. 국토가 문왕의 동산보다는 작고 제선왕의 동산보다는 조금 큰 정도였다. 국가로서 기본적인 요건도 갖추지 못한 나라라고 할 수 있다. 게다가 초나라와 제나라와 같은 강대국 사이에 낀 약소국으로서 항상 두 나라의 눈치를 볼 수밖에 없었다. 등문공滕文公은 아버지인 등정공滕定公으로부터 나라를 물려받았지만 두 강대국 사이에서 자국을 지키기 위해 노심초사해야 했다. 《맹자》〈양혜왕 하〉에는 등문공이 맹자에게 나라의 존립을 위해 어떤 방책이 있는지 묻는 대화가 세 번에 걸쳐 나온다.

"등나라는 작은 나라로서 제나라와 초나라 사이에 끼어 있으니, 제나라를 섬겨야 합니까, 초나라를 섬겨야 합니까?"

맹자가 대답했다.

"이 계책은 제가 세울 수 있는 것은 아닙니다. 하지만 기어이 말하라고 하신다면 한 가지 방법이 있습니다. 못을 파고 성을 쌓아 백성과 함께 지키고, 백성이 목숨을 바칠지언정 떠나지 않는다면 해볼 만합니다."

"제나라 사람들이 등나라와 가까운 설薛 땅에 성을 쌓으려고 하니 제가 무척 두렵습니다. 어떻게 하면 좋겠습니까?"

맹자가 대답했다.

"옛날에 태왕께서 빈 땅에 머물다가 오랑캐들이 침략하자 그곳을 떠나 기산 기슭으로 옮겼습니다. 원해서가 아니라 부득이해서였습니다. 진실로 선정을 베푼다면 후세의 자손 중에 반드시 천하에 왕 노릇하는 사람이 생길 것입니다. 그것이 성공할 수 있느냐는 하늘에 달려 있습니다. 임금께서 제나라 사람들을 어찌할 수 있겠습니까? 다만 선정을 베풀어 훗날을 도모할 뿐입니다."

"등나라는 작은 나라로서 온 힘을 다해 큰 나라를 섬겨도 화를 면할 수 없으니 어떻게 해야 합니까?"

맹자가 대답했다.

"옛날에 태왕은 장로들을 불러놓고 이렇게 말했습니다. '오랑캐들이 원하는 것은 우리의 땅입니다. 군자는 사람을 기르는 데 쓰는 것으로 사람을 해쳐서는 안 된다고 들었습니다. 여러분들이 임금이 없다고 해서 걱정할 것이 무엇이 있겠습니까? 나는 이곳을 떠나려 합니다'라고 하며 빈 땅을 떠나 기산 기슭에 도읍을 정했습니다. 그러자 빈 땅 사람들이 '어진 사람이니 놓칠 수 없다'라고 하며 마치 시장에 몰려가는 사람들처럼 그를 따랐습니다. 하지만 어떤 이들은 땅을 선택했습니다. 두 가지 중에 어떤 것을 택할지 임금께 달려 있습니다."

맹자는 이 대화에서 확실한 해답을 주지 않고 있다. 단지 선정을 베풀어 사람들의 마음을 얻으면 하늘이 도울 것이라는 막연한 대답을 한다. 심지어 옛날 태왕의 예를 들며 땅을 넘겨주고 다른 곳으로 옮겨도 사람들이 따를 정도가 되면 훗날 자손 중에 왕이 될 사람이 태어날 것이라는 마치 예언과도 같은 대답을 건넨다. 실제로 강대국들이 호시탐탐 노리는 야소국인 등나라에 이무리 맹지인들 해결책을 줄 수 없었을지도 모른다.

과거 등문공이 세자였던 시절에 맹자는 좀더 명확한 해답을 준 적이 있었다. 등문공이 초나라에 가는 길에 송나라에 있던 맹자를 찾아왔을 때였다. 맹자는 말끝마다 '인간의 본성은 선하다'는 것을 강조했고, 요순堯舜임금의 선함을 반드시 언급했다. 역시 원론적인 이야기이고 막연하다. 하지만 세자가 초나라에서 돌아올 때 또 맹자를 찾아오자 비로소 맹자가 말했다.

"세자께서는 제 말을 의심하십니까? 무릇 도는 하나일 뿐입니다. 성간이 제경공齊景公에게 말했습니다. '저 성현聖賢들도 장부이고, 저도 장부이니 제가 무엇 때문에 그들을 두려워하겠습니까?' 안연顏淵이 말했습니다. '순임금은 어떤 사람입니까? 저는 또 어떤 사람입니까? 하려고만 한다면 누구나 그와 같을 수 있습니다.' 공명의도 말하기를 '문왕은 나의 스승이라고 말했던 주공이 어찌 우리를 속이겠습니까?' 오늘날 등나라는 긴 곳을 잘라 짧은 곳에 붙이면 사방 50리 정도이지만, 훌륭한 나라로 만들 수 있습니다. 《서경》에서는 '만약 약이 독하지 않으면 그 병은 낫지 않는다'라고 했습니다."

이 대화에 나오는 성간과 안연, 그리고 공명의는 모두 '아무리 뛰어난 인물이라도 우리와 다를 바 없다. 심지어 성현들이나 순임금, 문왕과 같은 위대한 인물이라고 해도 그 사람처럼 되고자 노력만 한다면 얼마든지 될 수 있다'고 하며 담대한 자신감을 표했던 사람들이다. 맹자는 이들의 예를 들면서 등나라도 비록 소국이지만 하고자 하는 의지만 있다면 얼마든지 좋은 나라를 만들 수 있다고 등문공을 가르친다. 하지만 한 가지 조건이 있는데, 바로《서경》에 언급되는 '명현瞑眩'처럼 노력해야 한다는 것이다. 명현은 약이 사람을 낫게 하려고 먼저 어질어질하게 만드는 현상이다.《서경》에서는 부열이라는 명재상에게 상나라의 임금 고종高宗이 내렸던 교지에 실려 있다. 의학용어가 아니라 신하가 왕에게 올리는 간언을 혹독할 정도로 강하게 해달라는 당부다. 그 문장은 다음과 같다.

"아침저녁으로 가르침을 올려 나의 덕을 도우라. 내가 만약 쇠라면 그대를 숫돌로 삼겠으며, 만약 큰 강을 건넌다면 그대를 배와 노로 삼겠으며, 만약 큰 가뭄이 든다면 그대를 장맛비로 삼을 것이다. 그대의 마음을 열어 내 마음을 윤택하게 하라. 만약 약이 독하지 않으면 그 병은 낫지 않는다. 만약 맨발로 가면서 땅을 보지 않으면 발을 다칠 뿐이다."

훌륭한 군주가 역시 뛰어난 신하에게 하는 당부로, 스스로 겸손하지 않으면 할 수 없는 말이다. 여기서 맹자가 명현을 인용했던 의도를 알 수 있다. 먼저 군주라면 훌륭한 신하를 겸손한 자세로 높이 받들고 그가 하는 간언을 잘 들어야 한다. 특히 약소국의 군주라면 더욱 그렇다. 스스로 교만하고 독단적으로 행한다면 그 나라는 결코 영위될 수가 없다.《여씨춘추》에 실려 있는 "망국의 군주에게는 직언을 할 수 없다(망국지주 불가이직언亡國之主 不可以直言)"라는 말처럼, 신하의 직언을 듣지 않는 군주는 결국은 망한다.

그다음, 맹자의 가르침은 담대한 자신감이다. 비록 나라가 작아서 기 곳을 잘라 붙여도 사방 50리에 불과하지만 올바르게 나라를 다스린다면 얼마든지 강대국과 맞설 나라로 키울 수 있다는 의미다. 하지만 조건이 있는데 반드시 어질어질 할 정도로 혹독하게 자신과 나라를 연마해야 한다.

흔히 약자라면 크게 두 가지의 모습을 보이는 경우가 많다. 주위의 강자에게 의존해 연명하거나, 혹은 강자의 눈에 띠지 않도록 완전히 몸을 사려서 스스로 존재감을 없애는 것이다. 하지만 둘 다 자신을 지키기에는 문제가 있다. 강자는 자신에게 이익이 될 때까지만 약자를 보호해주기 때문이다. 등문공은 끊임없이 맹자에게 가르침을 구했고, 그 가르침을 성실하게 따랐다. 만약 신하들이 따르지 않으면 솔선수범함으로써 나라를 올바르게 지켜나갔다. 강대국 사이에 끼어 있는 약소국의 군주로서 할 수 있는 최선의 선택이었다.

살다보면 누구라도 약자의 처지에 설 때가 생긴다. 아직 힘을 기르지 못한 상태이거나 불운이나 실수로 인해 부득이하게 약자가 되었을 수도 있다. 만약 지금 약자의 처지에 있다면 등문공의 고사에서 배움을 얻을 수 있다. 공연히 강자 주변에서 기웃거릴 것이 아니라 따를 만한 멘토를 찾아 배움을 구하는 것이다. 멘토는 주위의 훌륭한 사람일 수도 있고, 좋은 책이 될 수도 있다. 그다음 혹독할 정도로 자신을 연마하며 실력을 쌓아나가면 된다. 처음부터 강자였던 사람은 없다.

구하라, 그러면 반드시 얻는다

구하면 얻게 되고 버리면 잃게 된다.
求則得之 舍則失之
구즉득지 사즉실지
-《맹자》〈진심 상〉

맹자는 사람의 본성은 원래 착하며 이를 가지고 태어난다고 말했다. 그것을 비유적으로 잘 설명해주는 글이《맹자》〈고자 상〉에 실려 있다.

"우산牛山의 나무들은 원래 아름다웠는데 큰 나라에 가까이 있어 사람들이 도끼로 베어버리니 무성할 수 있었겠는가? 밤낮으로 자라게 해주고 비와 이슬이 적셔주어 새로운 싹과 움이 싹텄지만 소와 양이 뜯어버려 결국 그 산이 민둥산이 되어버렸다. 사람들은 그 민둥산을 보고 '일찍이 그 산에 좋은 재목이 없었구나'라고 한다. 하지만 어찌 이것이 원래 산의 본성이겠는가?

사람의 본성에도 어찌 인의仁義의 마음이 없었겠느냐마는 사람들이 자신의 선량한 마음을 풀어놓아버려 마치 도끼로 나무를 베어버리는 것과 같으니, 날마다 베어버리면 결코 아름다울 수 없다. 그런 사람의 마음도 밤낮으로 자라게 해주는 것이 있고 새벽의 기운도 얻지만 그의 좋고 싫어하는 바가 다른 사람들과 비슷한 경우가 드문 것은 낮에 하는 못된 소행이 선량한 마음을 가두어버리기 때문이다. 그리고 이 일을 반복하면 밤의 기운도 부족해지고, 밤의 기운이 부족해지면 금수와 다를 바 없어진다. 사람들은 이런 모습을 보고 '원래 그 사람은 훌륭한 자질이 없었구나'라고 하는데 이것이 어찌 그 사람의 본모습이겠는가?"

우산은 옛날 제나라의 수도인 임치의 근교에 있는 산이다. 원래 우산의 나무들은 풍성하고 아름다웠지만 사람들이 자신의 이익을 위해 나무를 마구 베어서 황폐해지고 말았다. 맹자는 이 비유를 통해 사람의 선한 본성에 대해 이야기하고 있다. 사람들 역시 선한 본성을 지니고 태어났지만 살아가면서 모두 잃어버린다. 선한 일을 택하지 않고 오직 이익과 욕심을 채우려 했기에 결국 우산의 나무들처럼 마음이 황폐해진 것이다.

다행히도 사람들은 밤이 되면 자연이 주는 회복력과 새벽의 기운(평단지기平旦之氣)을 받아 선한 본성을 되돌릴 기회를 얻는다. 하지만 낮의 못된 행실이 이러한 회복력을 누르기 때문에 사람들의 마음은 황폐해진다. 여기서 우리가 생각할 수 있는 점은 사람들이 황폐해지는 것은 결국 모두 자신의 선택이라는 사실이다. 분명히 선한 본성을 타고났고, 밤과 새벽의 기운을 통해 지속적으로 좋은 기운을 얻지만 스스로 못된 소행을 선택하기에 그 좋은 본성을 유지하지 못한다. 맹자는 결론적으로 이렇게 말했다.

"그렇기 때문에 만일 제대로 키움을 얻는다면 자라지 못할 것이 없고, 키움을 얻지 못하면 소멸해버리지 않는 것이 없다(구득기양 무물부장 구실기양 무물불소苟得其養 無物不長 苟失其養 無物不消). 공자가 '마음을 지키면 보존되고, 놓으면 사라진다(조즉존 사즉망操則存 舍則亡). 때 없이 들고나기에 그 거처도 알 수 없다'고 했는데 이는 사람의 마음을 두고 한 말이다."

맹자가 인용한 공자의 말 역시 스스로의 선한 마음을 키워나가야 하고 지킬 수 있어야 한다는 내용이다. 그리고 이러한 노력을 할 수만 있다면 반드시 성장한다고 말해준다. 만약 스스로 키우지 못하고 지키지 못해 놓아버리면 마음은 어디론가 가버린다. 정작 찾아서 회복하고 싶어도 어디로 갔는지도 알 수 없기에 회복하기가 어렵다. 여기서 맹자가 말했던 것은 사람이 마음을 다스리는 법이다. 이 이치는 삶의 모든 측면에 적용될 수 있다. 특히 학문과 배움에 대해 시사하는 바가 크다. 아무리 척박한 환경이어도, 아무리 부족한 자질을 타고났어도 키워주고 양성해나가면 반드시 자기 몫을 다하는 사람으로 자리매김할 수 있다. 맹자는《맹자》〈진심 상〉에서 같은 의미의 이야기를 하고 있다.

"구하면 얻게 되고 버리면 잃게 된다. 이는 구하면 유익한 것으로 나에게 있는 것을 구하는 것이다. 구하는 데 올바른 도가 있고 얻는 것은 운명에 달려 있다(구지유도 득지유명求之有道 得之有命). 이는 구하면 나에게 무익한 것으로 나의 밖에 있는 것을 구하는 것이다."

여기서 나에게 있는 것이란 사람의 선한 본성과 본성에서 비롯된 인의예지의 덕목으로, 이것을 구하면 내게 유익하다. 그것을 구하는 것은 나에게 달려 있고, 구하는 것은 어렵지 않다. 왜냐하면 원래 내게 있는 것이기에 내가 구하기만 하면 반드시 얻을 수 있다. 자신이 가진 것을 구하는데 무엇이 어렵겠는가? 하지만 자신이 구하지 않으면 반드시 잃어버린다. 앞서 공자가 "마음을 지키면 보존되고, 놓으면 사라진다"고 말했던 바와 같다. 나의 밖에 있는 것은 세상의 성공과 물질이다. 이것을 구하려면 반드시 올바른 도리를 지켜야 한다. 하지만 아무리 구하려고 노력해도 얻지 못할 수도 있다. 얻고 못 얻고는 운명에 달려 있기 때문이다. 설사 구했다고 해도 반드시 나에게 유익하다고 할 수 없다. 세상의 부귀영화를 얻기 위해서는 나에게 소중한 것을 버려야 하는 경우가 많기 때문이다.

이는 《순자荀子》에 실려 있는, "부자가 되고 싶은가? 치욕을 참고, 목숨을 걸고, 친구를 버리고, 의로움을 버려라"는 구절이 뜻하는 바와 같다. 정말 지켜야 할 것, 나에게 소중한 것을 버리지 않고는 얻을 수 없다. 맹자는 이어서 명확하고 구체적으로 무엇을 구해야 하는지를 알려준다.

"만물이 모두 내게 갖추어져 있다. 자신을 돌이켜보아 진실하면 이보다 더 즐거운 일은 없을 것이다. 다른 사람을 사랑하고 배려하는 서恕를 힘써 행하면 인을 구하는 데 이보다 더 가까운 방법은 없다."

여기서 맹자는 다시 유교의 가장 핵심적인 덕목인 인仁의 정신과 그것의 실천 덕목인 서恕의 도를 말해준다.《논어》〈위령공衛靈公〉에는 공자와 제자 자공의 대화가 실려 있다. 공자는 "한 마디 말로 평생토록 실천할 만한 것이 있습니까?"라고 묻는 자공에게 이렇게 대답해준다.

"그것은 바로 서恕다. 자기가 원하지 않는 것을 남에게 하지 않는 것이다(기소불욕물시어인己所不欲勿施於人)."

맹자는 비록 공자로부터 직접 수학하지는 않았지만 공자의 이 정신을 이어받았다. 스스로 인을 구하고 서를 실천하면 자신의 수양이 완성될 수 있고, 좋은 세상을 만들 수 있다는 것이다. 기소불욕물시어인 정신은 비단 동양의 철학뿐 아니라 동서고금을 막론하고 인간관계에서 가장 소중한 가치이자 덕목이다.《성경The Bible》의 "그러므로 무엇이든지 남에게 대접을 받고자 하는 대로 너희도 남을 대접하라"와 이에서 비롯된 서양의 황금률 "남에게 대접받고 싶지 않은 대로 남을 대접하지 마라"도 같은 의미다.

또 한 가지 생각해볼 구절은, "만물이 모두 내게 갖추어져 있다. 자신을 돌이켜보아 진실하면 이보다 더 즐거운 일은 없다(만물개비어아의 반신이성낙막대언萬物皆備於我矣 反身而誠樂莫大焉)"라는 구절이다. 인과 서를 실천하는 첫 걸음은 바로 자신을 돌아보는 반구저기反求諸己의 정신에서 비롯된다. 그리고 그 일은 세상의 모든 것을 포용할 정도로 크고, 그 일을 행하는 것은 즐겁고 행복하다. 자기의 성장과 완성으로 가는 일은 비록 힘이 들지 몰라도 그 보람은 무엇과

도 비교할 수 없기 때문이다. 하지만 먼저 자신을 돌아볼 수 없으면 다른 사람을 배려하기도 어렵고, 스스로 성장할 수도 없다.

사람들은 어렵고 힘든 상황에 처하면 핑계를 찾는다. 자존심을 지키기 위한 본능적인 노력일 것이다. 그래서 남 탓, 사회 탓, 환경 탓을 많이 한다. 하지만 자기 힘으로 변화시킬 수 있는 것은 자신밖에 없다. 다른 사람을, 환경을, 세상을 변화시키는 것은 그 누구도 쉽게 할 수 없고, 혼자 힘으로는 불가능하다. 결국 변화는 자신으로부터 시작되어야 한다.

우물 안 개구리처럼 자신의 처지가 궁색하다면 그 해결책은 원망이 아니라 스스로 노력해서 뛰어올라야 하는 것이다. 누가 우물을 허물어주기만 기다린다면 평생을 그 우물 안에 머물러야 할지 모른다.

산이 높고 험한 곳에는 나무가 없으나
골짜기가 감도는 곳에는 초목이 무성하다.
물살이 세고 급한 곳에는 물고기가 없으나
물이 잔잔히 고인 곳에는 물고기와 자라가 모여든다.
높고 험한 행동과 세고 급한 마음은
깊이 경계해야만 한다.

-《채근담》〈전집 196〉 중에서

하지 않는 것을 먼저 정하라

하지 않아야 할 것을 하지 않고, 원하지 않아야 할 것을 원하
지 않는다. 이와 같을 뿐이다.
無爲其所不爲 無欲其所不欲 如此而已矣
무위기소불위 무욕기소불욕 여차이이의
-《맹자》〈진심 상〉

노자를 시조로 하는 도가는 무위無爲의 철학으로, 마치 자연처럼
'아무것도 하지 않아야 오히려 세상이 구제될 수 있다'는 주장을 폈
다. 자연은 어느 누구의 간섭도 받지 않지만 아름답고 조화롭게 흘
러간다는 것이다. 하지만 공자와 맹자로 대표되는 유가는 유위有爲
의 철학, 즉 세상의 혼란과 도덕적 파산을 회복하기 위해서는 반드
시 인간성을 회복시켜야 한다고 주장했다. 학문과 수양에 정진해
야 하고, 그것을 기반으로 세상을 다스려야 더 좋은 세상을 만들 수
있다는 것이다.

하지만 유가에서도 무엇을 제대로 이루기 위해서는, 먼저 하지
말아야 할 것을 하지 않는 것을 전제로 삼았다. 만약 학문을 정진

하려면 학문에 방해되는 것을 피할 수 있어야 하고, 예를 지키고 싶다면 예가 아닌 것에 대해 명확히 알아야 무지해서 생기는 잘못을 범하지 않을 수 있다. 《예기》〈곡례〉에서 금하고 있는 것들이 말해주는 바다. 군자로서 수양을 원한다면 미리 피해야 할 일들을 일러주고 있다.

'공경스럽지 않은 일은 하지 마라', '재물 앞에서 구차하게 구하지 말고, 고난 앞에서 구차하게 피하지 마라,' '이기기를 구함에 정도를 어기지 말고, 지나치게 많은 것을 구하지 마라' 등이 그것이다. 심지어 '다른 사람의 신을 밟거나 앉아 있는 좌석을 넘지 마라', '남의 이론을 표절하거나 무조건 따르지 마라', '곁눈질로 보거나 게으르고 해이하지 마라' 등 평상시에 지켜야 할 사소한 부분까지 망라된다.

이처럼 하지 않아야 하는 바를 미리 정하는 것은 먼저 의롭지 않은 일을 배제하는 것이다. 일을 시작하기 전에 먼저 올바른 뜻을 정해야 한다. 애초에 방향이 잘못되어 있거나 훼손되었다면 어떤 성과를 거두더라도 그 일의 정당성을 확보할 수 없다. 그다음은 수단과 절차의 중요성이다. 무엇을 하든지, 무엇을 이루었든지 그 과정에 잘못이 있다면 그것은 옳지 않은 것이다. 예를 들어 성공과 명예를 추구하면서 정작 그 방법이 의롭지 않다면 얻지 않음만 못하다. 그다음 원하지 않아야 할 것을 원하지 않는다는 것은 지나친 욕심과 탐욕을 추구하지 않는다는 말이다. 맹자는 수양의 맨 첫 걸음을 욕심을 줄이는 데 두었다. 사람으로서 욕심이 생길 수밖에 없지만,

그 욕심을 절제하지 못해 탐욕으로 흐르는 것을 경계했던 것이다.

맹자는 이 생각을 정리해서 "하지 않아야 할 것을 하지 않고, 원하지 않아야 할 것을 원하지 않는다. 이와 같을 뿐이다"라고 말했다. 자신의 소신인 동시에 올바른 수양과 도를 이루기 위한 가장 기본적인 전제라고 할 수 있다. 최소한 잘못된 것을 하지 않고, 과도한 욕심과 탐욕을 가지지 않는다면 수양과 학문에서 큰 잘못을 저지르지는 않는다는 통찰이다.

맹자는 또한 "사람으로서 하지 않은 바가 있은 다음에 해야 할 일이 있다"라고 말하기도 했다. 예문과 같은 뜻이지만, 앞으로 해야 할 일을 덧붙인 점이 다르다. 단지 하지 않는 데서 그칠 것이 아니라 당연히 해야 할 일은 할 수 있어야 한다는 의미다. 애초에 잘못된 생각과 일을 배제함으로써 해야 할 일의 올바른 목적을 설정하고, 일을 하는 과정에서 반드시 올바른 수단을 사용하고 절차를 지킴으로써 진정한 성과를 얻을 수 있다는 가르침이다. 또한 겉으로는 도덕을 내세우면서 정작 세속적인 성공과 부의 쟁취를 위해 수단과 방법을 가리지 않는 위선에 대한 통렬한 지적이다.

그렇다면 해야 할 일은 무엇일까?《맹자》〈진심 하〉에 실려 있는 글이다.

"사람은 모두 차마 참지 못하는 마음이 있다. 그 마음을 점차 넓혀나가 차마 할 수 있는 일에까지 이르게 한다면 그것이 곧 인이다. 사람들에게는 하지 않는 일이 있다. 그 마음을 밀고 나가 하는 일에까지 이르면 그것이 곧 의다(인개유소불인 달지어기소인 인야 인개유

소불위 달지어기소위 의야人皆有所不忍 達之於其所忍 仁也 人皆有所不爲 達之於其
所爲 義也)."

여기서 참지 못하는 마음은 바로 어린아이가 우물에 빠지려고
할 때 측은히 여겨 본능적으로 구하는 마음이다. 이 마음은 자신의
이익이나 명예, 칭찬을 바라는 마음이 아니라 어린아이를 불쌍히
여기는 마음이다. 이런 마음을 점차 넓혀나가서 그동안 자신의 이
익을 위해 하던 행동까지 사랑의 마음으로 할 수 있다면 그것은 곧
인이다. 또 의롭지 않거나 부끄러운 마음이 들어서 하지 않아야 하
는 일이 있다. 하지만 정도가 좀 약하거나, 자신에게 큰 이익이 주
어지거나, 명예나 지위를 얻을 수 있는 일에서는 설사 좀 의롭지 않
더라도 스스로 눈을 감게 된다. 바로 이런 일까지 넓혀나가 하지 않
을 수 있다면 그것이 곧 의다.

바로 이런 마음이 인과 의의 마음으로 해야 할 일이다. 하지만 평
범한 우리는 걱정스러운 마음이 당연히 생긴다. 이런 경지에 이르
는 것이 과연 가능할지 의구심이 드는 것도 사실이다. 그래서 맹자
는 인과 의를 완성된 경지가 아니라 스스로 인식하고 노력하는 과
정이라고 했다. 지금 당장 완벽한 수준을 요구하는 것이 아니라 점
차 넓혀나가기 위해 노력하는 것으로 충분하다는 말이다. 또 한 가
지 힘이 되는 것은 인과 의는 우리 본성에 있는 선한 마음이기에 하
고자 할 마음만 있다면 누구나 그러한 경지로 갈 수 있다는 점이다.

"사람이 남을 해치지 않으려는 마음을 넓혀나갈 수만 있다면 인
은 이루 다 쓸 수 없을 정도로 넘칠 것이고, 구멍을 파고 담장을 넘

어 남의 것을 훔치려고 하지 않는 마음을 확충할 수 있다면 의는 이루 다 쓸 수 없을 정도일 것이다. 사람이 이놈 저놈 하는 수모와 무시를 당하지 않으려는 마음을 지켜 넓혀나갈 수 있다면 어디를 가든지 의롭지 않은 일이 없을 것이다."

그다음은 해서는 안 될 일이다. 맹자는 말하는 것을 예로 들어 설명해준다.

"선비가 해서는 안 되는 말을 하는 것은, 말하는 것으로 남을 떠보아 이익을 취하려는 것이고, 말을 할 수 있는데도 하지 않는 것은, 말을 하지 않음으로써 남을 떠보는 것이다. 이런 것은 모두 구멍을 뚫고 담장을 넘어 도둑질을 하려는 부류와 같다(사미가이언이언 시이언첨지야 가이언이불언 시이불언첨지야 시개천유지류야士未可以言而言 是以言餂之也 可以言而不言 是以不言餂之也 是皆穿踰之類也)."

맹자는 삶의 모든 행동과 마음가짐까지 망라해서 말하고 있다. 남을 떠보아 내 이익을 챙기고 욕심을 취하려는 행동을 학문과 수양을 하는 사람이 해서는 안 된다. 이중적이고 위선적이며, 부끄러운 일, 의롭지 못한 일이기 때문이다. 공자도《논어》에서 해서는 안 될 일을 알려주는데, 말로써 예를 든다. 〈계씨季氏〉에 실린 글이다.

"군자를 모실 때 저지르기 쉬운 세 가지 잘못이 있다. 말할 때가 되지 않았는데 말하는 것은 조급한 것이다. 말해야 할 때가 되었는데 말하지 않는 것은 속마음을 숨기는 것이다. 얼굴빛을 살피지 않고 말하는 것은 눈뜬장님과 같다."

함께 일을 할 때는 조급해서도, 속마음을 숨겨서도, 상대의 마음을 전혀 고려하지 않고 말해서도 안 된다. 이 말은 행동에 그대로 적용해도 마찬가지다. 조급한 행동과 상대방을 떠보는 행동, 상대의 입장을 고려하지 않고 행동하는 것은 결코 해서는 안 되는 일이다.

일을 시작하면 조급해지기 마련이다. 특히 그 일이 중요하거나, 성공 가능성이 높거나, 규모가 크다면 더욱 그렇다. 일을 이루어가는 과정도 마찬가지다. 조급해지면 절차와 과정의 정당성을 따져 일하기보다는 결과에만 치중하기가 쉽다. 심할 경우에는 편법과 불법을 저지르기도 한다. '조금만', '잠시만', '이번만' 하며 지켜야 할 마음에 틈을 보이는 것도 마찬가지다. 이것이 바로 근본이 무너지는 것이다. 《대학》에는 "근본이 어지러우면서 말단이 다스려지는 일은 없다(기본난이말치자 부의其本亂而末治者 否矣)"라고 했다. 하지 말아야 할 것과 할 것을 정하는 것은 근본을 세우는 일이다.

인자무적을 기르기 위한 맹자의 가르침

- 사물의 이치를 합리적으로 밝히는 이론과 더불어 설득력 있게 말하는 능력을 함께 길러야 한다.

- 배움이란 단순히 지식을 쌓는다는 의미가 아니다. 자기 수양 또한 배움의 일환이다.

- 밖이 아닌 내 안에서 구하라. 내 안에 있는 것은 선한 본성을, 밖에 있는 것은 재물이나 권세와 같은 욕망을 말한다.

- 사람은 혼자 살 수 없다. 함께 일할 때만이 놀라운 일을 이룰 수 있다.

- 누구나 약자의 처지에 설 수 있다. 이럴 때 스스로 좌절할 이유도, 다른 강자 앞에 기웃거릴 필요도 없다. 그저 따를 만한 존재를 찾고, 이후 혹독하게 스스로 연마하면 그뿐이다.

- 자기가 원하지 않는 것은 남에게도 바라지 말라.

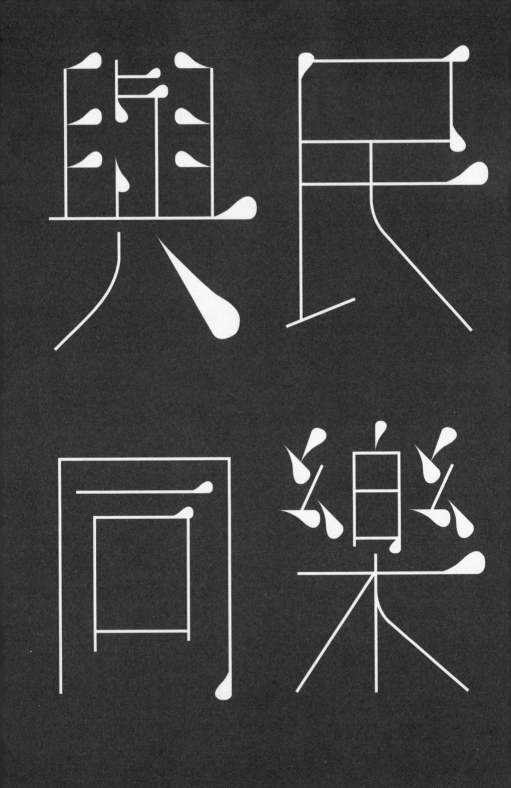

제4장

여민동락

與民同樂

함께여야만 알 수 있는 고락의 의미

흔히 일에 최선을 다하고 남다른 노력을 하면서도

결실을 맺지 못하는 사람이 있다.

주위 환경을 제대로 활용하지 못하고

미련스럽게 일하기 때문이다.

맹자는 혼자의 힘에 의존할 것이 아니라

이미 선정을 베풀었던 선왕들의 지혜를 빌릴 수 있어야 한다고 말했다.

그중에서 가장 중요한 것이 바로 사람을 바르게 쓰는 것이다.

먼저 베풀면 보답은 따라온다

> 지금 왕께서 백성들과 함께 즐기신다면 천하에 왕 노릇을 할
> 수 있습니다.
> 今王與百姓同樂則王矣
> 금왕여백성동락즉왕의
> - 《맹자》〈양혜왕 하〉

《논어》〈태백〉에는 "시로써 감성을 풍부하게 하고, 예로써 바로 서
고, 음악으로써 완성한다(흥어시 입어례 성어락興於詩 立於禮 成於樂)"라
고 실려 있다. 공자가 추구했던 덕을 완성하는 데 시와 예와 더불어
음악이 큰 역할을 한다는 것이다. 공자의 가르침을 모아서 기록해
둔 《예기》〈악기樂記〉에서 "악을 알면 예에 가깝다. 예악을 모두 얻
으면 덕이 있다(지락즉기어례의 예악개득위지유덕知樂則幾於禮矣 禮樂皆得
謂之有德)"라고 했던 말도 그것을 잘 말해준다. 음악은 마음을 다스
리고 예는 몸을 다스리는 덕목인데, 이 둘이 함께한다면 수양의 목
적이자 결과인 덕을 얻을 수 있다.

《맹자》〈양혜왕 하〉에도 음악에 대한 맹자의 말이 실려 있다. 맹

자는 덕이라는 측면보다는 음악이 주는 즐거움에 중점을 둔다. 음악이 주는 즐거움은 반드시 백성과 함께해야만 가치가 있다는 것이다. 위의 "지금 왕께서 백성들과 함께 즐기신다면 천하에 왕 노릇을 할 수 있습니다"라는 구절이 그 핵심으로, 맹자가 대화를 나누던 제선왕에게 했던 말이다. 이 구절은 '여민동락與民同樂'이라는 같은 의미의 성어로 잘 알려져 있다.

이 구절이 실려 있는 〈양혜왕 하〉는 맹자와 제선왕의 신하인 장포莊暴와의 대화에서 시작된다. 맹자는 장포로부터 "왕이 음악을 좋아한다는 말을 했지만 저는 그것이 정치에 어떤 의미가 있는지 몰라 제대로 대답하지 못했습니다"는 말을 들었다. 며칠 후 왕을 만난 맹자는 "만약 왕이 음악을 좋아한다면 제나라가 잘 다스려질 것입니다"라고 말해준다. 왕은 당황하며 "과인은 옛 선왕의 음악이 아니라 단지 세속의 음악을 좋아합니다"라고 대답했다. 자신은 세속의 음악을 좋아할 뿐인데도 자격이 있느냐는 물음이다. 여기서 옛 선왕의 음악이란 요순시대의 음악으로, 오늘날 클래식에 비유할 수 있다. 태평성대 시대에 만들어진 만큼 내용이 선하고 곡조가 아름다운 음악이다. 제선왕이 좋아했던 세속적인 음악은 내용의 선함보다는 귀에 달고 감성을 움직이는 유행가와 같은 음악일 것이다.

공자는 순임금 시대의 음악을 듣고 석 달 동안 고기 맛을 잊을 정도로 그 아름다움에 취한 적이 있었다. 그리고 겉치레와 형식에 치우친 후대의 음악보다는 비록 거칠고 투박하더라도 진실함이 담긴 옛 음악이 아름답다고 말했다. 하지만 맹자는 음악의 종류는 아무런 상관이 없으며, 어떤 음악이든 백성과 함께 즐기느냐 아니냐가 핵심이라고 말한 것이다.

백성과 함께 듣는다는 말은 왕이 반드시 음악을 백성과 함께 들어야 한다는 의미는 아니다. 백성들이 음악을 즐길 수 있도록 삶의 풍요로움과 여건을 만들어준다는 의미다. 음악이든 어떠한 것이든 먹고사는 문제가 해결되어야 즐길 수 있기 때문이다. 맹자는 그 차이를 이렇게 말했다. 먼저 백성과 함께 즐기지 못할 때의 이야기다.

"지금 왕께서 음악을 연주하신다고 합시다. 백성들이 왕의 악기 소리를 듣고는 모두 머리를 부여잡고 이맛살을 찌푸리며 말하기를, '우리 왕이 음악연주를 좋아하는구나. 그런데 어찌 우리를 이 지경으로 만들었을까? 아버지와 아들, 형제와 처자식이 모두 뿔뿔이 흩어졌구나' 할 것입니다. 이렇게 된 이유는 다른 것이 아니라 백성과 함께 즐기지 못했기 때문입니다. 왕께서 사냥을 할 때도 마찬가지입니다. 왕의 수레와 말발굽 소리, 아름다운 깃발을 보고 머리를 부여잡고 이맛살을 찌푸리며 말하기를, '우리 왕이 사냥을 좋아하는구나. 어찌 우리를 이 지경으로 만들었을까? 아버지와 아들, 형제와 처자식이 모두 뿔뿔이 흩어졌구나' 한다면 이 역시 백성과 함께 즐기지 않았기 때문입니다."

다음은 백성과 함께 즐길 때의 반응이다.

"백성들이 왕의 악기 소리를 듣고는 모두 희색을 띠고 기뻐하며 말하기를 '우리 왕께서 편찮은 데가 없으시구나. 어찌 저리 아름답

게 음악을 연주하실 수 있을까?'라고 합니다. 왕께서 지금 사냥을
하신다면, 백성들이 왕의 수레와 말발굽 소리, 아름다운 깃발을 보
고 모두 환히 기뻐하며 희색을 띠고 서로 말하기를 '우리 왕께서 편
찮으신 데가 없으신 듯하다. 이렇게 사냥을 나가시다니'라고 할 것
입니다."

똑같은 모습을 보고도 백성들의 반응은 철저하게 달라진다. 왕
이 백성을 아끼고 사랑하는 마음이 있을 때와 백성들을 팽개치고
혼자 즐길 때 백성의 마음이 완전히 다른 것이다. 《신자愼子》에는
"성인이 천하를 통치하는 것은 받는 것에 있지 취하는 것이 아니다
(성인지유천하야 수지야 비취지야聖人之有天下也 受之也 非取之也)"라고 실
려 있다. 천하는 강제로 취하는 것이 아니라 정의와 공명정대함에
따라 행할 때 자연스럽게 얻을 수 있다는 것이다. 왕이 백성들의 사
랑과 존경을 받는 것도 마찬가지다. 백성들에게 사랑을 베풀고, 무
엇보다도 그들이 풍요롭게 살 수 있도록 다스릴 때 왕이 어떤 일을
하더라도 백성들의 공감과 인정을 받을 수 있다. 아무것도 주지 않
으면서 무조건 따르기만 바란다면 어떤 일을 해도 백성들의 원망
만 살 뿐이다.

《시경》에 실려 있는 "복숭아를 던져주자 오얏으로 보답했다(투
아이도 보지이리投我以桃 報之以李)"는 구절도 마찬가지 의미다. 줄여서
'투도보리投桃報李'로 쓰는 이 말은 '윗사람이 먼저 베풀면 아랫사람
이 보답한다'는 뜻이다. 여기서 도桃는 복숭아, 이李는 오얏(자두)을
말하는데, 먼저 윗사람이 복숭아를 주면 아랫사람은 오얏으로 보

답하는 것이다. 시에서는 군주와 신하와의 관계를 말하지만 모든 인간관계에 해당하는 말이다. 먼저 베푸는 사람에게는 반드시 보답이 따른다. 만약 힘으로 사람들을 이끈다면 설사 공감하지 않아도 지시와 명령에 따를 수밖에 없다. 하지만 겉으로 드러나지 않아도 마음속에는 불만만 가득 차 있을 것이다. 지도자가 먼저 베풀고 사랑과 배려로 대한다면 진정으로 부하들의 존경과 사랑을 받고 일일이 시키지 않아도 알아서 따른다. 무엇보다도 마음으로 하나가 됨으로써 놀라운 결과를 만들어낸다.

《맹자》에는 "왕이 인자한 정치를 베풀면 백성들이 윗사람을 존중하고 그를 위해 목숨을 바친다"라고 실려 있다. 추나라의 목공穆公이 전쟁에서 자기 윗사람들이 죽어가는 것을 보고도 구하지 않은 백성들을 벌주려고 했다. 그러자 맹자가 '먼저 바른 정치를 베풀라'고 충고하면서 한 말이다. 백성들이 윗사람을 공경하지 않는 것은 모두가 나라의 지도자인 왕이 바른 정치를 못 하기 때문이라는 것이다. 이로써 미루어보면 결국 모든 조직의 승패는 최고지도자에게 달려 있다.

"윗사람이 좋아하는 것은 아랫사람이 반드시 더 좋아하게 된다"는 말 역시 《맹자》에 실려 있다. 지도자가 앞장서면 부하들은 반드시 따르기 마련이다. 지도자가 청렴결백하고 올바른 길을 좋아하면 부하들 역시 청렴함을 배워 조직 전체가 깨끗해진다. 지도자가 부하들과 고통과 즐거움을 함께한다면, 중간관리자들 역시 사랑과 배려의 정신으로 부하들을 이끈다. 조직 전체가 인화와 단결의 정신으로 굳건해질 수 있다. 맹자는 결론적으로 이렇게 말했다.

"군주가 백성들이 즐거워하는 것을 즐거워한다면, 백성들 또한 자기 군주가 즐거워하는 것을 즐거워할 것입니다. 군주가 백성들이 근심하는 것을 근심한다면, 백성들 또한 자기 군주가 근심하는 것을 근심할 것입니다. 천하의 사람들과 함께 즐거워하고 천하의 사람들과 함께 근심하면서도 천하의 왕 노릇을 하지 못할 자는 없습니다."

혼자 해낼 수 있는 일은 어디에도 없다

군주가 현명한 이를 등용할 때는 부득이한 것처럼 해야 한다.
國君進賢 與不得而
국군진현 여부득이
-《맹자》〈양혜왕 하〉

《논어》〈안연顏淵〉에는 공자와 제자 번지와의 대화가 실려 있다. 제자 번지가 인仁에 대해 묻자 공자가 대답했다.

"사람을 사랑하는 것이다(애인愛人)."

다시 앎(지知)에 대해 묻자 이렇게 대답했다.

"사람을 아는 것이다(지인知人)."

번지가 그 뜻을 알지 못하자 공자가 덧붙여 설명했다.

"올바른 사람을 그릇된 사람 위에 두면, 그릇된 사람을 바로잡을 수 있다."

대화를 살펴보면 공자가 추구했던 핵심인 인과 지는 곧 사람을 사랑하고 아는 것이며, 나아가 사람을 올바르게 쓰는 데 있다는 것을 말해준다. 하지만 공자가 말하고자 하는 뜻을 잘 이해하지 못한 번지는 동문인 자하子夏에게 묻는다. 자하는 말했다.

"순임금이 천하를 다스릴 때 고요皐陶를 등용하니 인하지 않은 사람이 사라졌고, 탕왕이 다스릴 때 여러 사람 중에서 이윤伊尹을 등용하니 인하지 않은 사람이 멀리 사라졌습니다."

순과 탕은 고대 중국의 가장 뛰어난 황제로 칭송받는 인물들이며 고요와 이윤은 그들을 보필했던 훌륭한 재상들이었다. 자하는 공자가 추구하는 이상적인 사회란 인한 사람을 찾아 높여 쓰는 것이라고 실례를 들어 가르침을 주고 있다.

맹자도 제선왕과의 대화에서 사람을 바르게 등용하는 법을 말해준다.

"이른바 전통 있는 나라란 커다란 나무가 있는 것을 말하는 것이 아니라, 대대로 나라와 운명을 함께하는 신하가 있는 것을 말합니다. 그런데 왕께서는 가까운 신하가 없습니다. 옛날에 등용했던 사람들이 오늘날 없어진 줄도 모르고 계십니다."

오래된 유적이 아니라 현명한 신하가 있는 것이 나라의 진정한 전통이자 자랑이라는 의미다. 하지만 제나라에는 훌륭한 신하가 없을 뿐더러, 심지어 신하가 없어진 줄도 모르고 있으니 큰 문제라고 맹자는 지적했다. 그러자 왕은 "내가 어떻게 능력이 없는 자들을 식별해 버릴 수 있었겠습니까?"라고 변명했다. 수많은 신하의 재능을 어찌 일일이 판단해서 등용하느냐는 물음이다. 제선왕은 기본적으로 신하를 제대로 쓰는 것의 중요성을 인식하지 못한 것이다. 맹자는 이렇게 대답했다.

"나라의 군주가 현명한 이를 등용할 때는 부득이한 것처럼 해야 합니다. 낮은 사람으로 하여금 높은 사람을 넘어서게 하고, 소원한 사람으로 하여금 친한 사람을 넘어서게 해야 하는데 어찌 신중하지 않을 수 있겠습니까? 좌우의 신하가 모두 현명하다고 해도 안 되고, 여러 대부가 모두 현명하다고 해도 안 되며, 나라 사람들이 모두 현명하다고 한 후에 살펴보아 현명한 점을 발견한 후에 등용하십시오. 좌우의 신하가 모두 그 사람은 안 된다고 해도 듣지 말며, 여러 대부가 안 된다고 말해도 듣지 말며, 나라 사람들이 모두 그 사람은 안 된다고 말한 후에 그 사람을 살펴 안 되는 점이 있거든 파면하십시오. 좌우의 신하들이 모두 죽여야 한다고 해도 듣지 말며, 여러 대부가 모두 죽여야 한다고 해도 듣지 말며, 나라 사람들이 모두 죽여야 한다고 말하면, 그 사람을 살펴보아서 죽여야 할 이유가 있으면 죽이십시오. 그렇게 하면 나라 사람 모두가 그 사람을 죽였다고 할 것입니다."

맹자의 이 긴 충고에는 몇 가지 살펴야 할 점이 있다. 먼저 반드시 그 사람의 장점을 보고 등용해야 한다는 것이다. 몇몇 사람의 평판이나 연공서열제로 등용해서도 안 되고, 개인적인 친분에 따라 등용해서도 안 되며 반드시 능력 있는 사람을 조건에 관계없이 과감하게 발탁할 수 있어야 한다. 《관자管子》에는 "현명한 군주는 인재를 뽑을 때 그 사람의 장점만을 보고 단점을 보지 않는다"라고 실려 있다. 장점이 그 사람의 내면, 즉 진정한 실력과 능력과 인품이라면, 그 사람의 천한 출신성분이나 낮은 지위는 단점이라고 할 수 있다. 이러한 단점 때문에 뛰어난 사람을 발탁하지 않는다면 나라의 발전은 얻을 수 없다.

또 한 가지, 사람을 쓰거나 버릴 때는 반드시 신중해야 한다. '부득이한 것처럼 하라'는 말은 오늘날 의미와 마찬가지로 '마지못해 어쩔 수 없이 하는 것'이다. 그만큼 신중에 신중을 기해 결정해야 한다. 물론 나라 사람 모두가 찬성해야 등용한다는 것은 현실적으로 어렵다. 맹자의 이 말은 인물의 여러 면모를 빈틈없이 살펴야 한다는 의미다. 한두 사람의 의견으로 쉽게 쓰고 쉽게 버릴 것이 아니라 많은 사람의 의견을 종합해 신중하게 판단해야 한다.

마지막으로 새겨야 할 점은 반드시 군주 스스로의 판단을 거쳐야 한다는 점이다. 심지어 주위 사람들이 모두 옳다고 말해도 마찬가지다. 군주가 결정한다는 것은 그 책임을 군주가 진다는 뜻이다. 만약 발탁했던 인재에게 잘못이 있다면 아랫사람이 아닌 군주가 책임을 져야 마땅하다. 그리고 맹자는 이렇게 결론을 내린다.

"이렇게 해야 백성의 부모가 될 수 있습니다(여차 연후가이위민부모如此 然後可以爲民父母)."

군주가 백성들의 부모가 되려면 백성들을 편안하게 만들어줄 수 있어야 한다. 그리고 잘살게 만들어야 한다. 그 시작이자 근본이 훌륭한 인재를 발탁하는 것이다. 이처럼 신중하게 인재를 구했다면 그다음은 그 인재를 바르게 써야 한다. 역시《맹자》〈양혜왕 하〉에서 맹자가 해답을 주고 있다.

"큰 집을 지으려면 반드시 도목수에게 큰 목재를 구해오게 해야 합니다. 도목수가 큰 목재를 구해오면 왕께서는 기뻐하시면서 자기 임무를 잘 감당하는 사람이라 여기실 것입니다. 그런데 장인들이 그것을 깎아서 작게 만든다면 왕께서는 화를 내시며 임무를 감당할 수 없는 사람이라고 여길 것입니다. 무릇 어려서 무엇인가를 배우면 장성해서는 그것을 행하고자 합니다. 그런데 왕께서 '잠시 네가 배운 것을 버리고 내 말을 따르라'고 한다면 어떻겠습니까? 여기 다듬지 않은 옥이 있다고 합시다. 비록 엄청난 가치를 지녔다고 해도 반드시 옥공에게 그것을 쪼고 다듬게 해야 합니다. 그런데 나라를 다스리는 점에서 왕께서 '잠시 네가 배운 것을 버리고 나를 따르라'고 하시면, 옥공에게 옥을 다듬는 것을 가르치는 것과 무엇이 다르겠습니까?"

현명한 사람을 찾아 등용했다면 반드시 그의 의견을 존중하고 따르라는 말이다. 나무는 도목수가 전문가이며, 옥은 옥공이 잘 다듬는다. 이들은 어릴 때부터 기술을 배우고 익혀 그 일을 누구 못지않게 잘하는 사람들이다. 비전문가인 왕이 권력의 힘으로 이 전문가들을 가르치려 들면 일이 잘될 수 없다. 마찬가지로 나라를 바르게 다스리고, 부강하게 만드는 것은 천하의 지혜로운 사람들이 전문가다. 이들을 발탁했다면 끝까지 믿고 일을 맡길 수 있어야 한다. 그들에게 이래라저래라 한다면 역시 나라는 제대로 다스려질 수 없다. 이에 관해서는 이미 많은 고전이 경계하고 있다. 권력을 가진 왕이 스스로 겸손하게 한 걸음 물러서는 일이 결코 쉽지 않기 때문이다.

《서경》에는 "현명한 사람에게 일을 맡겼으면 두 마음을 품지 마라(임현물이任賢勿貳)"고 실려 있다. 순자荀子는 "군주의 도는 사람을 잘 알아보는 것이고, 신하의 도는 일을 잘 아는 것이다(주도지인 신도지사主道知人 臣道知事)"라고 말했다. 군주는 현명한 인재를 찾아서 적재적소에 활용하는 것이 일이다. 일을 맡은 신하는 그 일을 잘해내는 것이 자신의 역할이자 책무다.

높은 자리에 오른 사람들은 흔히 자신이 모든 면에서 탁월하다고 생각하기 쉽다. 하지만 그 어떤 위대한 일도 혼자만의 힘으로 이루어지는 법이 없다. 자신이 모든 일을 잘해서가 아니라 각 분야의 잘하는 사람들이 도왔기에 그 일을 해낼 수 있었다. 일을 이루고 난 후에도 마찬가지다. 만약 지도자가 모든 일에 관여하고 독단적으로 결정한다면 일을 망친다. 이때는 반드시 현명한 전문가가 자기 목소리를 낼 수 있어야 한다. 지도자의 오만과 독단으로 일을 그르치는데도 아무 말도 하지 않는다면 충성을 가장한 자기 보신일 뿐이다. 결국 자신은 물론 조직도 더는 발전을 기대할 수 없다. 오히려 패망이 더 가까울 수도 있다.

실천하지 않으면 이루지 못한다

선한 마음만으로는 좋은 정치를 하기에 부족하고, 좋은 법도
가 있어도 저절로 실행될 수는 없다.
徒善不足以爲政 徒法不能以自行
도선부족이위정 도법불능이자행
-《맹자》〈이루 상〉

《논어》〈자장子張〉에는 공자의 제자 자하가 했던 말이 실려 있다.

"기술자는 작업장에 있음으로써 그들의 일을 이루고, 군자는 배
움으로써 그들의 도를 이룬다(백공거사 이성기사 군자학이치기도百工
居肆 以成其事 君子學以致其道)."

또한 공자는 〈위령공〉에서 "기술자는 그의 일을 잘하려고 할 때
반드시 먼저 연장을 잘 손질한다(공욕선기사 필선리기기工欲善其事 必先
利其器)"라고 말했다. 인仁을 실천하는 방법을 묻는 제자 자장子張에
게 대답해주었던 말이다. '인을 실천하려면 현명한 사람을 윗사람
으로 섬기고, 인仁한 사람과 벗해야 한다'는 의미로 예를 든 것이다.

고전에서는 이처럼 선비들의 학문과 수양을 기술자의 작업에 비

유하는 경우가 많았다. 단 하나의 허점도 용납하지 않고 빈틈없이 작업하는 모습을 학문과 수양의 귀감으로 삼은 것이다. 《서경》에 실린 "나무는 먹줄을 따르면 반듯해지고 군주는 간하는 말을 들으면 거룩해진다(유목종승즉정 후종간즉성惟木從繩則正 后從諫則聖)"는 구절 역시 통치자가 취해야 할 자세를 목공작업에 비유하고 있다. 맹자도 《맹자》〈이루 상〉에서 이렇게 비유했다.

"이루離婁와 같은 시력이어도, 공수자公輸子와 같은 기교가 있어도, 자와 그림쇠, 먹줄과 같은 도구를 사용하지 않으면 원과 네모를 정확히 그릴 수 없다. 사광師曠과 같이 음을 식별하는 능력이 있더라도 기준이 되는 육률六律이 없으면 오음五音(궁상각치우)을 정확하게 조율할 수 없다. 요임금과 순임금의 도가 있다고 해도 인정仁政을 행하지 않으면 천하를 평안하게 다스릴 수 없다."

이루와 공수자, 그리고 사광은 모두 자신의 분야에서 능력이 탁월한 사람들이었다. 이루는 전설 속의 인물로 눈이 매우 밝아 잃어버린 황제의 구슬을 찾아주었고, 공수자는 노나라의 유명한 목수다. 사광은 진晉나라의 유명한 악사로, 음을 식별하는 능력이 탁월했다고 한다. 맹자는 이들을 전설적인 요순임금과 비유하며 나라를 평안하게 통치하는 방법을 제시한다. 아무리 도구가 훌륭해도 따르지 않으면 소용이 없듯이, 아무리 좋은 통치의 도道가 있어도 직접 행하고 실천하지 않으면 결코 천하는 평안해질 수 없다는 것이다.

"지금 인자한 마음이 있고 인자하다는 평판이 있다고 해도 백성들이 그 혜택을 보지 못하고 후세에 본보기가 되지 못하는 것은 좋은 서왕의 도를 실천하지 않았기 때문이다. 옛말에 '단지 선한 마음만으로는 좋은 정치를 하기에 부족하고, 좋은 법도가 있어도 저절로 실행될 수는 없다'고 했다."

크든 작든 조직을 이끄는 데에는 반드시 많은 변수가 있고, 예기치 못했던 문제도 발생하기 마련이다. 이러한 때 지도자는 단지 착하기만 해서는 안 된다. 착한데 무능한 지도자가 어떤 문제를 일으키는지를 우리는 주변에서 쉽게 찾아볼 수 있다. 특히 어렵고 힘든 상황일수록 판단력과 문제해결능력이 있어야 한다. 올바른 결정을 신속하게 내리는 결단력도 필요하다.

또한 좋은 법제도를 잘 만드는 데에만 만족해서도 안 된다. 흔히 조직이 흔들리면 좋은 제도가 없다고 탓하며 제도를 만드는 데 집중한다. 하지만 정작 좋은 제도를 만들고서는 따르지 않는다. 제도가 없어서가 아니라 있는 제도조차 활용하지 못하는 점이 문제였던 것이다. 좋은 제도가 있다면 그것을 운용할 실행력이 필요하고, 반드시 지켜야 한다는 결의가 따라주어야 한다. 실천하지 않으면 어떤 일도 일어나지 않는다. 맹자는 그것을 위해서는 쓸 수 있는 도구와 자신의 장점을 모두 최선을 다해 활용해야 한다고 해법을 제시했다.

"성인이 시력을 남김없이 활용하고, 그림쇠·자·수평기·먹줄을 잘 따르면 바른 도형을 만드는 데 부족함이 없게 된다. 자기 청력을 남김없이 활용하고, 음을 고르는 육률을 잘 쓰면 음악의 오음을 바르게 하는 데 전혀 부족함이 없다. 성인이 자기의 마음을 남김없이 드러내고, 사람을 불쌍히 여기는 정치를 하면 인이 천하를 뒤덮게 된다."

여기서 성인이란 탁월한 기술자를 말한다. 남들보다 뛰어난 장인이 좋은 작품을 만들기 위해서는 자신의 능력을 발휘하는 것은 물론 도구를 잘 활용할 수 있어야 한다. 음악을 만드는 사람도 마찬가지이며 천하를 다스리는 일은 더더욱 그렇다. 맹자는 이러한 장인들의 예를 들어서 나라를 다스리는 통치자들 역시 자신의 능력은 물론, 백성을 사랑하는 데 온 마음을 다해야 세상이 평안하게 다스려질 수 있다고 말했다. 능력과 마음을 다하는 데는 주위 환경이나 여건을 잘 활용하는 것도 포함한다. 맹자가 이어서 말했듯이, "높은 것을 만들 때는 반드시 언덕을 이용하고, 낮게 팔 때는 반드시 하천과 연못과 같이 낮은 곳에서 시작해야 한다."

높은 곳을 만든다고 하면서 낮은 곳에서 시작하면 힘이 두 배, 세 배로 들 뿐 아니라 높이 쌓아올리는 데도 한계가 있다. 마찬가지로 더 낮게 파기 위해서는 시작을 낮은 곳에서 하는 것이 지혜롭다. 흔히 자신의 일에 최선을 다하고 남다른 노력을 하면서도 결실을 맺지 못하는 사람이 있다. 이런 경우가 바로 주위 환경을 제대로 활용하지 못하고 미련스럽게 일하기 때문이다. 정치를 하는 것도 마찬가지다. 맹자는 좋은 정치를 위해서는 혼자의 힘에 의존할 것이 아니라 이미 선정을 베풀었던 선왕들의 지혜를 빌릴 수 있어야 한다고 말했다. 그중에서 가장 중요한 지점이 바로 사람을 바르게 쓰는 것이다.

"정치를 하면서 선왕의 두를 이용하지 않으면서 지혜롭다고 할수 있겠는가? 이런 까닭에 어진 사람만이 높은 자리에 있어야 한다. 어질지 못하고서 높은 자리에 있는 것은 백성에게 악을 뿌리는 것과 같다."

바른 세상, 좋은 세상을 만들기 위해서는 반드시 올바른 사람을 써서 높은 자리에 올리는 것이 전제되어야 한다. 또한 스스로 지도자가 되고 싶다면 반드시 올바른 도리에 충실한 것이 첩경이다. 하지만 세상일이란 것이 반드시 순리에 따라 되지는 않는다. 맹자는 순리를 따르지 못하면, 즉 어질고 바르지 못한 사람이 높은 자리를 차지할 때의 해악을 이렇게 말해준다.

"위에서 도를 헤아리지 않고, 아래에서 법도를 지키지 않으며, 조정에서 도를 믿지 않고, 장인들이 척도를 믿지 않으며, 관리가 의를 어기고, 백성이 형률을 어기면서도 나라가 보존되는 것은 요행이다. 그러므로 성곽이 완전하지 못하고 무기가 많지 않은 것이 나라의 재앙이 아니고, 농토가 개간되지 않고 재화가 모이지 않는 것이 재난이 아니다. 위에서 지켜야 할 예를 지키지 않고, 아래에서 배우지 않으면 나라를 해치는 사람들이 일어나 나라가 망하는 데 며칠 걸리지 않게 된다."

맹자는 외부에서의 침략이 아니라 내부에서 썩어 들어가는 것을 가장 경계했다. 따라서 국방을 든든히 하고 나라의 재력을 키우는 것보다 먼저 나라가 바른 도리에 서 있어야 한다는 것이다. 그리고 그 시작은 위정자가 올바른 도리를 지키는 것이다. 위에서 제대로 모범을 보이지 않으면 아래도 역시 부패와 부정이 만연하고 나라가 망한다. 혹여 당장 망하지 않더라도 운이 좋았던 것에 불과하기에, 얼마 지나지 않아 결국 망하고 만다. 요행은 반복되지 않기 때문이다.

또한 단순히 아는 데에 그칠 것이 아니라 반드시 지혜롭게 실천할 수 있어야 한다. 착하기만 해서도 안 되고, 좋은 제도를 만드는 데에서 멈추어서도 안 된다. 시의 적절히 능력을 발휘하고 지혜롭게 실천하지 않는다면 아무 소용이 없다. 이것은 나라뿐 아니라 개인도 마찬가지다. 아무리 뛰어난 능력과 자질, 좋은 환경과 여건이 있어도 실천하고 실행하지 않으면 이룰 수 없다.

순자는 "아무리 가까운 거리도 걷지 않으면 도달할 수 없고 아무리 간단한 일도 실천하지 않으면 이루지 못한다(도수이불행부지 사수소불위불성道雖邇不行不至 事雖小不爲不成)"고 말했다. 그리고 덧붙여서 "절름발이 자라라고 해도 쉬지 않고 반걸음씩 걸으면 천리를 갈 수 있지만 여섯 마리 준마가 끄는 마차라고 해도 이리저리 흔들리며 방향을 잡을 수 없으면 목적지에 결코 도달하지 못한다"고 했다. 얼마나 뛰어난 자질을 타고났느냐가 아니라 얼마나 열심히 실천했느냐에 인생의 승부가 달려 있다.

솔선이 쌓은 신뢰는 무너지지 않는다

> 군주가 인하다면 인하지 않은 사람이 없고, 군주가 의로우면
> 의롭지 않은 사람이 없다.
> 君仁莫不仁 君義莫不義
> 군인막불인 군의막불의
> ─《맹자》〈이루 하〉

《논어》에서는 당대의 권력자 등 많은 사람이 공자에게 '정치'를 묻는다. 공자는 묻는 사람에 따라 다양하게 대답하지만 그 핵심은 바로 '바르게 한다(정자정야政者正也)'로 집약된다. 《논어》〈안연〉에는 그 당시 실권자였던 계강자가 공자와 정치에 대해 대화를 나누는 장면이 거듭해서 나온다. 계강자가 정치에 대해 묻자 공자는 이렇게 대답했다.

"정치는 바르게 한다는 것입니다. 선생께서 올바르게 이끄신다면 누가 감히 바르게 하지 않겠습니까(정자정야 자솔이정 숙감부정政者正也 子帥以正 孰敢不正)?"

바른 정치란 나라를 바르게 다스리는 것이며, 그 시작은 바로 지

도자 자신이라는 뜻이다. 계강자에게는 그 당시 노나라의 실권자로서 왕도 함부로 하지 못하는 대단한 권력이 있었다. 하지만 욕심이 많고 백성들에게 모범을 보이지 못하는 사람이었다. 이어지는 계강자의 질문을 보면 잘 알 수 있다.

"요즘 도둑이 많은데 어떡하면 되겠습니까?"

이에 공자는 대답했다.

"만약 선생이 욕심을 부리지 않는다면, 백성들은 상을 준다고 해도 도둑질을 하지 않을 것입니다."

앞의 대화보다 좀더 통렬하다. 본을 보여야 할 사람이 탐욕을 부리고 남의 것을 탐내기 때문에 백성이 배워서 도둑질을 한다는 말이다. 마지막으로 계강자가 또 질문을 했다. 이번에는 더 심각하다.

"만약 무도한 자를 죽여 올바른 길로 나가게 하면 어떻습니까?"

"선생께서는 정치를 이야기하면서 어찌 죽이는 방법을 쓰려고 합니까? 선생이 선해지면 백성들도 선해지기 마련입니다. 군자의 덕이 바람이라면 소인의 덕은 풀입니다. 풀 위에 바람이 불면 풀은 반드시 눕게 마련입니다."

여러 차례에 걸친 대화였지만 계강자와 공자의 대화는 계속 겉돌고 있다. 계강자는 나라가 혼란스럽고 도덕이 타락한 것을 백성 탓으로 돌린다. 그래서 백성에게 벌을 주고 심지어 죽여서라도 나라를 바로잡아야 한다고 이야기한다. 하지만 공자는 나라가 혼란스러운 것은 모두 지도자의 탓이라고 말한다. 제대로 모범을 보이지 못하고, 도덕적으로 타락한 지도자를 백성들이 보고 배운다는 것이다. 지도자가 바르게 하면 백성들은 시키지 않아도, 벌을 주지 않아도 바르게 할 터이데 지도자들이 자신의 허물은 짐짓 모른 체하고 백성 탓만 한다고 말하고 있다. 공자는 이를 두고 풀과 바람이라는 멋진 비유를 든다. 풀은 바람이 잠잠하면 곧게 서 있지만 아무리 작은 바람이라도 불면 바람을 따라 눕는 것이 자연의 이치다. 이것이 바로 지도자인 군자와 백성의 관계인 것이다.

공자의 철학과 학문을 이어받은 맹자 역시 군주와 백성의 관계에서 군주의 솔선수범을 강조했다. 《맹자》 〈이루 하〉의 내용이다.

"군주가 인하다면 인하지 않은 사람이 없고, 군주가 의로우면 의롭지 않은 사람이 없다."

사람의 가장 기본적인 덕목인 인仁과 의義로 다스려지는 나라를 만들고 싶다면 가장 먼저 위정자가 인과 의를 삶에서 실천해야 한다. 맹자는 공자보다 훨씬 더 포괄적으로 군주의 의무를 강조했다. 심지어 나라의 최고지도자인 군주가 제대로 대접을 받으려면 먼저 잘해야 한다고 말했다. 군주와 신하의 관계도 상대적이라는 것이다. 그중의 하나가 맹자가 제선왕에게 했던 말이다.

"군주가 신하 보기를 수족처럼 하면 신하는 군주 보기를 배나 심장처럼 할 것이고, 군주가 신하 보기를 개나 말처럼 하면 신하는 군주 보기를 지나가는 사람처럼 볼 것이고, 군주가 신하를 흙이나 지푸라기처럼 보면 신하는 군주 보기를 원수처럼 볼 것입니다."

맹자는 군주가 모범을 보이는 것에서 한 걸음 더 나아가 어떤 마음으로 백성을 대해야 할지를 말하고 있다. 군주가 신하를 소중히 대하면 신하는 군주를 그보다 훨씬 더 귀하게 여기지만, 만약 군주가 신하를 함부로 대한다면 신하 역시 군주를 원수 보듯이 대한다는 것이다. 결국 이 말이 함축하는 바는 신하의 충성은 물론 반역을 하는 것까지 모두 군주에게 달려 있다는 말이다. 아무리 맹자일지라도 신하가 왕에게 하기에는 너무 대담한 말이다. 하지만 제선왕은 이 충격적인 말을 듣고도 계속해서 가르침을 구한다. 그만큼 맹자에 대한 신뢰가 깊었다고 볼 수 있다.

"예에 따르면 신하는 옛 군주를 위해 상복을 입는다고 하던데, 어떻게 해야 옛 군주를 위해 상복을 입게 할 수 있습니까?"

원래 신하는 모시던 군주가 죽으면 상복을 입고 조의를 표하는 것이 당연하다. 하지만 만약 신하가 어떤 사정이 있어서 예전에 모시던 군주를 떠났다면 군주가 죽었다고 해도 상복을 입지는 않을 것이다. 제선왕은 신하가 비록 군주를 떠났다고 하더라도 석 달 동안 상복을 입고 조의를 표하게 하려면 어떻게 해야 하는지를 묻고 있다. 즉 진심으로 신하가 충성을 다하게 하려면 자신이 어떻게 해야 하는지를 묻는 것이다. 맹자는 이렇게 대답했다.

"간언한 것을 실행하고, 말한 것을 따르며, 혜택이 백성에게 미치게 합니다. 만약 신하가 사정이 있어 떠나면, 군주는 사람을 시켜 국경을 빠져나가도록 안내하게 하고, 또 그 사람이 가는 곳에 미리 기별하게 합니다. 떠난 지 3년이 되기 전에는 그 사람 소유를 회수하지 않고 3년이 지나야 회수를 합니다. 이것을 세 번 예우한다고 합니다."

군주는 신하를 세 번 예우해야 한다고 말하는데, 이는 굳이 세 번이라는 숫자를 말한다기보다는 거듭 진심을 다해 신하를 대해야 한다는 뜻이다. 먼저 신하가 현직에 있을 때 그의 올바른 간언을 받아들여야 한다. 군주가 신하의 간언을 받아들이려면 반드시 열린 마음과 겸손함이 몸에 배어 있어야 가능하다. 신하 역시 진심으로 군주와 나라를 위해 충언을 해야 한다. 그리고 그 목적은 바로 백성들이 잘살게 만드는 것이다. 군주와 신하가 존재하는 이유는 백성들의 안녕을 위해서라는 것이 맹자의 철학이기 때문이다.

그다음은 어떤 이유에서든 신하가 떠날 때 잘해야 한다. 안전하게 떠날 수 있도록 보호해주고, 가는 곳에 미리 기별해 그의 정착을 돕는다. 그리고 나라에 남겨둔 집과 땅들을 3년 동안 회수하지 않고 보존해두어야 한다. 정착하지 못하고 돌아올 때를 대비하는 것이다. 정말 세심한 배려라고 할 수 있다. 흔히 많은 군주가 신하들이 함께 있을 때는 잘해주다가 떠날 때는 남보다 못 하게 대하는 경우가 많다. 더는 자기편이 아니라고 생각하고, 심지어 적이 되었다고 본다. 따라서 신하들은 떠날 때 야반도주를 하는 경우가 많았다. 떠난다는 사실이 알려질 경우 목숨을 부지하지 못하기 때문이다. 맹자는 단순히 떠날 때 잘해주는 것뿐 아니라, 돌아올 때까지 준비해둘 수 있어야 진정한 군신 관계라고 말하고 있다.

만약 신하가 있을 때 간언을 듣지도 않고, 충심으로 한 말을 따르지도 않으며, 백성이 잘살 수 있도록 돕지도 않는다면 진정한 군신 관계가 아니다. 이런 관계가 지속되면 군주는 신하가 떠날 때 가지 못하도록 붙잡고, 가는 곳에 제대로 정착하지 못하도록 훼방을 놓고, 떠나는 즉시 집과 땅을 회수해 돌아올 기반을 없애버린다. 맹자는 이런 관계가 바로 앞서 말했던 원수의 관계이며, 군주가 죽었을 때 상복은커녕 저주를 하게 만든다고 말하고 있다.

지도자의 최상의 덕목은 현명한 부하를 찾아서 그와 함께 조직을 다스리는 것이다. 그것을 위해 인과 의로 자신을 가다듬고, 부하를 진심으로 아끼고 기쁘게 해야 한다. 가까이 있는 부하가 기쁘지 않다면 아무리 감언이설을 해도 훌륭한 인재는 모이지 않는다. 바로 《논어》에 언급된 "가까이 있는 사람을 기쁘게 하면 멀리 있는 인재가 찾아온다(근자열 원자래近者說 遠者來)"는 원리다.

걸음마다 앞서고자 하는 사람에게는,
반드시 그를 밀치는 사람이 있고,
사사건건 이기고자 하는 사람에게는,
반드시 그를 좌절시키는 사람이 있다.

-《격언련벽》중에서

권위는 복종의 대상이 아니다

> 덕을 높이고 도를 즐거워함이 이와 같지 않으면 함께 일을 할 수 없다.
> 其尊德樂道不如是 不足與有爲也
> 기존덕락도불여시 부족여유위야
> -《맹자》〈공손추 하〉

조회하려는 맹자에게 왕이 사람을 보내 "감기에 걸려서 조회를 받을 수 없습니다"라고 전했다. 그리고 "내일 아침에 조회를 하려고 하니 그때 만날 수 있겠습니까"라고 맹자에게 물었다. 그러자 맹자도 "불행히도 저도 병에 걸려 조회에 나갈 수 없습니다"라고 거절했다. 왕이 했던 그대로 되갚았던 것이다. 왕이 조회를 연기해 현명한 신하에게 예를 갖추지 않았으므로, 신하도 충실하게 왕을 대할 필요가 없다는 것이 맹자의 생각이었다. 맹자가 이렇게 할 수 있었던 근거는《논어》〈팔일八佾〉에 실려 있다. 공자가 노나라 군주 정공定公에게 했던 말로, "임금은 예로써 신하를 부리고, 신하는 충으로써 임금을 섬겨야 한다(군사신이례 신사군이충君使臣以禮 臣事君以忠)"

는 말이다. 여기서 충은 흔히 말하는 충성을 뜻하는 것이 아니라 성실함과 진심함을 의미한다. 이처럼 군신은 일방적인 복종의 관계가 아닌 상호적인 관계다. 군주가 신하에게 충성을 요구하기 전에 먼저 예를 지켜야 한다.

다음 날 맹자가 조회에 가지 않고 제나라의 대부 동곽씨東郭氏에게 문상을 가려고 나서자 제자 공손추가 만류했다.

"어제는 병이 나서 조회를 할 수 없다고 했는데 오늘은 문상을 가시니 그러면 안 되는 게 아닙니까?"

그러자 맹자가 대답했다.

"어제는 아프다가 오늘은 나았는데 왜 문상을 가면 안 된다고 하느냐?"

공손추는 맹자의 큰 뜻을 잘 이해하지 못하고, 단순히 군신간의 일방적인 관계만을 생각했던 것이다.

맹자가 문상을 나선 사이에 왕이 사람을 보내 문병하고 의원도 보냈다. 맹자의 친척동생인 맹중자孟仲子가 당황해서 왕이 보낸 사람에게 이렇게 말했다.

"어제 왕명이 있었으나 병에 걸려 갈 수 없다고 했습니다. 하지만 오늘은 병이 좀 나아서 조정으로 달려갔는데 당도하셨는지 모르겠습니다."

왕이 조회를 요청했는데도 거절했던 사람이 멀쩡히 다른 곳에 나갔다는 것은 왕을 무시하는 처사로 보일 수밖에 없다. 따라서 왕을 조회하러 조정으로 갔다고 일단 둘러댔던 것이다. 맹중자는 급히 맹자에게 사람을 보내 "절대로 귀가하지 마시고 조정으로 가십시오"라고 말했다. 맹자는 귀가하지도 않았지만 조정으로도 가지 않고 경추씨景丑氏에게 가서 묵었다. 제나라의 대부였던 경추씨도 맹자가 왕명을 어긴 것으로 보이는 이 상황을 이해하지 못하고 이렇게 말했다.

"안으로는 부모와 자식이 있고, 밖으로는 왕과 신하가 있습니다. 이는 인륜지대사로 부모 자식 간에는 은혜를 주로 하고, 임금과 신하 사이에는 공경을 위주로 합니다. 그런데 저는 왕이 그대를 공경하는 것은 보았으나, 그대가 왕을 공경하는 것은 보지 못했습니다."

왕을 공경하는 태도가 신하의 당연한 의무인데 맹자는 의무를 다하지 않았다는 말이다. 그러자 맹자는 자신이 생각하는 진정한 공경에 대해 말해준다.

"지금 제나라 사람 중에는 왕에게 인의를 말하는 사람이 없는데, 그것이야말로 가장 불경한 것입니다. 저는 요순의 도, 즉 인의가 아니면 말하지 않으니 제나라 사람 중에 저만큼 왕을 공경하는 사람이 없습니다."

앞서 맹자는 "인의예지를 행하는 데 있어 '나는 할 수 없다'라고 말하는 사람은 스스로를 해치는 사람이다. '우리 왕은 그렇게 할 수 없다'라고 말하는 사람은 자기 왕을 해치는 사람이다"라고 말한 적이 있었다. 맹자는 이 말을 근거로 왕에게 오직 인의만을 말하는 자신이야말로 가장 왕을 인정하고 공경하는 사람이라고 주장한 것이

174

다. 경추씨가 말했다.

"아닙니다. 그것을 말하는 것이 아닙니다. 《예서禮書》에서는 '아버지가 부르시면 천천히 대답해서는 안 되고, 군주가 명하면 말에 멍에 씌울 시간도 기다리지 않는다'라고 했습니다. 그대는 원래 조정에 가려고 했는데, 정작 왕의 명을 듣고는 가지 않았으니 이는 예에 맞지 않는 것 같습니다."

지금까지는 서로 예의를 지키며 에둘러서 말했지만 이야기가 헛돌자 이제 직접적으로 말하기 시작했다. 인의예지를 외치지만 정작 왕명을 받들지 않았으니 예를 지키지 않고 언행일치가 되지 않는 사람이 아닌가 하는 지적이다. 그러자 맹자도 직접적으로 대답한다.

"어찌 그리 말씀하십니까? 공자의 제자 증자가 말했습니다. '진나라와 초나라의 부유함에는 미칠 수 없지만, 저들이 부유함으로 대하면 나는 인자함으로 대하고, 저들이 작위를 가지고 대하면 나는 의를 가지고 대하니, 내가 부족한 것이 무엇이 있겠는가?' 설마 의롭지 않은 것을 증자가 말했겠습니까? 이것은 아마도 하나의 도리로 통할 것입니다. 천하에서 존중받아야 할 보편적인 세 가지가 있으니 하나는 작위이고, 또 하나는 나이이며, 그다음은 덕이 있습니다. 조정에서는 작위만큼 소중한 것이 없고, 향촌에서는 나이만큼 중요한 것이 없으며, 세상을 돕고 백성을 자라게 하는 것은 덕만한 것이 없습니다. 어찌 그 하나가 있다고 해서 나머지 둘을 소홀히 대할 수 있습니까?"

먼저 맹자는 증자의 말을 인용함으로써 자신의 주장을 뒷받침한다. 증자는 권력이나 부의 위세에 결코 주눅 들지 않는 자신의 힘이 인의에서 나온다고 말했다. 인의로 사는 한 그 어떤 권력이나 부유함에 위축되지 않는다는 것이다. 맹자는 세상에서 통하고 존중받는 세 가지로 작위와 나이, 그리고 인의를 행할 수 있는 덕을 들었다. 궁궐에서 통하는 작위, 함께 살아가는 마을에서 통하는 나이, 그리고 세상을 이롭게 하고 백성들의 삶을 풍요롭게 하는 덕은 제각각 소중하다는 것이다. 따라서 어느 하나를 가졌다고 해서 다른 두 가지를 무시해서도 안 되며, 궁궐에서 통하는 작위라고 해서 다른 것을 누르거나 무시해서도 안 된다는 것이다. 이것은 한 나라를 다스리는 군주에게도 그대로 적용되는 이치다.

"따라서 큰일을 하려는 군주는 반드시 불러들이지 못하는 신하를 두고서, 상의하고자 할 일이 있으면 그 신하를 찾아갔습니다. 덕을 높이고 도를 즐거워함이 이와 같지 않으면 함께 일할 수 없습니다."

맹자가 오랜 대화 끝에 자신이 하고 싶은 이야기의 결론을 내렸다. 군주가 신하를 부르면 언제나 오는 사람으로 여기는 것은 덕을 존중하지 않는 태도다. 왕이 진정으로 존중하는 신하라면 함부로 부르기 전에 직접 찾아가서 모시고 올 정도가 되어야 한다. 이처럼 덕을 존중하지 않는 군주와는 함께 일을 할 수 없기에 자신은 군주의 명을 따르지 않았다는 것이다. 그리고 그런 신하를 예로 든다. 바로 탕왕을 모셨던 이윤과 제환공을 모셨던 관중이다. 이윤은 요리사 출신의 천한 직업이었고, 관중은 제환공의 반대편에 섰던 인물이다. 하지만 두 군주는 망설임 없이 현명한 그들의 능력과 자질을 보고 기용했다.

탕왕은 고대 상나라를 창업했던 명군주로서 우리에게는 '구일신 일일신 우일신苟日新 日日新 又日新'으로 잘 알려져 있다. 탕왕이 자신의 세숫대야에 새겨놓고 날마다 마음에 새겼다는 글귀로 '진실로 새롭게, 날마다 새롭게, 또 새롭게'라는 뜻이다. 이윤은 탕왕을 도와 대업을 이루고 그를 명군주로 만들었던 최고의 재상이다. 관중은 제나라의 환공을 5대 패왕의 으뜸으로 이끈 명재상이다. 탕왕과 제환공은 이 재상들을 함부로 부르지 못하고 직접 찾아갈 정도였다. 그렇게 뛰어난 신하를 존중했기에 이 군주들은 모두 천하의 패권을 잡는 대업을 이룰 수 있었다. 큰 국토와 많은 힘을 가진 군주들 중에 천하를 통일하는 군주가 없는 까닭은 이처럼 현명한 신하를 높이는 군주가 없기 때문이라고 맹자는 일갈했다. 군주들이 함부로 대할 수 있는 신하만 좋아하고, 자신에게 가르침을 주는 신하는 멀리하기에 큰일을 이룰 수 없는 것이다.

맹자는 권위와 권력의 시대에 이처럼 소신을 지켰고, 권력에 굴복하지 않고 신념을 따랐다. 오늘날은 그 당시보다 오히려 부와 권력이 더 큰 힘을 발휘하는 시대일지도 모른다. 하지만 부와 권력이 있는 사람이 반드시 정의로운 것은 아니다. 부정한 방법으로 취득하거나, 자신이 가진 힘으로 불의와 불법을 자행해 얻은 부와 권력은 결코 존중받을 수 없다.

"덕을 높이고 도를 즐거워함이 이와 같지 않으면 함께 일을 할 수 없다."

맹자는 어떤 사람과 함께할 것인가를 우리에게 묻고 있다. 단지 막강한 권력과 부를 가진 사람을 따를 것인가? 아니면 높은 인격과 올바른 도덕성을 갖춘 사람과 미래를 함께할 것인가?

여민동락을 기르기 위한 맹자의 가르침

- 상대에게 아무것도 주지 않으면서 무조건 자신을 따르기만 바란다면 어떤 일을 해도 상대의 원망만 살 뿐이다.

- 그 어떤 위대한 일도 혼자만의 힘으로 이루어지지 않는다. 자신이 모든 일을 잘해서가 아니라, 각 분야의 잘하는 사람이 도왔기에 그 일을 해낸 것이다.

- 단순히 떠날 때 잘해주는 것뿐 아니라 돌아올 때까지 그의 자리를 남겨놓아야 진정 마음을 얻을 수 있다.

- '나는 할 수 없다'고 말하는 사람은 스스로를 해치는 사람이다. '너는 할 수 없다'고 말하는 사람은 상대를 해치는 사람이다.

- 상대의 충성을 요구하기 전에 먼저 상대에게 예의를 다 갖추어야 한다.

- 소신을 지켜야 한다. 권력에 굴복하지 말고 신념을 따라야 한다.

- 부정한 방법으로 지킨 부와 권력은 결코 존중받지 못한다.

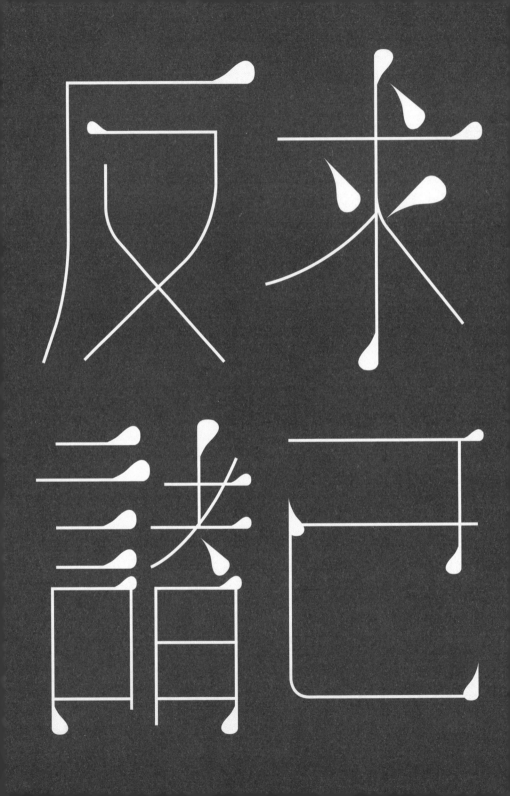

제5장

반구저기

反求諸己

잘못을 스스로에게서 찾는 어른의 태도

흔히 좋은 기회가 왔을 때 어떻게든 잡으려고 한다.

하지만 정작 그 일이 올바른지, 정도에 맞는지는 잊을 때가 많다.

기회를 놓치기 싫은 마음이 앞서기 때문이다.

오직 결과를 만들기 위해 정당한 절차와 과정을 무시하고

불법이나 편법을 벌이면 당장 결과를 만들 수는 있겠지만

더는 뻗어나가기 힘들다.

눈앞의 이익에 급급해서 바른길에서 어긋나는 것,

그것이야말로 '소람대실'이다.

천하를 얻는 힘은 내 안에 있다

이긴 자를 원망하지 않고, 스스로 돌이켜본다.
不怨勝己者 反求諸己而已矣
불원승기자 반구저기이이의
- 《맹자》〈공손추 상〉

《논어》를 보면 군자君子에 대한 이야기가 많이 나온다. 유교에서 군
자란 학식이 높고 행실이 바른 사람을 뜻한다. 지위가 낮고 인간됨
이 부족한 사람인 소인과 대비되는 바람직한 인물, 되고 싶은 인물
을 상징한다. 따라서 군자의 자격과 자세, 모습을 다양하게 묘사한
다.《논어》〈팔일〉에 실려 있는 군자의 모습이다.

"군자는 다투는 일이 없으나, 꼭 하나 있다면 활쏘기다. 절하고
서로 양보하며 사대에 오르고, 내려와서는 벌주를 마시니 그 다투
는 모습도 군자답다."

원래 경쟁이란 상대를 이기기 위해 하는 일이니, 사사로운 이익
을 추구하지 않는 군자와 어울리지 않는다. 하지만 활쏘기는 수양

을 위한 것이다. 경쟁을 하더라도 반드시 예를 따라야 하고, 서로 양보하는 미덕을 보일 수 있으므로 사욕을 추구하는 다툼과는 차원이 다르다.

군자와 활쏘기에 대한 이야기는 《예기》〈사의射義〉에도 나오는데 그 이유가 훨씬 구체적이다.

"활 쏘는 것은 인의 길이다. 먼저 자신을 바르게 하는 것을 구한다. 몸을 바르게 한 후에야 화살을 쏘며, 맞추지 못했으면 나를 이긴 자를 원망하지 않는다. 돌이켜서 나 자신에게서 잘못을 구할 따름이다(반구저기이이의反求諸己而已矣)."

활을 쏘려면 먼저 자세를 바르게 해야 한다. 그래야 올바른 방향으로 쏠 수 있고, 명중률이 높아진다. 따라서 활을 쏘는 것은 자기 자신을 바르게 수양하는 인仁의 철학과 같다. 또 한 가지, 활쏘기는 이기든 지든 승복하는 자세를 지켜야 한다. 특히 졌을 때 이긴 자를 원망하지 않고 반드시 자신의 부족함을 돌아보고 반성하는 자세를 가져야 하는 것이다.

반구저기反求諸己는 단순히 활쏘기에 임하는 자세가 아니라, 올바른 삶을 추구하는 가장 기본적이고 중요한 덕목이다. 따라서 많은 고전에서 권면하는데, 이는 그만큼 지키기 어렵다는 반증이라고 할 수 있다. 《논어》〈위령공〉에 실려 있는 '군자구저기 소인구저인君子求諸己 小人求諸人'도 같은 의미를 담고 있다. 직역하면 "군자는 자기에게서 구하고 소인은 다른 사람에게서 구한다"인데, 문제가 생겼을 때 군자는 책임이나 해결책을 스스로에게서 찾지만 소인은 다른 사람에게서 찾는다는 뜻이다. 우리 속담에 "잘되면 내 탓, 잘 못되면 조상 탓"이 소위이 보여주는 행태를 잘 말해준다

《맹자》〈공손추 상〉에 실린 구절도 같은 뜻이다.

"이긴 자를 원망하지 않고, 스스로 돌이켜본다."

군자가 활쏘기에 임하는 자세를 말하지만, 세상을 살아갈 때 지녀야 할 올바른 마음가짐을 의미한다. 원래 맹자는 이 구절을 직업에 관한 글로 시작하고 있다.

"화살 만드는 사람이라고 해서 어찌 갑옷 만드는 사람보다 어질지 않겠는가? 화살 만드는 사람은 사람을 상하게 하지 못할까 걱정하고, 갑옷 만드는 사람은 사람이 상할까 두려워한다. 무당이나 관 만드는 사람도 마찬가지다. 그렇기 때문에 일을 선택함에도 신중하지 않으면 안 된다."

맹자의 이 주장은 사람은 철저히 이익에 따라 움직인다는 한비자韓非子의 주장과 대척점에 선다.《한비자》에는 이렇게 실려 있다.

"마차를 만드는 사람은 사람들이 부귀해지기를 바라고 관을 짜는 사람은 사람들이 죽기를 바란다. 이것은 마차를 만드는 사람은 선하고 관을 짜는 사람이 악해서가 아니다. 마차를 만드는 사람은 마차를 팔기 위해 사람들이 부자가 되기 바라고, 관을 짜는 이는 사람들이 죽어야 관이 팔리기 때문에 많이 죽기를 바랄 뿐이다."

한비자는 이런 사상을 바탕으로 사람과의 모든 관계는 이해타산에 좌우되고, 심지어 부자관계는 물론 군주와 신하와의 관계도 모두 이해타산이 지배한다고 주장했다. 이에 반해 유가의 시조인 공

자는 '견리사의見利思義', 즉 "이익이 되는 일을 보면 그것이 의로운지를 먼저 생각하라"고 했고, "군자는 의리에 밝고 소인은 이익에 밝다"라고도 했다. 심지어 "이익에 따라서 행동하면 원망을 사는 일이 많아진다"고 하며 인간관계가 이해타산에 좌우되면 결코 원만해질 수 없고 오히려 원한을 사는 일이 생길 뿐이라고 말했다.

맹자의 생각 역시 공자와 다르지 않다. 사람들이 직업을 가지는 까닭은 생계를 잇고 이익을 추구하기 위해서다. 하지만 무엇을 만드느냐에 따라 목적은 달라진다. 그 예로 드는 것이 바로 화살을 만드는 사람과 갑옷을 만드는 사람, 그리고 무당과 관을 만드는 사람이다. 화살은 갑옷을 뚫고 사람을 잘 죽일수록 성능이 좋다. 반대로 갑옷은 화살이나 칼을 막아서 사람을 지키는 역할을 한다. 마찬가지로 무당은 사람을 살리는 일을 하고, 관을 만드는 사람은 사람이 죽었으면 한다. 따라서 맹자는 직업을 고를 때도 남을 해치는 직업이 아니라 사람을 살리는 직업을 택해야 한다고 주장한다. 다음은 그 근거가 실린 글이다.

"공자가 말하기를 '마을도 인한 곳이 아름다우니 사람이 인한 곳에 거처하지 않는다면 어찌 지혜롭다고 하겠는가?'라고 했으니 무릇 인仁은 하늘이 내린 귀한 벼슬이요, 사람에게는 편안한 집과 같다. 하지만 이것을 막는 이가 없는데도 인하지 않으니 이는 지혜롭지 못한 것이다. 인하지 않고, 지혜롭지 않고, 예의가 없고, 의롭지 않다면 남의 부림을 받는 사람이다. 남의 부림을 받는 노예짓을 하며 부끄러워하는 것은 마치 활 만드는 사람이 부끄러워하고 화살 만드는 사람이 부끄러워하는 것과 같다. 만약 노예짓이 부끄럽다면 인을 행하는 것밖에 길이 없다. 인은 활쏘기와 같아서 스스로 바로잡은 후에 활을 쏘고, 비록 적중하지 않더라도 자신을 이긴 자를 원망하지 않고 먼저 스스로를 돌아볼 뿐이다."

맹자는 "인한 곳에서 거처해야 지혜롭다"는 공자의 말을 인용하면서, 인은 하늘이 사람에게 내린 귀한 선물이라고 말한다. 사람들이 인에 거하면 마치 집에 있듯이 편안할 수 있다. 왜냐하면 인은 하늘이 사람에게 준 선한 본성에서 비롯되기 때문이다. 또한 아무도 막지 않는데도 인을 떠나는 사람은 마치 노예의 삶과 같다는 맹자의 주장도 결코 무리한 말이 아니었다. 그것은 화살과 활이 사람을 해치는 물건이라는 사실을 부끄러워하면서도 직업을 바꾸지 않는 사람도 마찬가지다.

물론 이 같은 주장은 오늘날의 관점에서는 부담스럽다. 설사 무기를 만드는 직업에 종사한다고 해서 그 사람을 비난해서도, 스스로 자책할 필요도 없다. 맹자도 비록 이처럼 과격하게 말했지만 그 해법도 함께 제시한다. 바로 인을 회복하는 것이다. 또한 부득이하게 활과 화살을 만드는 사람에게도 역시 길을 열어준다. 살상의 도구가 아니라 군자의 수양의 도구로써 만들면 된다. 군자의 반구저기를 위한다면 얼마든지 직업에 자부심을 느낄 수 있을 것이다. 반구저기에 관해서는 《맹자》에 거듭 실려 있다. 《맹자》〈이루 상〉의 다음 문장도 역시 같은 의미다.

"남을 사랑하는데 친해지지 않을 때에는 자신의 인자함을 돌아보라. 남을 다스리는데 다스려지지 않을 때는 자신의 지혜를 돌이켜보라. 남을 예로써 대하는데 화답하지 않으면 자신의 공경하는 태도를 돌이켜보라. 행했는데 얻지 못하는 것이 있으면 모두 자기에게 돌이켜 그 원인을 보라. 자신이 바르면 천하가 자기에게 돌아온다."

이 문장은 관계에 문제가 생겼을 때 다른 사람을 탓하기 전에 자신을 먼저 돌아보라는 의미다. 또한 이런 정신으로 살아간다면 '천하를 얻을 수 있다'고 말해준다. 참으로 솔깃한 말이다. 오늘날 사람들과 좋은 관계를 유지하고, 사람의 마음을 얻는 사람이 성공한다는 관점에서 본다면 충분히 공감이 간다.

원하는 것을 얻고 간절히 바라는 목표를 이룰 수 있는 비결, 바로 반구저기의 정신에서 나온다.

스스로 부른 재앙은 피할 길이 없다

> 하늘의 재앙은 피할 수 있지만, 스스로 재앙을 부르면 살아날
> 수 없다.
> 天作孽猶可違 自作孽不可活
> 천작얼유가위 자작얼불가활
> -《맹자》〈공손추 상〉

맹자는 인仁의 힘을 믿었다. 단순히 좋은 사람이 되어 도덕적으로
만족감을 얻는 데 그치는 것이 아니라, 인으로 수양하면 반드시 성
공한다고 주장했다. 심지어 인으로 나라를 다스리면 승자가 되어
천하를 얻을 수도 있다고 했다. 맹자가 왕들을 만나서 설득했던 논
리가 바로 '인자무적'인 것으로 미루어 잘 알 수 있다. 인자는 반드
시 이기기에 천하를 차지하고 싶다면 먼저 인자가 되고, 인으로 세
상을 다스리라는 주장이다.

　"힘으로 인을 가장하는 자는 패자霸者다. 패자는 반드시 큰 나라
를 소유해야 한다. 덕으로 인을 행하는 자는 천하에 왕 노릇 하는
자다. 천하에 왕 노릇을 하는데 나라가 클 필요는 없다. 힘으로 타

인을 복종시키는 것은 진심으로 복종하는 것이 아니다. 힘이 부족해서다. 덕으로 타인을 복종시키면 마음으로 기뻐하며 진심으로 복종하고 따른다."

여기서 패자霸者란, 힘으로 천하를 얻고자 하는 군주를 말한다. 왕 노릇을 하는 군주는 무력이 아닌 인과 덕으로 천하를 다스리는, 진정한 왕도정치를 구현하는 자를 말한다. 전쟁과 무력의 시대이므로 당연히 군주들은 이 역설적인 주장에 귀를 기울이지 않았다. 힘이 있어야 다른 나라로부터 자국을 지킬 수 있고, 막강한 군대가 있어야 다른 나라를 굴복시켜 패자가 될 수 있다고 믿었기 때문이다. 그래서 모든 나라의 왕들은 군대를 키우고 무력을 높이는 데에만 온 힘을 기울였다. 하지만 맹자는 뜻을 굽히지 않았고 끝까지 포기하지 않고 왕들을 설득했다. 《맹자》〈공손추 상〉에 실린 아래의 말도 이 같은 맹자의 생각을 잘 말해준다.

"인하면 번영하고 불인하면 치욕을 당하게 된다(인즉영 불인즉욕 仁則榮 不仁則辱). 지금 치욕을 싫어하면서도 인하지 않는다면 습한 곳을 싫어하면서도 낮은 곳에 있는 것과 같다."

만약 번영하고 싶다면 인에 머물러야 하는데, 만약 그것을 알면서도 인을 행하지 않는다면 치욕을 스스로 불러들이는 것과 같다는 의미다. 결국 번영하느냐 치욕을 당하느냐 여부는 모두 스스로에게 달려 있다. 그래서 맹자는 "화와 복은 스스로 불러들이지 않는 것이 없다(화복무불자기구지자 禍福無不自己求之者)"라고 했다. 그리고 《시경》〈문왕文王〉에 실려 있는 '영언배명 자구다복 永言配命 自求多

福'과 《서경》 〈태갑太甲〉의 '천작얼유가위 자작얼불가활天作孽猶可違
自作孽不可活'구절을 인용해 자신의 주장을 뒷받침했다.

〈문왕〉 시는 이미 작고한 문왕의 덕을 기리는 내용으로, '영언배
명 자구다복'은 "영원히 천명과 합치되면 스스로 많은 복을 구한
다"라는 뜻이다. 문왕이 보여주었던 것처럼 하늘의 뜻에 맞게 정의
롭고 바르게 행하면 많은 복을 얻는다는 가르침으로, 맹자에 따르
면 복을 스스로 불러들이는 방법이라고 할 수 있다. 반대로 옳지 못
하고 정의롭지 못하면 화를 불러들이는 것이다.

태갑太甲은 상나라의 뛰어난 군주였던 탕왕의 손자로, 탕왕의 뒤
를 이어 왕위에 올랐던 인물이다. 할아버지와는 달리 포악한 성품
으로 혹정을 펼쳤다. 결국 탕왕 시절부터 탁월한 재상이었던 이윤
에게 3년간 추방을 당한다. 그때 이윤이 했던 최후통첩 중에 "습관
이 오래되면 천성이 된다(습여성성習與性成)"는 유명한 성어가 있다.
"그대의 불의는 습관이 천성이 되었으니, 도의를 따르지 않는 사람
과 가까이할 수 없다(자내불의 습여성성 여불압우불순玆乃不義 習與性成
予不狎于弗順)"가 그 원문이다.

3년 동안 인고의 세월을 보낸 태갑은 '하늘의 재앙은 피할 수 있
지만, 스스로 재앙을 부르면 살아날 수 없다'는 뼈저린 자기반성을
하며 왕좌로 복귀할 수 있었다. 태갑은 자기가 했던 행동은 화를 스
스로 불러들인 '자작얼自作孽'에 해당한다는 사실을 깨달았다. 자작
얼은 스스로 뿌린 악의 씨앗이기에 뼈저린 자기반성과 각고의 노
력 없이는 결코 돌이키기 어려운 재앙이다. 따라서 이를 벗어나기

위해 3년 동안 온 힘을 기울였던 것이다. 그에 반해 하늘의 재앙은 누구에게나 주어질 수 있는 불운을 말한다. 스스로의 타락이나 불의함으로 비롯된 것이 아니기에 최선을 다해 노력하면 벗어날 길이 있고 오히려 더 큰 도약을 이루는 기회가 되기도 한다.

맹자는 스스로 불러들이는 치욕을 면하기 위해 해야 할 일들을 일러준다.

"만약 치욕을 당하기 싫다면 덕을 귀히 여기고 선비들을 존중해, 어진 사람을 높이고, 능력이 있는 사람에게 일을 맡겨야 한다. 나라가 평안해지면 이때를 이용해 정치와 법을 밝힌다면 비록 강대국이라도 반드시 그 나라를 두려워할 것이다."

맹자가 말했던 첫 번째는 인의 실천이다. 덕을 귀히 여기고 선비를 존중하는 것은 인을 통해 이룰 수 있다. 어진 사람을 높이고 능력이 있는 사람에게 일을 맡기는 것 역시 인을 이루기 위한 기반이 된다. 이렇게 할 때 백성이 평안해지는 나라를 만들 수 있다.

그다음 맹자가 말했던 치욕을 면하는 방법은 '나라가 평안할 때 올바른 정치를 이루는 것', 즉 유비무환의 자세다. 유비무환은《좌전左傳》에 실려 있는 고사인데, 그 전문은 "편안할 때 위태로움을 생각하면 대비할 수 있고, 대비하면 화를 피할 수 있다(거안사위 사즉유비 유비무환居安思危 思則有備 有備無患)"이다.

춘추시대 진晉나라의 도공悼公에게는 사마위강司馬魏絳이라는 신하가 있었다. 그는 사심 없이 법을 적용하는 강직한 신하였다. 한번은 도공의 동생인 양간楊刊이 법을 어기자 그의 마부의 목을 베었다. 왕의 동생을 직접 처벌할 수 없었기에 수하인 마부에게 책임을 물었던 것이다. 이에 불만을 품은 양간이 도공에게 '마부의 목을 벤 것은 왕실을 무시하고 욕보이는 처사'라며 사마위강의 처벌을 원했다. 하지만 정확하게 그 경위를 조사해 진상을 파악한 도공은 더욱 사마위강을 신임하게 되었다. 얼마 후 사마위강은 나라 사이의 분쟁을 잘 해결했고, 그 답례로 이웃 나라에서 보내온 선물의 절반을 도공으로부터 하사받았다. 사마위강은 그 선물을 거절하며 위의 명언을 한다.

우리는 흔히 유비무환을 앞으로 닥칠지 모르는 위기에 대비한다고 알고 있다. 회사나 조직의 경우라면 앞으로의 상황을 잘 읽고 대비하는 것이 되겠고, 군대라면 군비를 증강하고 국경선을 강화해 경계태세를 늦추지 않는 것을 뜻한다. 하지만 사마위강에 따르면 위기에 대처하는 전제 조건은 바로 평상시에 조직의 기강이 바로 서 있는 것이다. 올바른 도리가 지켜지고, 불의를 용납하지 않는 정의로운 조직이다. 맹자는 이 주장을 더욱 확고히 하기 위해《시경》의 시를 인용한다.

"하늘에 구름이 없고 비도 내리지 않는데 뽕나무 뿌리를 벗겨내 창문에 칭칭 감아놓으면 그 어떤 사람이 나를 업신여기리오."

날이 맑을 때 미리 창문을 칭칭 감는 것은 장마에 대비하는 태도다. 이처럼 다가올 재앙에 대비하는 유비무환 정신이 있다면 나라의 기강은 바로 선다. 나라의 기강이 바로 서면 외부로부터의 위협도 충분히 막아낼 수 있다.

우리가 잘 아는 '진인사대천명盡人事待天命' 성어가 있다. 사람으로서 할 수 있는 바를 다하고 그다음에 하늘의 뜻을 기다려야 한다는 의미다. 이 말에는 일을 이루기 위해서는 최선의 노력을 기울여야 하지만 최선을 다해도 일이 이루어지지 않을 수도 있다는 뜻도 포함한다. "하늘의 뜻을 기다린다(대천명)"는 말이 바로 그런 뜻이다. 천명이란 사람의 힘으로는 어찌할 수 없는 운명과도 같기 때문이다. 이럴 때 가장 중요한 것은 스스로를 돌아보는 일이다. 자기 성찰과 반성, 즉 반구저기의 정신이다. 자기를 돌아보아서 부족한 점은 보완하고 강점을 키워나간다면 잠잠히 때를 기다릴 수 있다.

내가 하는 일이 정의롭다면, 반드시 해야 한다는 확신이 있다면 두려움 없이 새롭게 시작할 수 있다. 하지만 어떤 상황에서도 반드시 지켜야 할 부분이 있다. 바로 스스로 재앙을 부르는 일, 즉 나태와 태만, 그리고 불의에 빠져서는 안 된다.

작은 이익을 위해 큰일을 놓치지 말라

자신을 굽히면서 다른 사람을 바로잡을 수는 없다.

枉己者 未有能直人者也

왕기자 미유능직인자야

-《맹자》〈등문공 하〉

천하를 다투는 항우項羽와 유방劉邦의 전쟁에서 가장 극적인 장면은 항우가 함정을 팠던 홍문의 연회에서 유방이 탈출하는 장면일 것이다. 변소에 간다는 핑계를 대고 간신히 항우의 면전에서 빠져나온 유방은, 빨리 도망을 하라고 재촉하는 신하 번쾌樊噲 앞에서 항우에게 인사를 하지 못하고 나왔다며 망설인다. 이때 번쾌는 유방을 다그치며 말했다.

"큰일을 할 때는 사소한 예의를 따지지 않고, 큰 예의를 행할 때는 사소한 허물을 마다하지 않는 법입니다(대행불고세근 대례불사소양大行不顧細謹 大禮不辭小讓). 지금 저들은 칼과 도마이고 우리는 그 위에 놓인 물고기 신세인데 무슨 인사를 한다는 말씀이십니까?"

일의 중요도를 가늠하지 못하고 작은 일에 연연하다가는 큰 것을 잃는다는 번쾌의 말은 유방의 정신이 번쩍 들게 만들었다. 만약 번쾌의 이 말이 없었다면 초한전쟁의 결과는 뒤바뀌었을지도 모른다. 맹자의 제자 진대陳代도 스승인 맹자에게 이런 말을 했다. 작은 예절에 연연하지 말고 한 번 굽혀서 제후들을 만난다면 큰 뜻을 펼칠 수 있지 않겠느냐는 의미로 이렇게 말했다.

"선생님께서 제후들을 만나지 않는 것은 작은 절차에 구애되는 것은 아닌지요. 한 번 만나면 크게는 천하에 왕도정치를 펼치고, 작게는 패도정치를 구현할 수 있을 것입니다. 기록에도 '한 자를 굽혀 여덟 자를 편다'라고 했으니, 이는 해볼 만한 일이라고 생각합니다."

맹자는 제후들을 직접 찾아가지 않고, 제후들이 예법을 지켜 모셔야만 만났다. 자신은 제후들의 단순한 신하가 아니라, 제후들에게 가르침을 주고 존중을 받는 스승과 같은 신하라는 의미다. 그 옛날 주나라를 세웠던 주문왕에게도 비슷한 고사가 있다. 직접 신발을 묶다가 '시킬 신하가 없느냐?'는 강태공姜太公의 물음에 주문왕은 이렇게 답했다.

"최고의 군주 밑에 있는 신하는 모두 스승이요, 중간의 군주 밑에 있는 신하는 모두 친구요, 하급 군주 밑에 있는 신하는 모두 시종입니다. 지금 이곳에 있는 신하들은 모두 선왕 때부터 있던 신하이므로 이 일을 시킬 사람이 없습니다."

맹자는 군주에게 이런 자세를 요구했다. 이러한 맹자를 진대가 보기에는 답답했을 것이다. 이미 세상에 명성이 있는 맹자가 만나

고자 한다면 만나지 못할 제후가 없고, 일단 제후를 만나기만 하면 충분히 뜻을 펼쳐 자신이 원하는 왕도정치를 할 수 있을 터인데 왜 그렇게 하지 않느냐는 물음이다. 이러한 태도는 소견이 좁고, 작은 것을 위해 큰 것을 놓치는 소탐대실小貪大失이 아니냐는 의문이다. 이에 맹자는 과연 진정으로 큰 것이 무엇이냐는 질문을 제자에게 던진다. 진정한 도를 세상에 펼치려는 사람이 자신의 도를 굽혀 세상의 이익을 추구하는 것이 과연 옳은 일이냐는 물음이다. 그리고 두 가지 고사를 예로 들어 제자를 가르친다.

"옛날에 제경공이 사냥을 하다가 동산을 지키는 하급관리를 불렀는데 오지 않자 그를 죽이려고 했다. 이를 두고 공자는 '뜻이 있는 지사는 언제라도 곤경에 빠질 준비가 되어 있고, 용사는 목숨을 버릴 각오가 되어 있다'고 했다. 공자는 이 이야기에서 무엇을 취했겠느냐? 부름이 합당하지 않을 경우에는 가지 않는다는 점을 취한 것이다. 만약 합당한 부름을 기다리지도 않고 간다면 어떻겠느냐? 그리고 한 자를 굽혀 여덟 자를 편다는 것은 이익을 두고 말한 것이다. 만약 이익을 두고 말한다면, 여덟 자를 굽혀서 한 자를 펴는 이익이라도 할 만한 것이라 하겠느냐."

여기서 맹자는 두 가지 가르침을 진대에게 준다. 먼저 합당한 예법과 절차가 아니면 설사 군주의 부름이라 해도 가지 않는 것이 옳다는 가르침이다. 이 고사에서 하급관리가 군주의 부름에도 가지 않은 이유는 군주가 대부를 부르는 깃발을 들어 자신을 불렀기 때문이었다. 공자는 하급관리의 이러한 자세를 칭찬하며, 그것이 진정으로 지혜로운 행동이라고 말한다. 만약 잘못된 부름에 갔을 때는 당장은 목숨을 부지할지 몰라도 언젠가는 반드시 이로 인해 큰 처벌을 받을 것이고, 그때는 목숨뿐 아니라 명예도 잃는다. 큰 권력에 기대어 불법과 부정을 저질렀던 고위관리들이 시간이 지난 후 처벌을 받고 명예를 잃는 경우가 말해주는 교훈이다.

또 한 가지는 '한 자를 굽혀 여덟 자를 펴는 것은 오직 이익을 좇는 자세이므로 따라서는 안 된다'는 것을 말해준다. 진대는 사소한 예절을 지키지 않는 것을 작은 것으로 보고, 왕도나 패도를 이루는 것을 큰 일로 보았다. 하지만 맹자는 예법을 지키는 것이 모든 일의 근본이며 애초에 근본을 어길 경우에는 어떠한 큰일도 정의롭지 않고, 행해서는 안 된다고 보았다. 결국 그 큰일도 이루어지지 않게 되는 것이다. 그리고 그것을 말해주는 고사를 들었다.

"옛날 조간자趙簡子가 왕량王良을 시켜 총애하는 신하인 해奚가 사냥을 할 때 말을 몰게 했다. 종일 사냥을 했는데 단 한 마리도 잡지 못했다. 그러자 해가 돌아와 이렇게 말했다. '왕량은 천하의 무능한 말몰이꾼입니다.' 누군가 이 말을 왕량에게 전하자, 왕량은 '다시 한 번 그를 위해 말을 몰게 해달라'고 조간자에게 청했다. 승낙을 받고 다시 말을 몰았는데, 이번에는 아침 나절에만 열 마리를 잡았다. 해가 만족해 돌아와 이번에는 '왕량은 천하에 제일가는 말몰이꾼입니다'라고 보고했다. 그러자 조간자는 왕량에게 자신이 총애하는 해를 위해 말몰이꾼이 되라고 했고, 왕량은 이렇게 말하며 사양했다. '제가 그를 위해 법도에 맞게 달렸을 때는 종일 한 마리도 잡지 못했습니다. 하지만 법도를 지키지 않고 편법으로 말을 몰자 아침나절에만 열 마리 이상을 잡았습니다. 《시경》에는 '법도를 잃지 않고도 깨뜨리듯 명중했다'라고 실려 있습니다. 저는 소인을 위해 말을 모는 데 익숙하지 않으니 부디 사양하게 해주십시오.' 일개 말몰이꾼도 나쁜 사수와 함께 일하는 것을 부끄럽게 여겨 산더미처럼 짐승을 잡는다고 해도 하지 않았다. 만약 도를 굽혀 그런 제후를 따른다면 어떻겠느냐? 게다가 너는 틀렸다. 자신을 굽히면서 다른 사람을 바로잡을 수는 없다."

조간자는 진晉나라의 실권자로서 훗날 전국칠웅의 하나인 조나라를 세운 인물이다. 이러한 권력자의 명을 감히 어긴다는 것은 상상할 수 없는 일이다. 하지만 유명한 말몰이꾼 왕량은 사냥과 같은 하찮은 일에서조차 정도를 지키지 않는 해를 위해서는 말을 몰 수 없다고 했다. 맹자는 이 고사를 예로 들며 나라의 일을 하기 위해 제후를 만나는 중요한 일에서 정도를 어길 수는 없다고 했다. 세상의 큰일을 하려면 반드시 자신을 바르게 하는 일이 가장 근본이 된다는 것이다. 편법과 불법을 일삼으면서 결코 큰일을 도모해서는 안 되며, 절대로 그 큰일이 이루어질 수도 없다는 통렬한 가르침이다. 맹자는 반드시 도의를 지켜 근본을 바로 세울 때 큰일이 도모될 수 있다고 확신했다. 《논어》에 실린 '본립도생本立道生'처럼 "근본이 든든히 설 때 나아갈 길이 생긴다"는 것이다.

흔히 좋은 기회가 왔을 때 어떻게든 잡으려고 한다. 하지만 정작 그 일이 올바른지, 정도에 맞는지는 잊을 때가 많다. 기회를 놓치기 싫은 마음이 앞서기 때문이다. 하지만 정당한 절차와 과정을 무시하고 불법이나 편법을 벌이면 좋은 결과를 얻기 힘들다. 특히 지도자가 되고 사람을 이끌려면 더욱 그렇다. 당장 결과를 만들 수는 있겠지만 더는 뻗어나가기 어렵다. 특히 조직의 기강과 추구하는 가치가 흐트러진다는 측면에서 더욱 그렇다. 눈앞의 이익에 급급해서 바른길에서 어긋나는 것, 그것이야말로 '소탐대실'이다.

정도를 지키며 바른길을 갈 때 반드시 돕는 사람이 나타난다. 그리고 그런 사람만이 진실한 도움을 줄 수 있는 올바른 사람이다. 앞서 언급한《논어》〈이인〉의 "덕이 있는 사람은 외롭지 않으니 반드시 이웃이 있다"는 덕불고 필유린이 그것을 뜻하는 말이다. 하지만 올바른 길을 가지 않을 때는 역시 바르지 못한 사람만 주위에 모인다. 덕에도 이웃이 있지만 악에도 반드시 이웃이 있다. 주위에 어떤 사람과 함께할지는 모두 자신에게 달려 있다.

잘못된 것은 즉시 돌이켜라

옳지 않다는 것을 알았다면 즉시 그만둘 일이지 무엇하러 내
년까지 기다립니까?
如知其非義 斯速已矣 何待來年
여지기비의 사속이의 하대래년
–《맹자》〈등문공 하〉

공자는 때와 상황에 맞게 잘 처신하는 것을 중요시했다. 제자를 가르칠 때 역시 각자의 능력과 성향에 걸맞은 가르침을 주어 제자들이 쉽게 받아들이도록 이끌었다. 바로 중용中庸의 도이자 '척유소단 촌유소장尺有所短 寸有所長'의 지혜다. 이 성어는 "한 자도 짧을 때가 있고 한 치도 길 때가 있다"는 뜻으로,《초사楚辭》에 실려 있다. 어떤 상황에도 정해진 정답은 없으니 상황에 걸맞게 바르게 실천하는 것이 해답이라는 의미다. 공자는 상황에 따라 여유를 가져야 할 때도 있지만, 급하게 서둘러야 할 때도 있다고 가르쳤다.《논어》〈계씨〉에 실려 있는 글이다.

"선한 것을 보면 마치 거기에 미치지 못할까 열심히 노력하고,

선하지 못한 것을 보면 마치 끓는 물에 손을 넣은 듯이 재빨리 피한다(견선여불급 견불선여탐탕見善如不及 見不善如探湯)."

군자가 추구하는 덕목 중에 '개과천선改過遷善'을 가르친 구절이다. 공자는 이 멋진 비유를 통해 옳지 못한 일을 보거든 그야말로 지체 없이 피해야 한다고 가르쳤다. 뜨거운 물방울 하나가 튀어도 깜짝 놀라 피하는데 만약 끓는 물에 손을 넣으면 과연 어떻게 될까? 잘못된 일을 고치는 데 머뭇거리다가 자신도 모르게 나쁜 물이 들까 염려했던 것이다.

예문의 구절에서 맹자도 옳지 못한 일이 있다면 미루거나 망설이지 말고 즉시 고치라고 이야기한다. 송나라의 대부 대영지戴盈之가 "10분의 1의 세율과 국경과 시장에서의 징세를 철폐하는 것을 올해는 시행하기가 어렵습니다. 올해는 세금을 경감하는 정도로 하고 내년에 완전히 폐지하면 어떻겠습니까?"라고 묻자 맹자가 이렇게 비유했다.

"어떤 사람이 매일 이웃의 닭을 훔친다고 합시다. 누군가 그 사람에게 이는 군자의 도리가 아니라고 하자 그 사람이 이렇게 대답했습니다. '훔치는 것을 줄여 한 달에 닭을 한 마리씩 훔치다가 내년이 되면 그만두겠습니다.' 옳지 않다는 것을 알았으면 즉시 그만둘 일이지, 무엇하러 내년까지 기다립니까?"

대영지는 자신이 백성을 아끼는 인정仁政을 펼친다고 과시하고 싶었던 것처럼 보인다. 하지만 실제로 실천할 생각은 별로 없었던 듯하다. 백성들에게 어려움을 주는 과한 세율을 낮추고 국경세와 시장세를 없애겠다면서 당장이 아니라 내년에, 한 번에 하지 않고 점차 줄여가겠다는 말은 하고, 싶지 않다는 속마음을 숨기고 있는 것과 다름없다. 정작 내년이 되면 또 어떤 핑계가 나올지 모를 일이다. 맹자는 이를 두고 "도둑질과 다름없다"고 말했다. 심지어 닭을 훔치는 좀도둑에 비유하면서 가식적이고 위선적인 행태를 신랄하게 비판했다.

지도자 혹은 가진 자들의 이러한 가식을 이야기하는 고사가 있다. 《장자》에 나오는 '학철부어涸轍鮒魚'의 고사다. "수레바퀴 자국에 고인 물에 있는 붕어"라고 직역되는데, 몹시 곤란하고 옹색한 처지를 일컫는 말이다. 하지만 정작 말하고자 하는 바는, 그런 처지에 있는 사람에게조차 가식적으로 대하며 자신을 과시하고 싶어 하는 가진 자의 위선이다.

장자가 가난을 이기지 못해 당장 끼니를 이을 식량을 구하기 위해 친분이 있던 감하후監河侯에게 갔다. 그러자 감하후는 "좋네. 며칠 있으면 내 식읍에서 세금이 올라올 테니 그때 300금을 빌려주겠네"라고 말했다. 당장 한 끼의 곡식을 빌려주지 않으면서 며칠 후에 확실치도 않은 수백 금을 과시하는 위선에 장자는 이렇게 말했다.

"내가 이곳으로 오는데 바큇자국에 고인 물에 붕어 한 마리가 나를 불러 '지금 목이 말라 죽을 지경이니 물 한 바가지만 떠 부어달라'고 하더군. 그래서 내가 말했지. '내가 며칠 후에 오나라와 월나라에 유세를 떠나는데 그때 서강의 물을 터서 이리로 보내주지.' 그러자 붕어가 '당장 목이 말라 죽을 지경인데 며칠 후에 큰 강물이 온들 무슨 소용이 있겠소. 그때쯤이면 건어물 가게에서 나를 찾는 편이 빠를 것이오'라고 말하더군."

어렵고 힘든 상황에 처한 사람에게 작은 도움조차 주지 않으면서, 정작 자신의 선함을 과시하고 부와 재력을 자랑하고 싶은 위선적이고 이중적인 마음을 통렬하게 꾸짖은 것이다. 송나라 대부 대영지의 마음도 이와 같았고, 맹자는 대영지의 속마음을 정확하게 꿰뚫어보았다. 그래서 그 생각이 어째서 잘못되었는지를 도둑질의 비유로 설명했던 것이다.

좋은 일을 알면서도 미루는 이유는 바로 실천하고자 하는 마음이 없기 때문이다. "옳지 않다는 것을 알았으면 즉시 그만둘 일이지, 무엇 하러 내년까지 기다립니까?"가 뜻하는 말이다. 당장에 실천할 수 있는데 하지 않고 내일로, 내년으로 미루는 것은 하지 않는 것만 못 하다. 백성들은 내일을, 내년을 기대하면서 헛된 희망을 품게 되니까 말이다. 단번에 거절하는 것보다 요즘 하는 말로 '희망고문'이 더 나쁜 이유와 같다.

결심을 하고도 지속하지 못하는 태도를 작심삼일作心三日이라고 한다. 결심을 지키지 못하는 이유는 먼저 의지력이 약하기 때문일 것이고, 강력한 유혹 탓일 수도 있다. 또 다른 이유는 결심을 방해하는 나쁜 습관이다. 사람들은 좋은 결심으로 자신을 성장시키려 하지만 그것을 위해서는 먼저 자신을 얽매는 나쁜 습관에서 벗어나야 한다. 나쁜 습관에 얽매여 있는데 좋은 습관이 자리 잡을 수 없다. 율곡栗谷 이이李珥 선생은 '인생을 망치는 여덟 가지 습관'을 말했다.《격몽요결擊蒙要訣》에 실린 글인데, 오늘날 세대에도 반드시 새겨볼 만하다.

첫째 놀 생각만 하는 습관, 둘째 하루를 허비하는 습관, 셋째 같은 생각을 하는 사람만 좋아하는 습관, 넷째 헛된 말과 글로 사람들의 인기를 끌려는 습관, 다섯째 풍류를 즐긴다며 인생을 허비하는 습관, 여섯째 돈만 가지고 경쟁하는 습관, 일곱째 남 잘되는 것을 부러워하며 자기 처지를 비관하는 습관, 여덟째 절제하지 못하고 재물과 여색을 탐하는 습관이다.

그리고 율곡 선생은 이 나쁜 습관들에서 벗어나는 방법을 일러준다.

"한칼에 잘라버리듯이 뿌리 채 뽑아야 한다(혁구습일도결단근주革舊習一刀決斷根柱)."

꼭 나쁜 습관이 아니라 어떤 일을 시작할 때도 마찬가지다. 바로 시작하지 못하고 미루기만 한다면 자신이 그 일을 할 마음이 없는 것은 아닌지 돌아볼 일이다. 미루는 것도 습관이다. 혹은 신중을 가장한 포기일 수도 있다. 그만두는 것에도, 시작하는 것에도 과감한 결단이 필요하다.

고요한 뒤에야 능히 안정이 되며
안정된 뒤에야 능히 생각할 수 있고
깊이 사색한 뒤에야 능히 얻을 수 있다.

- 《대학》 중에서

모든 일의 근본은 자신에게 달려 있다

> 사람은 반드시 스스로 모욕한 후에야 다른 사람에게 모욕받
> 는다.
> 人必自侮 然後人侮之
> 인필자모 연후인모지
> -《맹자》〈이루 상〉

굴원은 초나라의 왕족 출신으로, 20대부터 나라의 중책을 맡았으
나 정쟁에 휘말려 양자강의 습지로 유배를 당한다. 이후 잠시 회복
이 되어 조정에 복귀했으나 얼마 지나지 않아 또다시 모함을 받고
유배된다. 그는 충정을 알아주지 않는 현실과 뜻을 펼치지 못하는
처지를 비관해 강에 몸을 던져 자살한다. 사마천은《사기》〈굴원가
생열전屈原賈生列傳〉에서 이렇게 말했다.

"그는 순수하기에 자연의 향취를 잘 노래하고 있으며, 그 행위가
깨끗하므로 죽을 때까지 세상에 영합하지 않았다. 그는 진흙 속에
서도 더러워지지 않은 사람이다. 이러한 그의 지조는 해와 달과 그
빛을 다툴 만하다."

대단한 극찬이다. 비록 비극적인 삶이었지만 탁월한 문장으로 걸출한 걸작을 남김으로써 중국 최고의 시인으로 추앙받고 있다. 굴원의 시 중에 명작으로 잘 알려진 〈어부사漁父辭〉가 있다. 배로 강을 건너게 도와준 가상의 인물인 어부를 통해, 더러운 세상에 타협하느니 차라리 목숨을 버리겠다는 의지를 밝힌 시다. 시에서 굴원이 혼탁하고 타락한 세상에서 홀로 깨끗함을 지키다가 고난에 처한 신세를 한탄하자, 어부는 적당히 세상에 타협하라는 노래를 들려준다.

"창랑의 물이 맑으면 나의 갓끈을 씻고, 창랑의 물이 흐리면 나의 발을 씻는다(창랑지수청혜 가이탁오영 창랑지수탁혜 가이탁오족滄浪之水清兮 可以濯吾纓 滄浪之水濁兮 可以濯吾足)."

흐린 물이 있고 맑은 물이 있듯이, 세상 역시 평화로운 세상이 있고 혼란한 시절도 있다. 물이나 세상을 마음대로 할 수 없다면 세태에 잘 어울려 살면 그만이 아니냐는 충고다. 세상이 맑고 깨끗하면 갓끈을 씻고 벼슬길로 나아가고, 세상이 더러우면 발이나 씻으며 세월을 보내라는 말이다. 물론 어부 역시 굴원이 창조한 인물인 만큼, 시는 굴원의 갈등하는 마음을 표현했다고 볼 수 있다. 하지만 굴원은 어부의 말을 듣지 않고 스스로 강에 몸을 던져 죽음을 택한다. 비록 잠깐 흔들리는 마음을 어부의 입을 빌려 표현했지만, 세상에 굴복하느니 죽더라도 깨끗함을 지키겠다는 확고한 마음이다.

이 구절은 굴원의 창작이 아니라 전해오는 구전가사를 빌려 쓴 것이다. 《맹자》〈이루 상〉에서는, 이미 오래전 한 소년이 부르는 이

노래를 들은 공자가 굴원과는 다른 관점으로 해석해서 제자들을 가르친 내용이 실려 있다.

"제자들아, 들어라. 물이 맑으면 갓끈을 씻고, 더러우면 발을 씻겠다고 하니, 이는 물이 스스로 자초한 것이다(청사탁영 탁사탁족의 자취지야清斯濯纓 濁斯濯足矣 自取之也)."

갓끈을 씻는다는 것은 물로서는 명예로운 일이다. 사람들은 물이 깨끗해야 갓끈을 씻는다. 하지만 발을 씻는 것은 다르다. 맑고 깨끗한 물에는 쉽게 발을 씻지 않는다. 물이 더러워질까 염려하기 때문이다. 만약 물이 맑지 않다면 사람들이 스스럼없이 발을 씻는다. 당연히 물은 더 더러워지게 된다. 결국 물이 깨끗하면 그에 걸맞은 대우를 받고, 물이 더러우면 그에 맞게 멸시를 받는 것이다. 맹자는 공자의 이 가르침을 인용하면서 다음과 같이 말했다.

"사람은 반드시 스스로 모욕한 후에야 다른 사람이 그 사람을 모욕한다. 집안도 반드시 스스로 망친 후에야 다른 사람이 그 집안을 훼손시키며, 나라도 반드시 스스로 해친 뒤에야 다른 나라가 그 나라를 해친다."

앞서 공자가 물에 비유한 말을 사람의 일에 비유한 것이다. 사람이나 집안, 혹은 나라까지도 다른 사람이 모욕하는 것은 모두 자기에게서 비롯되었다는 의미다. 자신이 스스로 맑고 깨끗하면 다른 사람들 역시 함부로 하지 못하지만, 자신이 스스로를 모욕하고 훼손하면 다른 사람으로부터 멸시와 괴롭힘을 받는다. 그리고 맹자는 이렇게 결론을 내렸다.

"《상서尙書》〈태갑太甲〉에서는 '하늘이 내린 재앙은 피할 수 있지만, 스스로 부른 재앙은 살아날 수 없다'고 했다."

앞서 《맹자》〈공손추 상〉에도 나오는 문장인데, 나라의 어른이던 이윤으로부터 3년간 내침을 받은 태갑이 스스로를 반성하며 했던 말이다. 맹자는 스스로를 망치는 행위는 인의仁義의 삶을 지키지 않는 것이라고 했다. 스스로 망치는 사람은 살아날 수가 없는 것이다. 역시 〈이루 상〉에는 이렇게 실려 있다.

"스스로를 해치는 자와는 함께 이야기할 수 없고, 스스로를 포기하는 자와는 함께 일을 할 수 없다(자포자 불가여유언야 자기자 불가여유위야自暴者 不可與有言也 自棄者 不可與有爲也). 말로 예의를 비난하는 것을 스스로를 해친다고 하고, 나 스스로는 인에 머무르고 의를 따를 수 없다고 하는 것을 스스로를 포기한다고 한다. 인은 사람이 머물러야 할 편안한 집이고, 의는 사람이 걸어야 할 바른길이다. 편안한 집을 비워두고 기거하지 않고, 바른길을 버리고 그 길을 걷지 않으니, 슬프도다!"

사람이 왜 인의의 길을 걸어야 하는지를 잘 말해주는 글이다. 거듭 말했듯이, 맹자는 원래 사람은 하늘로부터 선한 본성을 내려 받았다고 생각했다. 그리고 그 선한 본성으로부터 비롯된 덕목이 바로 인의예지이므로 그 길을 따르는 것은 자신의 본성을 지키는 너무나 자연스럽고 당연한 일이다. 따라서 사람이 인의예지로 살지 않고, 그러한 삶을 말로써 비난하는 것은 자기 자신을 망치는 일이다. 이것이 자포자기自暴自棄의 삶인 것이다.

자포자기란 오늘날로 치면 '자기를 학대하고 돌보지 않는다'는 뜻으로 몸가짐이나 행동을 함부로 하는 것을 말한다. 원자자인 맹자는 사람으로서 당연히 지켜야 할 인의의 삶을 지키지 않는 것을 자포자기라고 표현했다. 그리고 맹자는 스스로 포기한 사람, 즉 불인한 사람(불인자不仁者)과는 말도 함께 나눌 수 없다고 경계한다.

"불인한 사람과 함께 이야기할 수 있겠는가? 그 사람은 위태로운 것을 안전하다고 여기고 재앙을 이롭다고 여기며, 망하는 것조차 즐거워한다. 어질지 않은데도 함께 이야기할 수 있다면, 어찌 나라와 집안을 망하게 하는 일이 생기겠는가?"

맹자는 이처럼 인을 지키지 못하는 사람은 스스로는 물론 나라와 집안을 망하게 한다고 했다. 왜냐하면 사리 판단이 어둡고 상황을 제대로 직시하지 못하기 때문이다. 심지어 그런 사람과 함께 어울리는 사람도 마찬가지다. 결국 스스로를 바르게 하지 않으면 주위 사람은 물론 집안도, 나라도 망하는 실마리가 된다.

하지만 사람들은 자신을 바르게 하는 데는 관심이 없다. 크고 대단한 일, 나라와 천하를 논하는 것과 같은 그럴듯한 일은 쉽게 화제로 삼고 비평하지만 정작 그 근본이 자신임은 모른다. 그래서 맹자는 "사람들이 늘 하는 말이 있으니, 모두들 말하기를 '천하국가'라고 한다. 하지만 천하의 근본은 나라이고, 나라의 근본은 집안에 있다. 그리고 집안의 근본은 바로 자신이다"라고 했던 것이다.

《공자가어孔子家語》에는 '지혜로운 자는 누구이고 어진 자는 누구인가'라는 주제로 공자의 세 제자 자로와 자공, 그리고 안회顔回의 대화가 실려 있다. 수제자 안회는 공자의 물음에 "지혜로운 자는 자신을 알고, 어진 자는 자신을 사랑합니다"라고 대답함으로써 '명철한 군자(명군자名君子)'라는 최고의 칭찬을 들었다. 여기서 자신을 아는 것이 바로 자기성찰의 자세다. 자신의 부족한 점을 돌아보고 더 나은 나를 만들기 위해 노력한다. 또한 자신을 사랑하는 것은 진정한 자존감과 자기애의 자세다. 자신을 사랑하기에, 자신의 가치를 높이고 삶을 더욱 의미 있게 만들기 위해 노력하는 것이다. 스스로를 아는 사람만이 자신을 사랑할 수 있고, 그 사랑을 넓혀나가 다른 사람을 사랑할 수 있다. 공자가 추구했던 충실함(충忠)과 배려(서恕)를 통해 사랑(인仁)에 이르는 것이다. 바로 이런 단계에 이른 사람은 그 누구도 함부로 할 수 없다. 가진 것이나 지위가 아니라, 그 사람의 진정한 자존감이 스스로를 지키는 힘이다.

수치스러움을 아는 것이 바른길의 시작이다

사람이 부끄러운 마음이 없어서는 안 된다. 부끄러운 마음이 없다는 것을 부끄러워한다면 부끄러워할 일이 없다.
人不可以無恥 無恥之恥無恥矣
인불가이무치 무치지치무치의
-《맹자》〈진심 상〉

"닭이 울면 일어나 부지런히 선한 일을 행하는 자는 순임금의 무리요, 닭이 울면 일어나 부지런히 이익을 추구하는 자는 도척盜蹠의 무리다. 순임금과 도척을 나누는 차이를 알고 싶은가? 이익을 추구하는 것과 선한 일을 행하는 차이일 뿐이다."

이는《맹자》〈진심 상〉에 실려 있는 구절로, 최고의 성인으로서 지극한 선으로 일컬어지는 순임금과 가장 부도덕한 인물의 대명사인 도척에 대한 글이다. 여기서 맹자는 순임금을 하루 내내 선한 일만 했던 인물로, 도척을 오직 자신의 이익만을 좇는 인물로 그린다. 흔히 예상하듯이 도척이 온종일 나쁜 일만 했다고 하지 않고, 이익을 좇았다고 맹자는 표현했다. 그만큼 맹자는 자기의 이익만 좇는 행위를 악하게 여기고 금한 것이다. 물론 요즘 관점에서 보면 자기 이익을 추구한 것이 그렇게 나쁘게 여겨질 만한 행위는 아니다. 기업이든 개인이든 이익을 얻어야 생존할 수 있고, 그것을 얻고자 함이 당연하다. 단지 오직 이익을 위해 수단과 방법을 가리지 않거나, 다른 사람의 피해를 전혀 고려하지 않거나, 불법적이고 불의한 일을 행한다면 그것이 곧 '악'이 될 수밖에 없다.

도척은 무려 9,000명의 부하를 이끌고 다니며 제후를 공격하고 백성을 약탈하는 일을 일삼은 인물이다. 심지어 공자와 만났을 때 사람의 간을 회로 먹을 정도였으니, 최소한의 인륜도 지키지 않았다고 할 수 있다.《장자》에는 도척이 부하와 도에 대해 대화하는 이야기가 실려 있다. 부하가 도둑질에도 도道가 있느냐고 묻자 도척은 이렇게 대답했다.

"도가 없는 곳이 어디 있겠느냐. 방 안에 무엇이 있는가를 아는 것이 성聖이다. 몰래 들어갈 때 맨 앞에 서는 것이 용勇이다. 나올 때는 맨 뒤에 있는 것이 의義이고, 될지 안 될지를 아는 것이 지知다. 그리고 분배를 공평하게 하는 것이 인仁이다. 이 다섯 가지를 갖추지 않고 큰 도둑이 된 이는 하나도 없다."

그럴듯하다. 유교에서 최고의 가치로 꼽는 성聖과 용勇, 의義와 인仁을 모두 망라했다. 하지만 도척이 말하는 도란 도둑들 사이의 의리에 불과하다. 하는 일 자체가 의롭지 않고 부도덕한데 그 안에서 아무리 도를 찾는다고 해도 제대로 된 도가 되기는 불가능하다. 근본이 어지러운데 말단이 바로 서는 법은 없다. 도척을 꼭 집어서 했던 말이 아니지만, 맹자는 어떤 일을 하려면 먼저 그에 대해 명확히 알고 있어야 한다고 말했다.

"하면서도 왜 그렇게 해야 하는지 밝게 알지 못하고, 익숙해졌으면서도 왜 그렇게 하는지 살피지 않으며, 평생토록 따르면서도 그 도를 알지 못하는 사람이 많다."

맹자에 따르면 많은 사람이 평생토록 그 일을 하면서도 그 일에 대한 올바른 도리가 무엇인지를 알지 못한다는 말이다. 도척이 바로 그러했다. 남의 방에 몰래 들어가 도둑질을 하면서 인의와 용기를 따졌지만 정작 도둑질이 범죄라는 사실에는 무뎌진 것이다. 도척과 같은 도둑이 아닌 평범한 사람들에게도 이런 경우가 많다. 특히 무심코 하는 부도덕한 일이 습관이 되었거나 조직에 속해 있으면서 아무런 가치 판단 없이 주어진 일만 하는 경우가 그렇다. 자신이 속한 조직이 불의하다면, 안타깝게도 충실히 행한 일은 불의한 일이 된다. 도척의 부하들의 경우가 그러했고, 히틀러Adolf Hitler의 명령에 충실해 수많은 죄악을 저질렀지만 정작 평소에는 평범한 가장이었으며 자신의 직무에 충실한 보통 시민이던 아돌프 아이히만Adolf Eichmann도 마찬가지였다. 이를 '악의 평범성the banality of evil'이라고 말한다. 심리학자 한나 아렌트Hannah Arendt가 아돌프 아이히만을 평가하면서 나온 개념이다.

설정한 목표를 이루기 위해 매진하지만 정작 그 목표가 잘못된 가치관에 의한 것일 경우도 마찬가지다. 오직 출세와 성공만을 위해 공부하고 노력하는 오늘날 우리의 풍조도 다를 바 없다. 올바른 가치관을 정립하지 않고 오직 시험 합격, 승진과 출세만을 위해 공부하는 것은 진정한 공부라 할 수 없다. 그런 사람은 설사 높은 자리에 올랐다고 해도 나라와 국민을 위해 제대로 일을 하지 못한다. 자기에게 이익이 되는지 아닌지만 관심거리이기 때문이다. 겉으로는 그럴듯한 외모와 이미지로 사람들의 존경을 받지만, 그 이면에는 권력을 남용하고 불의한 방법을 동원하는 등 수단과 방법을 가리지 않는 모습일 때도 많다.

맹자는 바로 이런 점에서 수치심이 사람에게 꼭 있어야 하며 가장 중요하다고 주장했다. 어떤 일을 하든지 그 일이 부끄러운 일인지 아닌지를 염두에 두어야 부끄러운 일을 하지 않을 수 있다는 것이다.

또 이렇게 말하기도 했다.

"부끄러움은 사람에게 아주 중요하다. 교묘하게 기교나 재주를 부리는 자들은 수치심을 사용하는 일이 없다. 부끄러워하지 않는 점이 남과 같지 않는데, 어떻게 남과 같을 수 있겠는가(치지어인대의 위기변지교자 무소용치언 불치불약인 하약인유恥之於人大矣 爲機變之巧者 無所用恥焉 不恥不若人 何若人有)?"

부끄러움은 한자로 치恥라고 한다. 풀이해보면 귀 이耳 자와 마음 심心으로 이루어져 있다. 유심히 보면 '귀로 자기 마음의 소리를 듣는다'는 뜻임을 알 수 있다. 어떤 일을 하기 전에 먼저 잠잠히 자기 마음을 들여다보는 시간이 필요한 이유다. 특히 혼자 있을 때 부끄럽지 않은 신독愼獨은 자신의 내면을 들여다볼 줄 아는 사람만이 실천할 수 있다.

먼저 내면을 들여다볼 수 있으면 자신이 하고자 하는 일이 올바른 일인지 판단할 수 있다. 이때 스스로가 부끄럽다면 하는 일을 멈출 수 있다. 만약 아무런 생각과 판단도 없이 일을 시작한다면 다시 돌이키기가 어려워질 수도 있다. 물론 스스로 부끄러움을 알고 돌이키는 것에도 용기와 결단이 필요하다. 이처럼 삶은 선택의 연속이다. 불의에 빠지는 대부분의 경우는 스스로 알면서 행할 때가 많다. 이때 과감하게 돌아설 수 있는 사람이 자신을 지킬 수 있다.

또한 설사 이미 잘못을 저지른 후에라도 생각을 통해 반성한다면 빠르게 회복할 수 있다. 《주역》의 글이다.

"멀리 가지 않고 돌아오므로 뉘우침에 이르지 않으니 으뜸으로 길하다(불원복무지회원길不遠復無祗悔元吉)."

이 말을 공자는 이렇게 해설했다.

"안 씨의 아들은 좋지 못한 점이 있으면 알아차리지 못한 적이 없었고, 알게 되면 그것을 다시 행한 적이 없었다."

여기서 "안 씨의 아들"은 공자의 수제자였던 안연을 말한다. 공자가 가장 아끼는 제자였던 안연은 서른을 갓 넘기고 요절했다. 학문과 수양에 탁월해서 심지어 공자로부터 "나보다 더 뛰어나다"라는 인정을 받기도 했던 인물이다. 그가 공자로부터 이런 평가를 받게 된 것은 화를 남에게 옮기지 않았고, 같은 잘못을 두 번 저지르지 않았기 때문이다(불천노 불이과不遷怒 不貳過).

완벽한 사람은 없다. 사람이라면 누구나 부족하고 연약한 점이 있고, 그것을 인정하고 고치려 노력하면 충분하다. 물론 쉽지 않은 일이다. 공자와 같은 성인조차 "잘못을 고치지 못하는 것이 나의 잘못이다"라고 했을 정도였으니 말이다. 이때 필요한 것이 바로 자신이 부족하다는 사실을 인정하는 겸손과 자신의 잘못을 그대로 들여다볼 수 있는 솔직함이다.

만약 '나는 아무런 잘못을 저지르지 않는다'라고 외치는 사람이 있다면, "부끄러운 마음이 없다는 것을 부끄러워해야 한다"는 맹자의 말을 새겨보아야 한다.

반구저기를 기르기 위한 맹자의 가르침

- 책임이나 해결책을 다른 사람이 아닌 스스로에게서 찾아야 한다.

- 치욕을 당하기 싫다면 덕을 귀하게 여기고, 능력 있는 사람을 귀하게 여겨야 한다.

- 일을 이루기 위해서는 최선을 다해야 한다. 더불어 아무리 최선을 다해도 일이 이루어지지 않는 일도 있다는 것 또한 인정해야 한다.

- 자신을 굽히면서 다른 사람을 바로잡을 수는 없다.

- 스스로를 아는 사람만이 자신을 사랑할 수 있고, 그 사랑을 넓혀나가 다른 사람까지 포용할 수 있다.

- 스스로가 부끄럽다면 당장 하는 일을 멈추어야 한다.

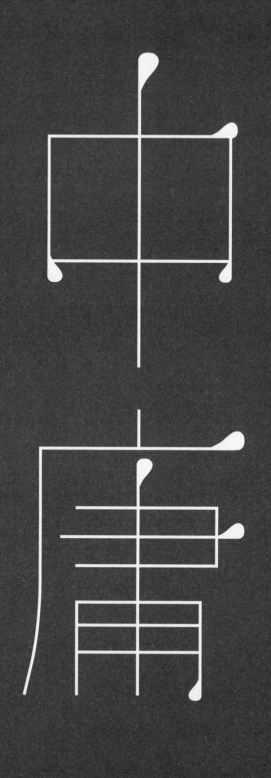

제6장

중용

中庸

때에 맞추어 행동하는 처신의 비결

공자는 때를 아는 것은 고난과 위기 속에서 가장 필요하다고 말했다.

어떤 고난과 어려움도 다 운명이 있으므로

묵묵히 때를 기다릴 수 있어야 한다는 말이다.

여기서 운명이란 자신의 노력과 힘으로 할 수 없는 하늘의 뜻을 말한다.

세상일이란 자기 마음대로 되지 않는 법이고,

이때 필요한 자세가 바로 여유와 긍정적인 마음가짐이다.

여유가 있어야 조급한 마음을 이겨낼 수 있고,

긍정적인 마음을 가져야 절망하지 않을 수 있다.

적기를 잡으면 무엇이든 이룬다

비록 지혜가 있어도 기세를 타는 것만 못 하고, 호미가 있다
고 해도 때를 기다리는 것만 못 하다.
雖有智惠 不如乘勢 雖有鎡基 不如待時
수유지혜 불여승세 수유자기 불여대시
-《맹자》〈공손추 상〉

제자 공손추가 맹자에게 물었다.

"스승님께서 제나라에서 요직을 맡으신다면, 관중과 안자가 이
루었던 공적을 이룰 수 있겠습니까?"

맹자가 대답했다.

"자네는 참으로 제나라 사람이구나. 관중과 안자만 알고 있으니
말이다."

관중과 안자는 제나라 역사상 가장 탁월한 두 재상으로 꼽힌다.
관중은 제나라의 재상을 맡음으로써 천하의 강대국으로 부흥시켰
고, 모시던 제환공을 춘추시대 5대 패왕의 하나로 만들었다. 처음
에는 제환공의 반대편에 선 인물이었으나 절친한 친구인 포숙아_鮑

叔牙의 추천으로 재상이 되어 능력을 발휘할 수 있었다.

안자 역시 제나라의 뛰어난 재상으로 공자와 비슷한 시기에 활동하던 인물이다. 관중처럼 제나라를 천하의 패권국으로 만들지는 못했으나 무능한 왕들을 보필해 나라를 잘 보존했다. 특히 영공·장공莊公·경공 등 무능하기로 따지면 둘째가라면 서러울 정도의 세 명의 군주를 연이어 모시면서도 강력한 이웃 나라들로부터 제나라를 온전히 지킨 명재상이었다. 사마천이 그의 책《사기》에서 "만약 안자가 살아 있다면 그의 마부가 되어서라도 따르고 싶다"고 이야기할 정도였다.

제나라의 유명한 두 재상은 제나라 사람이라면, 아니 누구라도 인정할 수밖에 없었다. 그래서 공손추는 당당하게 스승인 맹자와 두 재상을 비교했다. 한편으로는 '맹자가 과연 그들처럼 나라를 잘 다스릴 수 있을까' 하는 의구심이 든 것도 사실일 것이다. 하지만 의외로 맹자는 그 둘은 자신과 비교대상이 되지 못한다고 증서曾西(증자의 아들)의 고사를 빗대어 말해준다. 증서는 누군가가 "그대와 관중 중에 누가 더 현명한가?"라고 묻자 불쾌해하며 대답했다.

"자네는 어찌 나와 관중을 비교하는가? 관중은 그렇게 한결같이 군주의 신임을 얻고, 그렇게 오랫동안 국정을 수행했지만 공적은 극히 미미하거늘 어찌 나를 관중과 비교한다는 말인가?"

여기서 증서의 가치 판단은 세상의 공적이 아닌 사람됨, 즉 도덕과 수양의 관점이다. 맹자는 이 예를 들며 "하물며 증서도 관중처럼 되려고 하지 않았는데, 자네는 어찌 내가 그렇게 되려 한다고 생각하는가?"라고 물었다. 하지만 공손추는 아직도 맹자의 뜻을 명확히 이해하지 못했다. 그래서 또 묻는다.

"관중은 자기 군주를 패왕이 되게 했고, 안자는 자기 군주의 명성이 드러나게 했는데 어찌 배울 점이 없다는 말입니까?"

맹자는 또 한 번 의외의 대답을 한다.

"제나라를 가지고 천하에 왕 노릇을 하는 것은 손바닥을 뒤집는 것과 같이 쉽다."

그리고 맹자는 그 이유를 제나라의 속담을 들어 설명한다.

"비록 지혜가 있어도 기세를 타는 것만 못 하고, 비록 호미가 있다고 해도 때를 기다리는 것만 못 하다."

맹자는 제나라에서 왕 노릇 하기가 쉬운 것을 기세(세勢)와 때(시時)를 들어서 설명해준다. 맹자가 말했던 세는 《손자병법》〈세勢〉를 보면 잘 알 수 있다.

"바위조차 굴려버리는 빠르고 거센 물살과 같은 힘이 '세勢'다. 독수리처럼 빠른 속도로 사냥감을 단숨에 채가는 힘은 '절節'이다. 그래서 싸움을 잘하는 자는, 세는 더욱 거침없이 만들고 절은 더욱 빠르게 만들어 승리한다. 세는 팽팽히 시위를 당긴 활과 같고, 절은 격발된 화살처럼 순발력이 있다."

여기서 세는 군대의 기세, 병사들의 사기, 정신력 등 외형이 아닌 내면의 힘을 말한다. 물질적인 힘이 아닌 정신적인 힘이다. 세가 있으면 비겁한 병사들도 용감해질 수 있어서 실제로 가진 것보다 훨씬 더 큰 힘을 발휘한다. 절은 이처럼 하나로 모인 기세를 신속하고 정확하게 사용하는 것을 말한다. 적의 약점을 정확히 포착해, 결정적인 순간이라고 판단되면 빠르고 짧고 확실하게 목표를 공격하는 것이다. 한마디로 세가 가장 효율적으로 발휘되도록 만드는 것이 바로 절이다.

손자가 말했던 세를 개인에게 적용하면 정신적인 힘이라고 할 수 있다. 아무리 능력이 뛰어나고 지식이 많아도 사람됨이 나약하고 사기가 떨어져 있다면 그것을 제대로 발휘할 수 없다. 그래서 맹자는 지혜보다는 먼저 사기를 올려야 한다고 말했다.

그다음 맹자가 말했던 시時란 때에 맞추어 적기에 일을 행하는 것이다. 농사의 경우를 보면, 아무리 농기구가 좋아도 때에 맞게 농사를 짓지 않으면 좋은 결과를 만들지 못한다.《맹자》에 실려 있는 불위농시不違農時, 즉 "농사에는 때를 어기지 말아야 한다"나《육도六韜》에 실려 있는 "농사하는 데 때를 잃지 않으면 이루게 된다(농불실시즉성지農不失時則成之)"도 마찬가지 의미다.

농사의 때를 예로 들었지만 위의 예문에서 맹자가 말했던 뜻은, 기회를 놓치지 말고 적시에 모든 일을 행하면 얼마든지 큰 나라도 다스릴 수 있다는 의미다. 이 말은 개인에게도 그대로 적용된다. 아무리 능력과 자질이 좋아도 때에 맞게 행동하지 않으면 일을 이루기 힘들다. 지식과 능력보다 더 중요한 것이 때와 상황에 맞게 행동하는 지혜라고 해도 과언이 아니다. 바로 고전에서 말하는 중용의 지혜다. 맹자는 가장 때에 맞게 잘 행동했던 사람으로 공자를 꼽았다.《맹자》〈만장萬章 하〉를 보면 맹자가 네 사람의 성인聖人을 평한 말이 나온다.

 "백이伯夷는 성인 중에서 청렴한 사람(성지청자聖之淸者)이고, 이윤은 성인 중에 책임을 잘 맡은 사람(성지임자聖之任者)이고, 유하혜柳下惠는 성인 중에 화합을 잘한 사람(성지화자聖之和者)이고, 공자는 성인 중에 때를 잘 아는 사람(성지시자聖之時者)이다."

 이 말에 이어서 "공자는 집대성한 사람이다"라고 실려 있다. 집대성集大成은 여러 가지를 모아서 하나로 완성한 것을 뜻하는 용어로, 오늘날에도 쓰인다. 백이와 이윤, 그리고 유하혜는 모두 한 분야에서 가장 뛰어난 사람으로 인정받던 성인이지만, 공자는 이들 모두의 지혜와 덕을 두루 갖춘 성인 가운데 성인이라는 말이다. 여기에는 여러 가지 요인이 있겠지만, 때에 맞추어 처신을 잘했던 것을 맹자는 가장 먼저 내세웠다.

 공자는 때를 아는 것은 고난과 위기 속에서 가장 필요하다고 말했다. 어떤 고난과 어려움도 다 운명이 있으므로 묵묵히 때를 기다릴 수 있어야 한다는 말이다. 여기서 운명이란 자신의 노력과 힘으로 할 수 없는 하늘의 뜻을 말한다. 세상일이란 자기 마음대로 되지 않는 법이고, 이때 필요한 자세가 바로 여유와 긍정적인 마음가짐이다. 여유가 있어야 조급한 마음을 이겨낼 수 있고, 긍정적인 마음을 가져야 절망하지 않을 수 있다.

 《중용中庸》에는 "군자는 때에 맞게 행동하고, 소인은 기탄이 없다(군자이시중 소인이무기탄야君子而時中 小人而無忌憚也)"라고 실려 있다. 기탄이 없다는 것은 거리낌이 없다는 의미로, 때와 상황에 맞지 않게 나서는 것을 말한다. 군자는 어떤 상황에서도 상황에 맞추어 적절히 행동하지만 소인은 때와 장소에 맞지 않게 함부로 행동한다. 이로써 미루어보면 평상시에는 평온하고 여유 있게 행동하지만 위기 상황에서는 시급하게 행동하는 사람이 군자다. 특히 때를 아는 사람은 이러한 위기 상황에서 더욱 빛을 발한다. 모두가 당황해서 우왕좌왕할 때 상황을 직시하고 적절한 행동을 취하는 사람, 서두르는 듯 보이지만 여유를 잃지 않는 사람이 바로 때를 아는 사람이다. 이는 오늘날에도 반드시 필요한 자세다.

상대의 마음에 기꺼이 함께한다

지극히 성실하면서 다른 사람의 마음을 움직이지 못하는 이는 없고, 성실하지 못하면서 다른 사람의 마음을 움직일 수있는 자는 없다.
至誠而不動者 未之有也 不誠 未有能動者也
지성이부동자 미지유야 불성 미유능동자야
- 《맹자》〈이루 상〉

《한비자》에서는 "신하를 너무 사랑하면 반드시 위험에 처하고, 신하를 귀하게 여기면 왕위가 바뀔 수도 있다"고 말한다. 그래서 군주는 자신의 속마음을 드러내서는 안 되고 권력을 신하에게 이양해서도 안 된다고 했다. 인간은 모두 자신의 이익을 그 무엇보다 우선시하며, 이는 군주와 신하 사이에서도 마찬가지라는 말이다. 법가에서는 모든 인간관계가 신의나 의리가 아닌 철저한 이해타산에 좌우된다고 보았기 때문이다. 반면에 유가에서는 군주와 신하의 관계는 반드시 신뢰를 바탕으로 해야 한다고 보았다. 즉 군신의 관계를 일방적인 상하관계가 아니라, 함께 나라를 잘 통치하기 위해 힘을 합치는 관계로 본 것이다.

맹자는 이러한 유교의 정통성을 이어온 철학자다. 하지만 군신 관계에서는 공자와 차이를 보인다. 그는 군주의 책임을 훨씬 더 강조했다. 물론 맹자 역시 계급의 위계질서를 부인하지는 않았다. 아랫사람은 당연히 윗사람의 신임을 얻어야 하고, 그래야 백성을 제대로 다스릴 수 있다고 보았다. 그 방법을《맹자》〈이루 상〉에서 이렇게 말했다.

"아래 지위에 있으면서 윗사람의 신임을 얻지 못하면 백성을 다스릴 수 없다. 윗사람의 신임을 얻는 데는 방법이 있다. 먼저 벗에게 신용을 얻지 못하면 윗사람의 신임도 얻을 수 없다. 벗에게 신용을 얻는 데는 방법이 있다. 부모를 기쁘게 섬기지 못하면서 벗에게 신용을 얻을 수 없다. 부모를 기쁘게 하는 데는 방법이 있다. 자신을 돌이켜보아 성실하지 못하면 부모를 기쁘게 하지 못한다. 자신을 성실하게 하는 데는 방법이 있다. 선에 밝지 못하면 자신을 성실하게 할 수 없다. 그러므로 성실함은 하늘의 도요, 성실함을 생각하는 것은 사람의 도다(시고성자 천지도야 사성자 인지도야是故誠者 天之道也 思誠者 人之道也)."

우리 속담 가운데 "하나를 보면 열을 안다"는 말이 있다. 한 가지 일을 미루어 전체를 알 수 있다는 말이다. 맹자가 윗사람의 신임을 얻기 위해 제시한 방법이 바로 그 논리라고 할 수 있다. 윗사람의 신임을 얻는 사람은 최소한 친구 사이의 신용을 지킬 수 있는 사람이며, 친구의 신용을 지키는 사람은 부모를 기쁘게 섬길 수 있는 사람이다. 최종적으로 자신에게 성실한 사람이 부모를 기쁘게 할 수 있는데, 자신에게 성실한 것은 오직 선한 마음에서 비롯된다. 결국 모든 일의 근본은 바로 자신의 선한 마음이다. 선한 마음을 잘 보존해 자신을 성실하게 할 수 있는 사람은 부모의 봉양과 벗과의 교제는 물론 윗사람의 신임도 받는다. 역으로 자신의 선한 마음을 다스리지 못하는 사람은 그 어떤 큰일도 할 수 없다.《대학》에 있듯이 "근본을 지키지 않으면서 나라가 잘 다스려지는 일은 없다(기본란이말치자 부의其本亂而末治者 否矣)."

위의 구절의 마지막, "그러므로 성실함은 하늘의 도요, 성실함을 생각하는 것은 사람의 도다"는《중용》20장을 인용한 문장이다. 자신을 성실히 한다는 것은《중용》에 실려 있는 성誠의 개념이 가리키는 바와 같다.《중용》에는 이렇게 실려 있다.

"성실함은 하늘의 도이고 성실함을 이루고자 하는 것은 사람의 도다(성자 천지도야 성지자 인지도야誠者 天之道也 誠之者 人之道也)."

원문에서의 '성지자'를 '사성자'로 바꾼 것만 다르고 의미는 같다. 그 뒤에 실려 있는 구절은 확연히 다른데,《중용》의 구절은 이렇다.

"성誠한 자는 힘쓰지 않아도 표준에 맞고, 생각하지 않아도 얻으며, 자연스럽게 도에 부합하니 그는 성인이다."

성誠은 진실함 혹은 성실함이라고 해석된다.《중용》에서는 이러한 성을 갖춘 사람은 성인으로서 사람이 이룰 수 있는 최상의 경지로 보았다.《논어》에서는 성인이란 "태어나면서부터 아는 사람(생이지지生而知之)"이며, "하고 싶은 대로 해도 법도에 어긋나지 않는

(종심소욕 불유구從心所慾 不踰矩)"사람이라고 했다. 공자가 일흔 살이
되어서야 비로소 이룰 수 있었다는 경지다. 《중용》에서의 성인도
같은 경지를 이룬 사람이다. 노력하지 않아도, 생각하지 않아도, 도
에 어긋남이 없는, 바로 하늘의 뜻에 부합하는 사람이다.

맹자는 《중용》과는 달리 자신의 생각을 이렇게 덧붙인다. 바로
예문에 있는 글이다.

"지극히 성실하면서 다른 사람의 마음을 움직이지 못하는 이는
없고, 성실하지 못하면서 다른 사람의 마음을 움직일 수 있는 자는
없다."

《중용》이 성에 이른 사람의 경지를 말한다면, 맹자는 성을 이룬
사람이 현실적으로 얻는 좋은 점을 말하고 있다. 바로 사람의 마음
을 얻을 수 있다는 것이다. 사람의 마음을 얻는 것은 사람들을 이끄
는 지도자로서 가장 중요한 덕목이다. 어느 누구든지 사람들을 감
동시킬 수 있고 그 마음을 얻을 수 있는 사람은 크고 놀라운 일을
해낼 수 있다. 사람들이 진심으로 그를 따르고 그를 위해 어떤 일이
든지 할 정신자세가 되어 있기 때문이다. 따라서 진정한 지도자란
힘과 권력으로 억누르는 것이 아니라 그 마음을 얻어 사람들이 진
심으로 따르게 만든다. 바로 진실함과 성실함으로 사람들을 이끄
는 지도자다. 《삼략三略》에 실려 있는 글은 어떻게 하면 사람의 마
음을 잡을 수 있는지를 알려준다.

"사람들과 좋아하는 바가 같으면 이루지 못할 것이 없고, 사람들
과 미워하는 바가 같으면 한마음으로 따를 것이다(여중동호미불성

여중동오미불경與衆同好靡不成 與衆同惡靡不傾)."

사람의 마음을 사로잡기 위해서는 그 사람과 같이 느껴야 한다. 좋아하는 것과 싫어하는 것이 같은 이를 사람들은 자연히 따르게 된다. 이것이 바로 공감의 힘이다. 그리고 공감을 얻기 위해서는 상대방의 입장을 미루어 생각할 수 있어야 한다. 역지사지易地思之의 상상력이 필요한 것이다. 맹자는 바로 성誠의 관점에서 이러한 사실을 말하고 있다. 개인적으로 진실함과 충실함이 지극하지 않으면 사람들의 마음을 얻을 수 없다는 것이다.

흔히 공감의 시대라고 한다. 사람의 마음을 얻는다면 어떤 분야에서든 성공한다. 대중적으로 공감의 효과를 활용하는 분야가 바로 광고와 마케팅이다. 정치인들 역시 연설은 물론 다양한 방법으로 사람들의 마음을 얻고자 노력한다. 크든 작든 조직을 이끄는 사람도 마찬가지다. 당연히 휘하 사람들의 마음을 얻을 수 있어야 한다. 오직 힘으로, 자신이 가진 권력과 지위만을 이용해서 사람들을 이끌려 한다면 잠깐은 가능할지 몰라도 계속될 수는 없다.

하지만 맹자가 말한 성의 경지에 도달하는 것은 결코 쉬운 일이 아니다. 끊임없이 자신을 수양해나가고 진실함과 충실함으로 스스로를 연마해야 한다. 그리고 성을 바탕으로 배어나오는 덕德으로 사람을 이끈다면 사람들과 함께 놀라운 일을 이룰 수 있다. 혼자의 힘이 아닌 함께 만들어가는 것이다.

그렇다면 사람들의 입장이 되어 그들의 마음을 헤아려보는 능력은 어디서 얻을 수 있을까? 공자는 자신의 도를 하나로 꿰뚫는 것은 서恕의 철학이라고 했다. 서는 같을 여如와 마음 심心으로 이루어진 글자다. 상대와 한마음이 된다는 것으로, 바로 공감이라는 뜻이다. 이로써 보면 공감의 힘은 이미 2,500여 년 전에 공자와 맹자로부터 비롯되었다. 진정한 공감은 다른 사람의 마음을 내 마음에 맞추는 것이 아니라, 내가 상대의 마음을 알고 함께하는 것이다. 자신을 먼저 돌아보는 자기성찰自己省察, 다른 사람의 입장이 되어보는 역지사지易地思之, 내 마음의 잣대로 다른 사람을 헤아리는 혈구지도絜矩之道는 모두 인문고전에서 비롯된 말이다.

최고를 구할 수 없다면 그다음을 구한다

> 중도의 사람을 구해 함께할 수 없다면 반드시 뜻이 크거나 고
> 집 센 사람과 함께하겠다.
> 不得中道而與之 必也狂獧乎
> 부득중도이여지 필야광견호
> -《맹자》〈진심 하〉

공자는 수양과 처신의 가장 중요한 법도인 중용中庸을 중요시했다.
하지만 당시에도 중용의 도를 지킬 수 있는 사람이 드물어서 공자
는 많이 안타까워했다.《논어》〈옹야雍也〉에 실려 있는 "중용의 도
는 지극하도다. 백성 중에 이를 지닌 사람이 드물게 된 지 오래되
었다"가 말하고 있는 바다. "천하의 국가를 평정해 다스리는 것도
가능하고, 직위나 녹을 사양하는 것도 가능하며, 시퍼런 칼을 밟고
서는 것도 가능하지만, 중용을 행하는 것은 불가능하다"는《중용》
에 실린 글도 마찬가지다. 따라서 공자는 차선의 사람을 제시했다.
《논어》〈자로子路〉에 실려 있는 공자의 말이다.

"중도를 실천할 수 있는 사람과 함께할 수 없다면, 반드시 뜻이

크거나 고집스러운 사람과 함께할 것이다. 뜻이 큰 사람은 진취적이고, 고집스러운 사람은 하지 말아야 할 것을 반드시 지킨다(부득중행이여지 필야광견호 광자진취 견자유소불위야不得中行而與之 必也狂狷乎 狂者進取 狷者有所不爲也)."

여기서 꿈이 큰 사람은 원문으로 광자狂者, 고집스러운 사람은 견자狷者다. 이들은 나름대로 장점이 있기에 공자는 중용의 사람 다음 차원으로 이들을 인정했다. 그리고 공자는 반드시 함께하지 않을 저급한 차원의 사람을 완곡하게 제시했다. 〈양화〉에 실려 있다.

"향원鄕原은 덕을 해치는 사람이다(향원덕지적야鄕原德之賊也)."

향원은 한 고을에서 그럴듯한 행동으로 인정을 받는 사람이다. 하지만 그 이면에는 시세에 영합하는 의도가 있는 위선적이고 이중적인 처신을 한다. 공자는 이런 사람은 오히려 좋은 덕을 해친다고 했다. 공자는 광자와 견자, 그리고 향원을 판단했으나 그 연유에 대해서는 간략하게만 설명했다. 맹자는 이 세 부류의 사람을 묶어서 상세하게 설명해주고 있다.《맹자》〈진심 하〉에서 제자 만장萬章을 가르친 말에 있다. 만장이 왜 공자가 진나라에 있을 때 노나라의 뜻이 큰 선비를 그리워했는지를 물었다. 맹자는 공자의 생각을 말해준다.

"공자께서는 '중도를 실천할 수 있는 사람과 함께할 수 없다면, 반드시 뜻이 큰 사람(광자狂者)이나 고집스러운 사람(견자狷者)과 함께할 것이다. 뜻이 큰 사람은 진취적이고, 고집스러운 사람은 하지 말아야 할 것을 반드시 지킨다'라고 하셨다. 공자께서 중도를 행하는 사람을 어찌 얻고자 하지 않았겠느냐? 반드시 얻을 수 있다고 할 수 없기에 그 다음 차원의 사람을 생각한 것이다."

이 말의 맨 앞 구절은 《논어》를 인용한 것이다. 한 글자가 바뀌었지만 뜻은 같다. 중용의 사람을 구하기 힘들고, 중용의 도를 실천하기가 힘들기에 그다음 차원의 사람을 찾아서 함께하겠다는 것이다. 공자가 생각했던 그다음 차원의 사람은 바로 광자와 견자다. 만장이 이어서 어떤 사람이 광자와 견자인지를 물었다. 맹자는 대답했다.

"광자는 뜻이 크고 그 말도 당당해서 '옛사람이여, 옛사람이여' 하지만 정작 그들의 행동은 그 말에 따르기는 조금 부족하다. 그다음 사람인 견자는 불결한 것과 불의한 것을 참지 못하는 사람들로 공자는 중용의 사람을 구하지 못하면 바로 이들과 같은 사람을 구해 함께하고자 하는 것이다."

공자가 생각했던 가장 최우선인 사람은 중용의 도를 행하는 사람이다. 그다음은 뜻이 커서 진취적인 사람이며, 그다음은 고집스러워서 불의와 타협하지 않는 사람이다. 비록 중용에는 미치지 못하지만 뜻이 분명하고 그것을 이루기 위해 노력하는 사람은 설사 행동이 미치지 못하더라도 괜찮다. 〈옹야〉에 실려 있는 공자와 제자 염구와의 대화에서 공자가 가르치는 바와 같다. 염구가 "스승님의 도를 좋아하지 않는 것은 아니지만 힘이 부족합니다"라고 말하자 공자는 이렇게 대답한다.

"힘이 부족하면 하다가 도중에 그만두게 되지만 지금 너는 미리 선을 긋고 물러나 있구나."

능력이 부족하다고 미리 현실과 타협하는 것보다는 최소한 큰 뜻을 가지고 당당하게 도전하다가 실패하는 편이 훨씬 더 바람직하다는 의미다.

그다음 사람은 최소한 불의에 타협하지 않는 자로, 욕심과 정욕에 미혹되지 않는 사람을 말한다. 능력은 좀 부족하더라도 마음은 바르고 정결하게 지키고자 하는 사람이다. 이런 사람은 큰일을 이루기에는 부족할지라도 부정과 부패, 그리고 불의로 세상을 어지럽히지는 않는다. 최소한 질서를 해치지도, 다른 사람에게 폐를 끼치지도 않는다. 하지만 그 역시 쉬운 일은 아니다. 공자도 마흔이 되어서야 미혹되지 않는 경지에 이를 수 있었고, 맹자도 마흔에야 흔들리지 않는 마음을 가질 수 있었다.

만장은 향원에 대해서도 물었다.

"공자께서 말씀하시기를 '내 집 앞을 지나가면서 내 방에 들어오지 않더라도 내가 유감스럽게 생각하지 않을 사람은 오직 향원뿐이다. 향원은 덕을 해친다'라고 했는데, 어떤 사람을 향원이라고 할 수 있습니까?"

《논어》에서는 "향원은 덕을 해지는 자다"라고 실려 있을 뿐이지만 만장은 좀더 구체적으로 묻는다. 공자는 향원과 같은 사람은 전혀 교제할 생각도, 가까이하고 싶은 생각도 없어서 멀리하고 싶다고 완곡하게 돌려서 말했다. 왜냐하면 공자는 사람이란 가까이하는 사람에게 영향을 받는다고 생각했기 때문이다. 따라서 반드시 배움을 얻을 수 있는 사람과 사귀고, 좋은 곳을 골라 머물러야 한다고 말했다. 향원은 공자가 가장 소중히 여기는 덕을 해치는 사람이기에 설사 가까이하지 않더라도 전혀 아쉬운 생각이 들지 않는다는 것이다. 맹자는 향원이 어떤 사람인지 구체적으로 말해준다.

"이들은 뜻이 큰 사람에게는 '어찌 그렇게 말만 그럴듯한가? 말은 행동을 따르지 못하고, 행동은 말을 따르지 못하면서 옛사람의 도가 이러쿵저러쿵 타령하고 있으니 말이다'라고 한다. 또 고집이 센 사람들에게는 '행동이 어찌 저리 쌀쌀맞고 독선적인가? 이 세상에 태어났으니 세상과 더불어 사람들과 어우러져서 좋으면 좋은 것 아닌가'라고 한다. 본심을 속인 채 세상에 영합하고 사람들에게 아부하는 자들이 바로 향원이다."

하지만 만장은 여전히 의문이 생겨 거듭 묻는다.

"마을의 많은 사람들로부터 좋은 사람이라고 인정받는다면 어디에 가도 마찬가지일 텐데 어찌 공자는 덕을 해치는 사람이라고 했는지요?"

그러자 맹자는 구체적으로 왜 향원이 함께하기에 문제가 있는지 세세히 말해준다.

"그런 사람은 비판을 하려 해도 딱히 잘못이라고 거론할 점이 없고, 공격하려고 해도 공격할 점이 없다. 세상이 흘러가는 대로 따라가고 더러운 세상과 영합하므로, 평소 생활은 충직하고 신용이 있는 것처럼 보이고 행동은 청렴결백한 것 같아 다른 사람은 물론 스스로도 옳다고 여긴다. 하지만 그런 사람과는 함께 요순의 올바른 도에 들어갈 수 없기에, '덕을 해치는 자'라고 했다."

겉보기에는 잘못을 찾을 수 없어 올바른 사람으로 보이지만 실상은 가식적인 사람이다. 마치 중용의 도를 따르는 것처럼 보이지만, 속을 샅샅이 살피면 현실에 타협하고 잇속만을 챙기는 기회주의자인 것이다. 공자는 이런 사람을 사이비似而非, 즉 겉은 비슷하지만 속은 전혀 다른 사람이라고 하며 가장 싫어하는 존재라고 말했다. 이런 사람은 진짜와 혼돈하게 만들어 사람들을 미혹에 빠뜨리기 때문이다. 가라지가 진짜 싹과 혼돈되는 것처럼, 재능이 있지만 바르지 못한 사람은 의를 어지럽힌다. 무엇보다도 공자가 향원을 미워했던 까닭은 사람들에게 진정한 덕을 혼돈시키기 때문이다.

평상시에 지나치지도 모자라지도 않게 중용의 길을 취하기는 쉽지 않다. 언제나 무너지지 않는 균형감각으로 올바른 도리를 지키는 것이 어찌 쉽겠는가. 그다음 차원의 사람, 뜻이 크고 진취적인 사람과 불의와 타협하지 않는 고집스러운 사람이 되는 것 역시 만만하지는 않다. 다행스러운 점은 중용은 물론 그 어떤 도리도 완성의 경지가 아닌 과정이라는 점이다. 단지 하루하루의 일상에서 바른 도리를 지키고 날마다 쌓아나가도록 노력할 뿐이다. 어제보다 나은 오늘, 오늘보다 나은 내일이 될 수 있다면 충분하다.

하지 말아야 할 것을 하지 않는 것이 먼저다

사람은 하지 않은 것이 있은 다음에야 하는 것이 있다.
人有不爲也 而後可以有爲
인유불위야 이후가이유위
-《맹자》〈이루 하〉

무언가 일을 이루기 위해서는 반드시 두 가지 전제가 필요하다. 먼저 일을 시작해야 하고, 또 한 가지는 일을 이룰 때까지 멈추지 않는 것이다. 그렇지 않으면 일은 이루어질 수 없다. 고전에서도 이두 가지에 대해 많은 가르침을 주고 있다. 사람들이 이 지점에서 가장 많이 무너지기 때문이다. 꿈과 이상은 크고 멀리 말하지만 아무런 노력이나 시도도 하지 않는 사람, 무언가 큰일을 이룰 것처럼 일을 시작하지만 용두사미처럼 끝나는 사람은 바로 우리의 모습이면서, 주위에서도 흔히 볼 수 있는 안타까운 모습들이다. 다음은 먼저 과감히 시작할 것을 독려하는 성어다.《도덕경》 64장에 실려 있는 글이다.

"아름드리나무도 털끝 같은 씨앗에서 나오고, 높은 누대도 한 무더기 흙을 쌓는 데에서 시작되고, 천릿길도 한 걸음에서 시작된다(합포지목 생어호말 구층지대 기어루토 천리지행 시어족하合抱之木 生於毫末 九層之臺 起於累土 千里之行 始於足下)."

어떤 것이든 그 시작은 미약하다. 만약 시작이 미약하다고 해서 시작조차 하지 않으면 어떤 일도 일어나지 않는다. 흔히 사람들은 크고 위대한 일은 시작부터 남다르리라 생각한다. 그래서 시작이 작거나 미미하다면 시도조차 하지 않으려고 한다. 크고 대단한 일을 할 기회를 기다리면서 작은 시작은 거들떠보지도 않는 것이다. 하지만 그 어떤 위대한 일도 처음부터 위대했던 적은 없다. 《도덕경》에는 이렇게 실려 있다.

"세상에서 가장 어려운 일도 그 시작은 쉬운 일이고, 세상에서 가장 큰일도 그 시작은 미세하다(천하난사필작어이 천하대사필작어세天下難事必作於易 天下大事必作於細)."

크고 대단한 일만 추구하면서 작은 시도를 하지 않는 사람들의 머리를 때리는 경고와 같은 글이다. 작은 일에 충실하지 않으면서 큰일을 이룰 생각은 하지도 말라는 의미다.

그다음으로 일을 이루는 조건은, 멈추지 않는 것이다. 어떤 일이든지 쉽게 이루어지는 법은 없다. 만약 쉽게 이루어진다면 그 일은 큰 가치가 없는지도 모른다. 순자는 "중간에 그만두지 않으면 쇠와 돌에도 무늬를 새길 수 있다(계이불사 금석가루鍥而不舍 金石可鏤)"라고 했다. 이 말은 맹자와 순자의 고사에서 비롯된다. 맹자는 순자에게 이런 가르침을 준 적이 있었다고 한다.

"어떤 일이든 끝까지 한 우물을 파야 한다. 아무리 파도 샘물이 나오지 않는다고 포기하면 그때까지 한 노력이 물거품이 된다."

중도에 그만하지 말고 끝까지 노력하라는 가르침을 받은 순자는 계속하는 것에 큰 가치를 부여하며 이 말을 했다. 그리고 이렇게 덧붙였다.

"반걸음, 반걸음 쉬지 않고 걸어가면 절름발이도 천리를 갈 수 있고, 한 줌 흙이라도 끊임없이 쌓으면 언덕을 만들 수 있다."

이와 유사한 비유로 "천리마가 아무리 빨라도 한번에 열 걸음을 갈 수 없고, 노쇠한 말이라도 꾸준히 달리면 천리마를 따를 수 있다"고 말한다. 이처럼 만약 중간에 그만두지 않으면 어떤 일이든지 이룰 수 있다. 그 일을 포기하거나 끝내기 전에는 실패란 일어나지 않는 법이다. 공자는 《논어》〈자한子罕〉에서 이렇게 말했던 적이 있다.

"비유하자면 산을 쌓다가 한 삼태기의 흙이 모자라는 상태에서 그만두었다 해도 그것은 내가 그만둔 것이다. 또한 비유하자면 땅을 고루기 위해 한 삼태기의 흙을 가져다 부었다 해도 일이 진전되었다면 그것은 내가 진전한 것이다."

일을 이루든 이루지 못했든 그 일에 대한 책임과 결과는 모두 내 몫이라는 가르침이다. 이처럼 많은 고전에서는 일을 이루기 위해서는 과감하게 시작해야 하고, 반드시 일이 이루어질 때까지 멈추어서는 안 된다고 말한다. 하지만 그보다 먼저 해야 할 일이 있다.

바로 옳지 않은 일을 거르는 행위가 우선되어야 한다. 과감하게 시작하고 열심히 노력해 이루었는데 만약 그 일이 올바르지 못하다면 어떻게 될까? 애초에 옳고 그름을 판단하지 못하고 일을 시작했다면 그 결과는 치명적일 수도 있다.

삶 역시 마찬가지다. 부정과 불의를 배척하는 뚜렷한 가치관 없이는 어떤 성공과 성과를 거둔다고 해도 그 의미가 퇴색할 수밖에 없다. 성공을 위해 수단과 방법을 가리지 않고, 절차에서도 불의와 불법을 눈감게 된다. 그렇게까지 극단적인 경우가 아니더라도 적당히 결과만 만들면 된다는 적당주의, 모로 가도 서울만 가면 된다는 결과만능주의가 만연해진다. 결국 성공을 거둔다고 해도 떳떳하지 못한 성공, 부끄러운 성공이 되는 것이다. 만약 이러한 풍조가 사회에 만연해지면 퇴폐한 사회, 부정한 사회가 된다. 이러한 사회적인 풍조의 시작은 바로 개개인의 삶이다. 흔히 불의하고 부정한 사회를 쉽게 비난하지만 정작 이러한 풍조가 자신을 포함한 개개인의 삶의 합이라는 사실은 쉽게 잊는다.

하지 말아야 할 일이 먼저라는 맹자의 생각은 사람과의 관계에서도 마찬가지로 적용된다. 공자는 서恕, 즉 사랑과 배려의 정신을 자신의 핵심 철학으로 삼았다. 그리고 그 실천하는 세목으로 '기소불욕 물시어인己所不欲 勿施於人'을 들었다. "내가 받고 싶지 않은 일을 남에게도 하지 말라"는 뜻이다. 《논어》〈위령공〉에서 제자 자공이 "한마디 말로 평생토록 실천할 만한 것이 있습니까?"라고 묻자 공자가 했던 대답이다.

왜 공자는 '내가 받고 싶은 대로 남에게 베풀라'고 하지 않고 '받고 싶지 않은 일을 하지 말라'고 가르쳤을까? 그것은 바로 사람마다 제각각 성향이 다르고 원하는 바가 다르기 때문일 것이다. 다른 사람을 배려하고 위한다고 해도, 먼저 그가 원하지 않는 바를 헤아릴 수 있어야 한다. 상대방 입장에 서서 생각하는 역지사지의 상상력이 필요한 것이다. 또한 같은 사람이라고 할지라도 상황에 따라 좋아하는 것과 원하는 것이 달라질 수 있다. 예를 들어 밝은 음악을 좋아하는 사람이라도 그 음악이 듣기 힘들 때도 있다. 마음이 울적하거나 좋지 않은 일이 있었을 때와 같은 상황이다. 만약 내가 원한다고, 내가 좋아한다고, 혹은 상대방이 예전에 좋아했다고 무조건 베푼다면 그것은 또 하나의 폭력이 될 수도 있다. 위의 예문은 이를 경계하는 말이다.

"사람은 하지 않은 것이 있은 다음에야 하는 것이 있어야 한다."

스스로의 수양은 물론 사람들과의 관계를 포함한 매사에 반드시 명심해야 할 말이다. 일을 시작하기 전에는 먼저 내가 하고자 하는 일이 올바른 일인지 아닌지를 면밀하게 판단하는 과정이 필요하다. 그런 다음 그 일이 옳다는 확신이 서면 과감하게 시작하고, 반드시 끝을 볼 수 있어야 한다. 하지만 만약 그 일이 스스로 부끄럽다고 느껴지면 잠시 멈추어 서서 다시 생각해보아야 한다. 그리고 거듭 생각해도 그 일이 잘못되었다는 판단이 들면 그때 즉시 중단할 수 있어야 한다. 이 모든 것은 반드시 일을 시작하기 전, 준비하는 단계에 이루어져야 한다. 아무런 준비도 없이 일단 시작하면 일에 파묻히고, 선악을 가리는 판단을 내리기 어려워진다.

《중용》에는 "모든 일은 준비하면 성공하고 준비하지 않으면 실패한다(범사 예즉립 불예즉패凡事 豫則立 不豫則廢)"라고 실려 있다. 준비의 맨 처음은 바로 해야 할 일과 하지 말아야 할 일을 가리는 것이다.

작은 성취를 위해 목표를 낮추지 말라

올바른 길 위에 서 있어 능력 있는 자가 따르게 한다.
中道而立 能者從之
중도이립 능자종지
-《맹자》〈진심 상〉

다음은《논어》〈선진〉에 실린 공자와 제자들 사이의 고사다. "좋은 말을 들으면 곧 실천해야 합니까?"라는 같은 물음에 공자는 자로에게 "부형이 계시는데 어찌 듣는 대로 실천하려고 하느냐?"라고 대답했고, 염유冉有에게 "들으면 곧 실천해야 한다"라고 대답했다. 공서화公西華가 "어찌 같은 물음인데 사람에 따라 다른 대답을 하십니까?"라고 묻자, "염유는 소극적이므로 적극적으로 나서게 한 것이고, 자로는 지나치게 나서려 하기에 자제시킨 것이다"라고 공자는 대답했다. 염유는 정치에 뛰어나 공자의 현명한 제자 열 명을 뜻하는 공문십철孔門十哲에 꼽히지만 이처럼 소극적인 면이 있었다.

　염유의 소극적인 성향은〈옹야〉에 실려 있는 공자와의 대화에서 잘 나타난다. "선생님의 도를 좋아하기는 하지만 제 능력이 부족합니다"라고 말하는 염유에게 공자는 "힘이 부족하면 하다가 도중에 그만두게 되지만 지금 너는 미리 선을 긋고 물러나 있구나"라며 꾸짖었다. 도전하기도 전에 포기하는 소극적인 성향인 제자를 안타까워한 것이다. 훗날 염유는 그 당시 노나라의 권력가문인 계씨를 위해 백성들을 착취하다가 공자로부터 파문을 당하기도 했다. 담대하게 도전하지 않는 소극성과 쉽고 편안한 일만 추구하는 성향인 사람의 한계일 것이다. 이런 사람은 어떤 일을 하든지 조금만 어려움이 닥쳐도 쉽게 포기해버린다. 또한 쉽고 편한 길이나 편법을 추구하다가 옳지 못한 길에 들어서고 만다.

공자는 최선을 다해 도전하는 자세를 제자들에게 요구했다. 학문을 비롯해 무슨 일을 하든지 자신의 책임이다. 무엇보다 중요한 것은 최선을 다해 그 일에 임하는 자세다. 한 걸음 전에 포기함으로써 일을 이루지 못한 것도 자신의 책임이다. 또한 비록 일을 이루기에 많이 부족하다고 해도 최선을 다해 한 걸음이라도 진전한다면 의미 있는 걸음이 될 수 있다.

공자와 맹자는 스스로 노력하고 수양해 최고 경지에 이른 철학자들이다. 그리고 학문과 수양을 이루지 못하는 까닭은 다른 이유가 아닌 스스로 포기하기 때문이라고 확신했다. 왜냐하면 자신들역시 많은 어려움과 고난을 겪었지만 포기하지 않음으로써 일가를이루었기 때문이다. 하지만 이들의 경지는 너무 높고 아득했기에제자들은 마치 오르지 못할 산을 마주한 것과 같은 느낌을 받았다.

따라서 많은 제자가 말없이 포기해 사라지기도 하고, 설사 남아 있다고 해도 너무 힘이 든다고 한탄하는 경우가 잦았다.

만장과 함께 수제자로 꼽히는 공손추도 이와 같은 어려움을 느끼고 있었다. 공손추는 맹자와 더불어 맹자의 두 가지 힘인 호연지기와 지언에 대해 논했고, 〈공손추 상〉에는 성선설의 근본인 사단에 대해 논한 내용이 실려 있다. 맹자 철학의 핵심을 나누었던 제자일 뿐 아니라, 중요한 사건이 있을 때마다 맹자와 함께 논의하고 의견을 나누던 제자였다. 이로써 미루어보면 공손추는 학문적으로나 수양의 측면에서 맹자의 가장 뛰어난 제자라고 할 수 있다. 그러한 공손추 역시 스승인 맹자의 학문이 너무 높고 깊어서 도저히 따르기 힘들다고 하소연했던 것이다.

"도는 높고 아름답습니다. 하지만 마치 하늘에 오르는 것과 같아서 도저히 도달하지 못할 것 같습니다. 왜 도달할 수 있도록 해서 날마다 부지런히 힘쓰도록 만들지 않습니까?"

앞서 자신의 능력을 탓했던 공자의 제자 염유보다 공손추는 한 걸음 더 나아간다. 도의 차원이 조금만 낮았더라면 자신이 더욱 열심히 수양하고 노력했을 텐데, 너무 높은 바람에 도저히 엄두를 내기 힘들다는 말이다. 자신의 부족함을 돌아보는 것이 아니라 도의 차원이 너무 높다는 핑계를 댄 것이다. 마치 초등학교 학생들이 선생님에게 시험문제를 쉽게 내달라고 떼를 쓰는 모습과도 같다. 맹자는 이렇게 대답했다.

"훌륭한 목수는 서툰 목수를 위해 먹줄을 고치거나 없애지 않고,

예釋는 서툰 사수를 위해 활을 당기는 기준을 고치지 않는다. 군자는 다른 사람을 가르칠 때 활쏘기를 가르치는 것처럼 활을 끝까지 당길 뿐 발사하지 않음으로써 활이 막 튀어나가고 싶게 만든다."

맹자는 먼저 진정한 가르침을 목공과 활쏘기를 예로 들어 설명한다. 목수 일에서 가장 중요한 도구는 먹줄이다. 먹줄은 선을 바르게 해 나무를 곧고 바르게 가다듬을 수 있도록 돕는다. 만약 좀더 쉽게 목공 일을 하려고 먹줄을 고치거나 없앤다면 기준이 사라진다. 좋은 제품을 만들려는 목공의 근본이 흔들리는 것이다. 따라서 목수는 먹줄을 비롯한 목공 도구에 타협할 수 없다.

활쏘기도 마찬가지다. 활의 고수인 예는 제자가 제대로 쏘지 못한다고 해서 거리를 줄여주거나 기준이 되는 점수를 낮추어주지 않는다. 그렇게 되면 실력이 늘지 않을 뿐더러 일을 이루기 위해 수단과 방법을 가리지 않는 편법과 불법을 배우기 때문이다. 활쏘기는 원래 군자 수양의 가장 중요한 덕목인 반구저기를 배우는 도구다. 앞서 언급했듯이, 반구저기는 화살이 명중하지 못해 졌을 때 상대방을 원망하지 말고 먼저 자신을 돌아보라는 뜻이다. 과정에서는 승부에 집착해 쉽게 타협하거나 변칙을 사용해서는 안 되며, 결과에서는 자신의 부족한 점을 알고 실력을 쌓아나가야 한다. 따라서 활쏘기 장인은 명확한 목표와 목적을 보여주되 모든 것을 가르쳐주지는 않는다. 스스로 배우고 정점에 이르기 위해 열의와 의욕을 북돋아줄 뿐이다. 공자는 《논어》 〈술이〉에서 이렇게 말했다.

"배우려는 열의가 없으면 이끌어주지 않고, 표현하려고 애쓰지 않으면 일깨워주지 않고, 한 모퉁이를 들어 보여주었을 때 미루어 세 모퉁이를 알지 못하면 거듭 가르쳐주지 않는다."

결국 배움은 스스로에게 달렸으며 가르치는 사람은 단지 기본을 잡아주고 올바른 방향을 제시하는 데 그칠 뿐이라는 말이다. 맹자 역시 올바른 가르침에 대한 결론을 이렇게 말했다.

"올바른 길 위에 서 있어 능력 있는 자가 따르게 한다."

군자는 단지 수양의 바른 목표를 제시할 뿐 세세한 부분까지 일일이 보여주지 않는다. 배우고자 하는 사람이 스승이 직접 보여주는 수준과 방향을 기준으로 삼아 노력할 뿐이다. 능력이 있는 자는 그를 좇을 것이고, 만약 능력이 없다면 중도에 미치지 못할 뿐이다.

공부는 물론 세상의 어떤 일이라고 해도 귀중한 것은 얻기 힘들다. 그것을 얻기 위해 노력하다보면 너무 힘들어서 포기하고 싶을 때도 당연히 생긴다. 목표를 낮추어 좀더 쉽게 도달하고 싶은 생각이 들 때도 많다. 하지만 낮춘다고 해서 그 일을 이루기가 쉬워지지는 않는다. 오히려 자신의 잠재력에 한계를 만들 뿐이다. 문제는 목표의 높고 낮음이 아니라, 반드시 이루겠다는 신념과 열정이다. 사람의 길을 가로막는 것은 주위의 환경이 아니라 스스로 닫아버린 마음이다. 이상은 높되 실천은 치열해야 한다.

더불어 말해야 할 때

더불어 말하지 않으면 사람을 잃고,

더불어 말하지 않아야 할 때

더불어 말하면 말을 잃는다.

지혜로운 사람은

사람을 잃지도 않고 말을 잃지도 않는다.

- 《논어》 〈위령공〉 중에서

나아감과 물러섬에도 때가 있다

나아감이 성급한 자는 물러나는 것도 빠르다.
其進銳者 其退速
기진예자 기퇴속
-《맹자》〈진심 상〉

거보 땅의 읍재가 된 공자의 제자 자하가 스승에게 어떻게 하면 정치를 잘할 수 있을지 물었다. 새롭게 관직에 진출하며 스승의 가르침을 받아 새기려는 마음이었을 것이다. 공자는 이렇게 대답했다.

"서두르지 말고 작은 이익에 집착하지 마라. 서두르면 도달할 수 없고, 작은 이익에 집착하면 큰일을 이룰 수 없다(무욕속 무견소리 욕속즉부달 견소리즉대사불성無欲速 無見小利 欲速則不達 見小利則大事不成)."

자하는 공문십철에 꼽힌다. 하지만 소심한데다가 작은 일에 집착하는 성품이라서 항상 공자로부터 이러한 점을 지적받았다. 심지어 공자에게 "너는 군자 같은 선비가 되어야지, 소인 같은 선비가 되어서는 안 된다(여위군자유 무위소인유女爲君子儒 無爲小人儒)"라는 뼈아픈 지적을 받기도 했다. 여기에서도 공자는 소심한 성품의 자하가 빨리 성과를 내려다가 오히려 일을 망칠 것을 경계했다. 또한 작은 이익에 집착하다가 더 큰일을 이루지 못할까 염려했다. 소심한 제자에게 크고 멀리 보라는 가르침을 주었던 것이다.

사람들은 누구나 새롭게 일을 맡거나 더 큰일을 맡으면 의욕에 불타게 된다. 물론 잘해보겠다고 열정과 의욕을 가지고 노력하는 자세가 잘못된 것은 아니다. 문제는 빨리 성과를 내려고 집착할 때 나온다. 자신을 과시하거나 윗사람에게 인정을 받기 위해 무리를 하면 오히려 문제를 야기할 수도 있다. 《논어》〈위령공〉에서 공자는 "사람이 멀리 내다보지 않으면 반드시 가까운 데에서 근심이 있게 된다(인무원려 필유근우人無遠慮 必有近憂)"라고 했다. 《명심보감明心寶鑑》에 실려 있는 "계획이 치밀하지 않으면 재앙이 먼저 발생한다(기불밀 화선발機不密 禍先發)"도 같은 뜻이다. 눈앞의 이익 앞에 마음을 뺏기거나 빠른 결과를 만들기 위해 조급해한다면 반드시 무리를 하고, 이에 더 큰 문제가 초래되는 것이다.

《맹자》〈진심 상〉에 실려 있는 위의 글도 마찬가지 뜻이다. 전문은 이렇다.

"그만두어서는 안 되는 것을 그만두는 사람은 그만두지 않는 일이 없을 것이다. 후하게 대접해야 할 사람에게 박하게 대접하면 박하게 대접하지 않는 일이 없을 것이다. 나아감이 성급한 자는 물러나는 것도 빠르다(어불가이이이자 무소불이 어소후자박 무소불박야 기진예자 기퇴속於不可已而已者 無所不已 於所厚者薄 無所不薄也 其進銳者 其退速)."

이 문장이 무조건 그만두지 말라거나 후하게 대접해야 한다는 뜻은 아닐 것이다. 단지 그만두어서는 안 되는 일을 그만두지 말고, 후하게 대접해야 할 사람은 마땅히 후하게 대접해야 한다는 의미다. 마찬가지로 언제나 성급해서는 안 되지만, 무조건 진중해야 한다는 말도 아니다. 여기서 맹자가 말하고자 하는 바는 두 가지로 생각할 수 있다.

첫 번째로, 어떤 일이든 정확히 분별할 수 있어야 한다. 반드시 해야 할 일을 그만두지 않으려면 정말 중요한 바가 무엇인지 알아야 하고, 알았거든 결코 포기해서는 안 되는 것이다. 하지 말아야 할 일도 마찬가지다. 맹자는 "사람은 하지 않은 것이 있은 다음에야 하는 것이 있다"고 했다. 또한 "하지 말아야 할 것을 하지 않고 원하지 않아야 할 것을 원하지 않는다"라고도 했다. 이 말들의 전제가 바로 분별할 수 있는 능력이다. 자칫 제대로 분별하지 못하면 반드시 해야 할 일을 하지 않고, 하지 말아야 할 일을 열심히 하는 우를 범할 수도 있다.

또 한 가지로, 나아가야 할 때와 나아가지 말아야 할 때를 잘 알아서 때에 맞게 행동해야 한다. 시급하게 처리해야 하는 일과 신중하게 결정해야 하는 일이 있다. 때와 상황을 잘 판단해서 적절히 할 수 있어야 한다. 일을 계획할 때는 신중하게, 객관적으로, 다양한 상황을 치밀하게 검토해야 한다. 섣불리 일을 시작해서도 안 되고, 준비가 되기도 전에 뛰쳐나가서도 안 된다. 하지만 일에 태만하거나 시급한 상황을 인식하지 못하는 것도 문제다. 치밀한 준비와 과감한 결단 사이에 적절한 균형이 필요하다. 이때 필요한 자세가 "천천히 서두르라festina lente"일 것이다. 로마 황제 아우구스투스Augustus가 즐겨 했던 이 말은 역설적이지만, 바로 이 말 속에 치밀한 계획과 과감한 결단의 참뜻이 숨어 있다.

하지만 반드시 해야 할 일이나 중요한 일들은 머뭇거리지 말고 서둘러야 한다. 《논어》〈공야장〉에 "계문자는 세 번 생각한 뒤에 행동한다"는 말을 들은 공자가 "두 번이면 충분하다(재사가의再斯可矣)"라고 말하는 장면이 나온다. 바로 생각과 실행의 균형이 맞아야 한다는 가르침이다. 신중하게 생각한답시고 꼭 해야 하는 일을 미루기만 하는 태도는 바람직하지 않다. 다양한 변수를 생각만 하다가 결국 때를 놓쳐 시작도 하지 못할지도 모른다. 〈진심 상〉에는 반드시 시급하게 해야 할 일에 대해서 말해준다.

"지혜로운 사람은 모르는 것이 없지만, 당면한 일은 서두른다. 인한 사람은 사랑하지 않은 것이 없지만 친족과 현자를 사랑하는 일을 서둘러 먼저 한다. 요순의 지혜로도 만물을 두루 알지 못한 까닭은 먼저 해야 할 일을 서둘렀기 때문이고, 요순의 인함으로도 두루 사람들을 사랑하지 못한 까닭은 친족과 현자를 사랑하는 일을 서둘렀기 때문이다."

요즘도 많이 쓰는 급선무急先務가 실려 있는 원전이다. 요순과 같은 지혜롭고 현명한 사람이 세상의 모든 것을 알지 못하고, 세상의 모든 사람을 사랑하지 못하는 것은 시급히 알고, 시급히 먼저 사랑해야 하는 사람이 있기 때문이다. 아는 것과 사랑해야 할 대상에는 분명히 우선순위가 있다는 뜻이다. 이러한 생각은 공자의 철학으로부터 나왔다. 공자는 좋은 세상을 만들기 위해서는 가장 먼저 부자간의 올바른 관계가 정립되어야 한다고 생각했다. 그다음 그 사랑이 이어져 가족을 사랑하고, 이웃을 사랑하고, 세상 사람들을 사랑하는 것으로 뻗어나간다. 모든 사랑은 바로 가장 가까운 친족을 사랑하는 데서 시작해야 하고 그것이 가장 시급해 해야 할 일(급선무)이라는 말이다. 그 순서를 맹자는 이렇게 말해준다.

"군자는 만물에 대해 그것을 아끼지만 모두 인으로 대하지는 않고, 백성을 인으로 대하기는 하지만 친밀하게 하지는 않는다. 먼저 친족을 친하게 대하는 데에서 나아가 백성을 인으로 대하고 백성을 인하게 대하는 데에서 나아가 만물을 아낀다."

친족에서 시작해서 백성으로, 또 만물로 나아가는 것이다. 여기까지 미루어보면 위의 예문에서 맹자의 가르침은 바로 '중용'의 덕이다. 때를 잘 알아 상황에 맞게 적절히 행하고, 지나치게도 미흡하게도 하지 않으며, 항상 균형 잡힌 처신을 하는 것이다. 또한 일의 우선순위를 알고, 경중輕重을 따져서 그에 맞게 일을 다룰 수 있어야 한다.

《맹자》〈고자 상〉에서는 "손가락 하나가 남들과 달라도 이처럼 싫어하면서 마음이 남과 다른 것은 싫어할 줄 모르니, 이를 일러 일의 경중과 등급을 모른다고 한다(지불약인 즉지오지 심불약인 즉부지오 차지위부지류야指不若人 則知惡之 心不若人 則不知惡 此之謂不知類也)"라고 실려 있다. 손가락 하나보다 마음을 지키는 일이 가장 시급하고 중

요하다는 가르침이다. 오늘날에도 일의 우선순위와 중요도를 착각
하는 경우가 많다. 외형적으로 큰일에 집착하면서 정작 근본은 망
각하는 것이다. 바로 자기 가족을 사랑하지 못하는 사람이, 사랑이
넘치는 세상을 만들자고 외치는 것과 같다. 마찬가지로 자기 행실
조차 바르지 못한 사람이 세상의 평화와 사회 정의를 외치는 경우
다. 이런 외침은 공허하고 우스꽝스럽다. 안타깝게도 우리 주변에
서, 이른바 사회지도층이라는 사람들에게서 흔히 볼 수 있는 모습
이다.

　일상에서도 일의 경중과 우선순위를 아는 것은 매우 중요하다.
아무리 많은 일이 닥쳐도 크게 당황하지 않고 일을 잘 처리해나가
는 사람이 있다. 그를 유심히 보면 특별히 능력이 탁월하기보다는
중요한 일과 서둘러야 하는 일을 잘 분별한다는 사실을 알 수 있다.
이런 사람은 평상시에는 여유가 있지만, 막상 일에 임하면 활력이
넘친다. 굳이 앞서 나가지 않지만 언제나 중심이 든든히 잡혀 있어
믿음이 간다. 일의 경중과 완급을 아는 능력, 일과 삶에서 승리하는
비결이다.

하늘이 준 명을 거역하지 말라

> 운명이 아닌 것이 없으니, 바른 운명은 순응해 받아들여라.
> 莫非命也 順受其正
> 막비명야 순수기정
> -《맹자》〈진심 상〉

《맹자》〈진심 상〉의 맨 첫머리 글에서 맹자는 사람의 마음(심心)과 본성(성性), 그리고 하늘(천天)과 명命에 대한 개념을 설명한다.

"자신의 마음을 다하는 자는 자신의 선한 본성을 안다. 자신의 선한 본성을 알면 하늘을 아는 것이다. 선한 마음을 보존하고 선한 본성을 기르는 것은 하늘을 섬기는 일이다. 요절을 하거나 장수를 누리는 것은 다른 것이 아니다. 먼저 자신을 닦고 기다림으로써 명을 바로 세운다(진기심자지기성야 지기성즉지천의 존기심 양기성 소이사천야 요수불이 수신이사지 소이립명야 盡其心者知其性也 知其性則知天矣 存其心 養其性 所以事天也 妖壽不貳 修身以俟之 所以立命也)."

이 구절들에서 사람의 마음은 하늘이 내려준 선한 본성을 말한다. 즉 인의예지의 근본인 측은지심·수오지심·사양지심·시비지심이다. 이러한 선한 본성을 다 드러내 실천할 수 있는 사람은 왜 하늘이 선한 본성을 내려주었는지, 하늘의 뜻을 알 수 있다. 따라서 바르게 살고자 하는 사람은 자신의 선한 본성을 지키고 보존해야 하며, 이렇게 살아가는 것이 하늘의 뜻에 맞는 삶이다. 이 구절에 있는 또 하나의 중요한 개념은 바로 명命이다. 맹자는《맹자》〈진심하〉에서 본성과 대비해 명을 다음과 같이 설명한다.

"입이 좋은 맛을 구하고, 눈이 아름다운 미색을 구하고, 귀가 아름다운 소리를 구하고, 코가 향기를 구하고, 몸이 편안함을 구하고 좋아하는 것은 본성이다. 하지만 거기에는 명이 있기에 군자는 본성이라고 하지 않는다(유명언 군자불위성야有命焉 君子不謂性也)."

이목구비와 사지는 하늘로부터 부여받은 것이다. 욕구(인욕人欲), 즉 색色·성聲·향香·미味·촉觸의 오욕五欲 역시 하늘로부터 받은 본성이다. 하지만 본성이라고 해서 무조건 누릴 수 없다. 바로 명命이 있기 때문이다. 명은 우리가 흔히 이야기하는 운명으로, 사람이 주관적으로 결정하거나 마음대로 조종할 수 없다. 즉 삶의 통제권이 주어지지 않는다. 또 다른 측면으로는 설사 욕구를 즐길 여건이 주어진다고 하더라도 그 본능을 무한하게 추구해서는 안 되는 도덕성을 말하기도 한다. 바로 하늘이 준 명령이다.

맹자는 사람이 요절하거나 장수하는 것은 모두 하늘의 명에 달렸다고 했다. 삶과 죽음은 그 누구도 자기가 원하는 대로 누릴 수 없기 때문이다. 따라서 사람은 단지 자신을 올바르게 수양하는 데 진심을 다해야 한다. 그럴 때 언제 어떻게 다가올지 모르는 명을 부끄럽지 않게 받을 수 있다. 맹자가 위의 예문에서 했던 말의 뜻이 바로 그것이다.

거듭 말하지만 사람은 자신의 운명을 거스를 수 없다. 아무리 가진 것이 많아도, 아는 것이 많아도, 지혜와 통찰력이 있어도, 선하게 살려고 노력하는 사람도 마찬가지다. 하지만 그렇다고 해서 아무렇게나 살거나 삶을 운명에 맡겨버려서는 안 된다. '어차피 노력해도 운명이 결정하니까' 하고 자신을 방치하는 행동은 스스로를 포기하는 자포자기에 불과하다. 따라서 사람은 지혜롭게 살아야 한다고 맹자는 이어서 말하고 있다.

"그러므로 명을 아는 자는 무너지는 돌담 밑에 서지 않는다. 그 도를 다하고 죽은 자는 올바른 명이다. 차꼬와 수갑을 차고 죽은 자는 바른 명이 아니다(시고지명자불립호암장지하 진기도이사자 정명야 질곡사자 비정명야是故知命者不立乎巖牆之下 盡其道而死者 正命也 桎梏死者 非正命也)."

당연히 피해가야 하는 위험한 돌담 밑에 서서 '어차피 삶은 운명이니까' 하는 사람은 무모한 만용일 뿐이다. 함부로 살아서 죄를 짓고 형벌로 목숨을 잃는 것 역시 자신의 삶을 더럽히는 것이다. 사람은 매순간 최선을 다해 살아야 하고, 설사 자신이 하고자 하는 대로 이루어지지 않더라도 순응할 수 있어야 한다. 그것이 바로 후회하지 않는 삶, 올바른 삶의 자세다.《맹자》〈이루 하〉에는 이렇게 실려 있다.

"받을 수도 있고 받지 않을 수도 있는데, 받으면 청렴함을 해치게 된다. 줄 수도 있고 안 줄 수도 있는데 주는 것은 은혜에 상처를 입게 된다. 죽을 수도 있고, 죽지 않을 수도 있을 때 죽는 것은 용감함에 상처를 입히는 것이다(가이취 가이무취 취상렴 가이여 가이무여 여상혜 가이사 가이무사 사상용可以取 可以無取 取傷廉 可以與 可以無與 與傷惠 可以死 可以無死 死傷勇)."

받을 수도 있고 받지 않을 수도 있는데 받는 것은 욕심에 빠지는 것이다. 줄 수도 있고 안 줄 수도 있을 때 주는 것은 이면에 자신을 내세우려는 가식이 숨어 있다. 죽을 수도 있고 죽지 않을 수도 있을 때 죽는 것은 만용이다. 소중한 가치인 청렴과 은혜, 그리고 용기의 진정한 의미를 해치는 행동이 되는 것이다. 진정한 용기란 자신의 목숨을 함부로 하지 않는 것이다.

《논어》〈술이〉에는 공자와 제자 자로와의 대화가 나온다. 공자가 수제자 안연을 "나라에서 써주면 일을 하고 관직에서 쫓겨나면 숨어 지내는 것은, 오직 나와 너만이 할 수 있다"고 칭찬하자, 자로는 질투심에 이렇게 묻는다.

"스승님께서 삼군을 통솔하신다면 누구와 함께하시겠습니까?"

안연이 도저히 따라올 수 없는, 자신의 강점인 용맹함을 스승에게 인정받고 싶어서 했던 질문이다. 자로는 아마 "용맹은 네가 가장 뛰어나니 너밖에 또 누가 있겠느냐?"라는 대답을 기대했을 것이다. 하지만 공자의 대답은 의외였다.

"맨손으로 범을 잡고 맨몸으로 황하를 건너다 죽어도 후회가 없는 사람과 나는 함께하지 않는다. 반드시 일을 대할 때 신중하고,

계획을 잘 세워 일을 이루는 사람과 함께하겠다."

공자는 자로에게 진정한 용기에 대해 가르침을 주었다. 힘이 강하다고 무모한 싸움을 벌이고, 자신감이 넘쳐서 아무런 실속도 없는 일을 하는 행동은 어리석다. 맹자가 말했던 바와 같이 용기에 손상을 주는 일일 뿐이다. 어떤 일이든지 이루고 싶다면 먼저 철저히 준비해야 한다. 그리고 작은 일이라고 해서 함부로 할 것이 아니라 최선을 다해야 한다. 이런 자세로 임할 때 일에 결실을 맺게 되고, 큰일도 맡아서 해낼 수 있다. 공자는 바로 그런 사람과 함께 일을 도모하고 싶다고 한 것이다. 천명天命에 통달하고, 바른 운명에 순응하는 진정한 현자賢者의 통찰이다.

답답한 현실을 탈피하고 한 걸음 더 도약하기 위해서는 과감한 도전이 필요하다. 하지만 그 시작은 바로 현실에 기반을 두어야 한다. 현실은 도약을 위한 디딤돌이다. 즉 현실을 충실히 함으로써 한 차원 더 성장하는 힘을 기를 수 있다. 그것은 바로 지식과 실력과 경험이다. 만약 힘을 기르지 않고 이상에 취해, 이루었을 때의 달콤함만 생각한다면 반드시 쓴맛을 보게 된다. 설사 그 과정에서 아무리 최선을 다해도 마찬가지다. 인내와 의지와 집념이 반드시 뜻을 이루게 하는 것이 아니다. 미리 기초를 세우고 기반을 든든히 쌓아야 한다. 하지만 안타깝게도 든든한 기반을 쌓고 최선의 노력을 다해도 반드시 성공하지는 않는다. 성공할 확률은 당연히 높아지지만, 최종적으로 그 성취는 운명과 때에 달려 있다.

아무리 노력해도 매사가 마음먹은 대로 되지 않을 때, 사람들은 주위 탓을 한다. 다른 사람을 원망하고, 처지를 비관하고, 운명을 탓한다. 하지만 가장 먼저 해야 할 일이 있다. 핑계를 찾지 말고, 원망도 하지 말며 먼저 냉정하게 스스로를 돌아보는 것이다. 그리고 때를 기다릴 수 있어야 한다. 사람이 운명을 거스를 수는 없으나 스스로에게는 당당해야 한다. 그 조건은 바른길을 간다는 확신이다. 스스로 부끄럽지 않다면, 자신이 바르다는 확신이 있다면 어떤 상황도 두렵지 않다.

중용을 기르기 위한 맹자의 가르침

- 어떤 고난과 어려움도 다 운명이 있다. 우리는 그저 최선을 다한 뒤에 묵묵히 때를 기다리면 된다.

- 힘과 권력으로 상대를 억누르는 것은 하급이다. 마음을 얻으면 상대는 진심으로 따르게 된다.

- 능력이 부족하다고 현실과 미리 타협하는 것보다는 최소한 큰 뜻을 가지고 당당하게 도전했다가 실패하는 편이 낫다.

- 포기하거나 끝내기 전에는 실패란 일어나지 않는다. 반걸음이라도 계속 움직인다면 천리를 갈 수 있는 법이다.

- 일을 시작하기 전에 우선 하고자 하는 일이 올바른지 아닌지를 면밀하게 살펴야 한다.

- 사람의 길을 가로막는 것은 주위의 환경이 아니라 스스로 닫아버린 마음이다. 이상은 높되 실천은 치열해야 한다.

- 핑계를 찾지 말고, 원망도 하지 말며, 먼저 냉정하게 스스로를 돌아보자.

제7장

좌우봉원

左右逢原

내 안의 정의를 세우는 일상의 배움

한계를 이기는 방법은 바로 삶과 배움을 일치시키는 것이다.

진정한 공부란 고차원적인 지식이 아니라

일상에서 얻어야 한다.

진리는 결코 멀리 있지 않다.

진리를 찾아 골방에 들어가거나 멀리 떠날 것이 아니다.

평범한 하루하루의 일상을 충실히 쌓아나감으로써 얻을 수 있다.

모든 것이 스승이다

가까운 좌우에서 근원을 만난다.
左右逢其原
좌우봉기원
-《맹자》〈이루 하〉

공자는 "나는 열다섯에 학문에 뜻을 두었다(오십유오이지우학吾十有
五而志于學)"라고 했다. 하지만 누구로부터 사사를 받았는지 공자는
밝히지 않았다. 공자는 독학을 했는데,《논어》〈자장〉에 이와 관련
해 위나라 대부 공손조公孫朝와 공자의 제자 자공의 대화가 실려 있
다. 공손조가 "공자는 어디서 배웠습니까?"라고 묻자 자공은 이렇
게 대답했다.

"문왕과 무왕의 도가 아직 땅에 떨어지지 않고 사람들에게 남아
있습니다. 현명한 자는 그중에서 큰 것을 기억하고, 현명함이 부족
한 자는 그중에서 작은 것을 기억하고 있습니다. 결국 문왕과 무왕
의 도는 없는 데가 없다고 할 수 있습니다. 그러니 스승님께서 어디

에선들 배우지 않으신 데가 있었겠습니까? 또한 어찌 일정한 스승이 있었겠습니까?"

문왕과 무왕은 공자가 이상적인 국가로 삼던 주周나라를 창업한 인물들이다. 그 나라의 크고 작은 올바른 도道들이 아직도 사람들에게 남아 있으니 공자는 이들로부터 배움을 얻었다고 했다. 언제 어느 곳에 가든지 접할 수 있는 모든 것에서 배움을 얻었기에 세상 모든 것이 스승이 될 수 있었다. 실제로 《논어》를 비롯해 공자에 관한 많은 책들에는 공자가 다양한 방법으로 가르침을 얻는 여러 고사가 실려 있다. 공자는 새를 잡는 사냥꾼으로부터 군자의 처신을 배웠고, 매미를 잡는 사냥꾼에게는 집중을 통해 도를 닦는 지혜를 얻었다. 심지어 평범한 아낙네로부터도 귀한 구슬을 꿰는 방법을 배웠다. '공자천주孔子穿珠'의 고사로 그 어떤 사람으로부터도 배움을 얻을 수 있고, 배울 수 있어야 한다는 가르침이다.

공자의 이러한 정신은 《논어》에 실린 "세 사람이 길을 같이 가면 반드시 내 스승이 있다. 좋은 점은 가려서 본받고, 좋지 않은 점으로는 나를 바로잡는다(삼인행필유아사언 택기선자이종지 기불선자이개지三人行必有我師焉 擇其善者而從之 其不善者而改之)"는 유명한 성어로 집약된다. 세상에는 훌륭한 사람이 있는 반면, 잘못된 사람도 있기 마련이다. 당연히 훌륭한 사람에게는 누구나 배우려고 한다. 반면에 잘못된 사람에게는 쉽게 비난과 질책을 하지만 그들로부터 배움을 얻으려고 하지 않는다. 공자는 사람의 긍정적인 측면뿐 아니라 부정적인 면에서도 배울 수 있어야 한다고 가르친다. 상대의 잘못을 보면서 '혹시 나에게도 저런 나쁜 점이 있는 것은 아닌가'를 살펴서 반면교사反面教師와 타산지석他山之石의 배움을 얻으라는 의미다. 이 것이 바로 진정한 배움과 성찰의 자세라고 할 수 있다.

공자는 또한 사람뿐 아니라 자연현상에서도 배우는 자세를 가지라고 조언한다. 《주역》〈상전象傳〉에서 "바람과 우레는 더함이니 군자는 이것으로 좋은 것을 보면 그렇게 바꾸고 허물은 고친다(풍뢰익 군자이견선즉천 유과즉개風雷益 君子以見善則遷 有過則改)"고 한 말이 바로 그것이다. 바람과 우레는 함께할 때 그 위력이 훨씬 더 강력해진다. 군자는 이들이 서로 돕는 현상을 보고 스스로를 수양하고, 이를 거울삼아 부족한 점을 고쳐나간다. 앞서 "세 사람이 길을 가면(삼인행三人行)"의 성어가 어떤 사람에게도 배움을 얻을 수 있어야 한다는 의미라면, 이 말은 자연현상으로부터도 배워야 한다는 가르침이다.

이와 같은 공자의 가르침을 종합하면 '삶이 곧 배움이 되어야 한다'이다. '학문을 하겠다'면서 배움을 자리에 앉았을 때로 한정한다면 그 공부는 탁상공론이 될 수밖에 없다. 병법에서는 이를 '지상병담紙上兵談'이라고 한다. 이론에만 통달한 병법은 수많은 군사를 죽음에 몰아넣는 결과를 만들었다고 역사는 말한다. 평상시에도 마찬가지다. 이론적으로 아는 것은 많지만 정작 지식을 현실에 적용해 활용하지 못한다면 자신은 물론 조직에도 폐를 끼친다.

책에서의 배움과 함께 일상에서 접하는 모든 것에서 배움을 얻는다면 그 배움은 폭넓고 적용 가능해진다. 길을 갈 때, 사람을 만났을 때, 우연한 자연현상에서도 배울 수 있다면 그 삶에 큰 변화가 생길 것이다. 《맹자》 〈진심 상〉에서는 순임금이 어떻게 큰 인물이 되었는지를 이렇게 말하고 있다.

"순이 깊은 산중에 살 때는 나무와 돌과 함께 지냈고, 사슴과 멧돼지와 함께 노닐어서 깊은 산중에 사는 야인들과 다를 바가 거의 없었다. 하지만 선한 말 한 마디를 듣고 선한 행동 하나를 보고 나서는 마치 강의 물길을 터놓은 것처럼 세차게 흘러 그 무엇도 막을 수 없었다."

산속에 사는 야인과 다름없던 순임금을 변화시켰던 것은 단 한 마디의 선한 말과 선한 행동이었다. 산속에서 생활하던 사람에게 정해진 스승이 있을 리 없었으므로 순은 우연히 접했던 사람으로부터 말과 행동을 얻었을 것이다. 이들로부터 귀한 가르침을 듣자 그 무엇도 막을 수 없을 만큼 배움의 열정이 타올랐고, 결국 훌륭한 황제가 될 수 있었다.

오늘날로 치면 순이 접했던 말과 행동은 우리가 일상에서 마주하는 사람이나 환경이라고 해석할 수 있다. 이처럼 일상에서 배움을 얻는다면 누구라도 자신을 변화시킬 수 있고, 더 높은 경지에 이를 것이다. 이것이 바로 축적의 힘이다. 수많은 평범한 상황에서 좋은 것을 받아들이는 노력을 게을리하지 않을 때, 그 힘이 쌓여 비범함과 탁월함이 된다. 하지만 이 모든 것이 거저 주어지지 않는다. 스스로 좋은 환경에 거주하고 좋은 사람을 마주함으로써 얻고 배우려는 노력이 필요하다. 맹자가 《맹자》 〈고자 상〉에서 말했던 제선왕의 예에서 보는 바와 같다.

"제선왕이 지혜롭지 못한 바는 이상할 것이 없다. 비록 천하에 쉽게 자라나는 생명이라고 해도, 하루 동안 빛을 쪼이고 열흘을 춥게 만든다면 자라날 수 있는 것이 없다. 나는 왕을 아주 드물게 뵙는데, 내가 물러나오면 군왕을 차갑게 만드는 자들이 이르니, 군왕께서 선한 마음의 싹이 있다 한들 내가 어떻게 할 수 없다."

제선왕은 맹자를 통해 선한 가르침을 얻지만, 그 나머지 대부분의 날들은 나쁜 영향을 끼치는 신하들에게 둘러싸여 있으니 결코 지혜로운 왕이 될 수 없었다. 만약 제선왕이 누가 자신에게 선한 영향과 좋은 가르침을 주는 사람인지 알 수 있었다면 당연히 맹자를 오래 곁에 두었을 것이다. 하지만 맹자의 쓴소리보다 교언영색을 하는 신하들의 달콤한 소리에 더 귀를 기울이기에 선한 싹이 자랄 수 없었다. 결국 제선왕은 얼마든지 좋은 배움을 얻을 환경에 있음에도 스스로 배움을 얻는 조건을 만들지 않았기에 아무것도 얻지 못했다. 이를 두고 《맹자》 〈이루 하〉에서 맹자는 이렇게 말했다.

"군자가 학문과 수양을 깊이 파고드는데 도리에 맞게 하는 것은 스스로 경험해 얻으려는 것이다. 스스로 경험해 얻으면 그것에 거하는 것이 안정되고, 안정되면 자질이 더 쌓여 깊어지고, 쌓인 것이 깊어지면 좌우 가까운 데서 취하더라도 그 근원을 얻을 수 있다. 그래서 군자는 스스로 체득해 얻고자 하는 것이다(군자심조지이도 욕기자득지야 자득지즉거지안 거지안즉자지심 자지심즉취지좌우봉기원 고군자욕기자득지야君子深造之以道 欲其自得之也 自得之則居之安 居之安則資之深 資

之深則取之左右逢其原 故 君子欲其自得之也)."

　이 글의 핵심은 바로 스스로 체득해 얻고자 한다는 뜻의 '자득自
得'이다. 그리고 자득하기 위해서는 반드시 올바른 절차와 방법을
통해야 한다. 이것이 바로 학문과 수양을 통해 진리를 얻는 방법이
다. 이렇게 할 때 안정되어 흔들림이 없고, 안정되어 흔들림이 없으
면 내면이 깊어진다. 이러한 깊은 내공에 도달하면 좌우의 가까운
것, 일상의 체험으로부터도 진정한 배움을 얻을 수 있다.

　《장자》에는 "우리의 인생은 짧고 배움은 끝이 없다(오생야유애
이지야무애吾生也有涯 而知也無涯)"라고 실려 있다. 이런 한계를 이기는
방법은 바로 삶과 배움을 일치시키는 것이다. 진정한 공부란 고차
원적인 지식이 아니라 일상에서 얻어야 한다. 진리는 결코 멀리 있
지 않다. 진리를 찾아 골방에 들어가거나 멀리 떠날 것이 아니다.
평범한 하루하루의 일상을 충실히 쌓아나감으로써 얻을 수 있다.

군자가 종일 쉬지 않고 애쓰며, 저녁에 반성하면,
어려운 일이 있더라도 허물은 없으리라.

－《주역》〈건괘〉중에서

배움은 자기완성의 과정이다

> 사람들의 병폐는 남의 스승이 되기를 좋아하는 데 있다.
> 人之患在好爲人師
> 인지환재호위인사
> 《맹자》〈이루 상〉

《맹자》〈진심 상〉에는 맹자가 말했던 '군자의 세 가지 즐거움(군자
삼락君子三樂)'이 실려 있다.

"군자에게는 세 가지 즐거움이 있는데, 천하에 왕 노릇 하는 것
은 그 안에 포함되어 있지 않다. 부모님이 모두 살아 계시고 형제들
에게 아무 탈 없는 것이 첫 번째 즐거움이다. 우러러 하늘에 부끄럽
지 않고 아래로 사람들에게 부끄럽지 않은 것이 두 번째 즐거움이
다. 천하의 영재를 얻어 가르치는 것이 세 번째 즐거움이다. 이렇게
군자에게는 세 가지 즐거움이 있는데, 천하에 왕 노릇 하는 것은 그
안에 없다."

맹자가 치열한 전쟁의 시대를 살아오면서 얻은 통찰로, 새겨들

을 만한 경구다. 맹자가 군자의 즐거움으로 꼽은 것은 맨 먼저 가정의 평안이고, 그다음은 부끄럽지 않게 사는 것, 바로 '의義'의 철학이다. 마지막은 지혜를 추구하는 삶으로, 뛰어난 제자를 찾아서 가르치는 일이다. 여기서 특이한 점은 세상의 성공, 즉 천하에 왕 노릇을 하는 것은 즐거움에 포함되지 않는다는 말을 두 번이나 강조했다는 것이다. 맹자가 진실로 중요하게 여겼던 부분은 천하의 권세나 세속적인 성공이 아니다. 스스로 정립되어 있지 않은 상태에서 세상의 높은 자리에 올라가는 것은 오히려 고통이 될 수도 있다는 말이다.

맹자의 말처럼 제자를 가르치는 일이 즐거움이 되기 위해서는 반드시 자신의 학문이 먼저 확립되어야 한다. 또한 학문을 통해 스스로도 성장해나갈 수 있어야 한다. 즉 배움에 대한 겸손이 뒷받침되어야 가르치는 일이 즐거움이 될 수 있다.

《예기》〈학기學記〉에는 '교학상장教學相長'이라는 가르침의 의미를 말해주는 유명한 성어가 실려 있다. "가르침과 배움은 함께 성장한다"로 직역되는데, 진정한 가르침이 있다면 학생도 성장하지만 선생 역시 배우며 성장한다는 말이다.

"옥은 쪼아 다듬지 않으면 그릇이 될 수 없고, 사람은 배우지 않으면 올바른 도道를 모른다. 그러므로 옛날에 왕이 된 자는 나라를 세워 다스릴 때, 가르치고 배우는 것(교학敎學)을 첫째로 삼았다. 비록 좋은 안주가 앞에 있어도 먹어보지 않고는 그 맛을 알 수 없고, 지극한 도道가 있더라도 배우지 아니하고는 그 좋은 것을 모른다.

이런 까닭으로 배운 연후에야 자신의 배움이 부족함을 알고 가르쳐본 연후에야 어려움을 안다. 부족함을 알아야 스스로 반성할 수 있고, 어려움을 알아야 스스로 강해질 수 있다. 그러므로 가르침과 배움은 함께 성장한다."

여기서 맨 위의 문장 "옥은 쪼아 다듬지 않으면 그릇이 될 수 없고, 사람은 배우지 않으면 올바른 도를 모른다(옥불탁불성기 인불학부지도玉不琢不成器 人不學不知道)"는 사람 구실을 제대로 하기 위해서는 반드시 배움이 필요하다는 뜻으로《명심보감》이나《정관정요貞觀政要》등 많은 고전에서 인용되어 있다. 교학상장은 그 결론으로 제시된 문장인데, 가르침 역시 배움의 한 가지 방법이라는 것이다.

흔히 배움을 끝내고 후진을 양성하면 자신의 공부가 끝났다고 생각하기 쉽다. 이는 자신은 물론 제자들까지 망치는 길이다. 특히 오늘날은 수많은 지식과 기술이 끊임없이 등장하는 시대다. 이때 가르치는 자가 공부를 멈춘다면 이는 그 자리에 정체하는 것을 넘어 퇴보와 다름없다. 따라서 제대로 된 가르침을 위해 자신 역시 공부를 계속해야 한다. 배움을 주는 사람에게는 반드시 이런 자세가 필요하기에 배움 역시 가르침과 함께 성장한다는 것이다.

교학상장이 가르치는 또 한 가지는 바로 지도자의 겸손이다. 만약 스승이 자신의 학문에 자만한다면 더는 성장을 바랄 수 없다. 진정한 스승이란 제자로부터도 배움을 얻어야 하는데, 그때 필요한 자세가 바로 겸손이다. 제자 자공과의 대화에서 공자는 자신이 수제자 안회보다 못 하다고 솔직하게 인정했다. 이를 공자의 지나친 겸손이라고 볼 수도 있을 것이다. 그러나 바로 이런 자세가 있었기에 공자는 동양 철학의 시조가 될 수 있었다. 공자의 맥을 이은 순자 역시 청출어람靑出於藍, 즉 "제자가 스승보다 더 뛰어나다"는 말로 끊임없는 공부의 필요성을 강조했다. 이 말은 스승보다 제자가 더 뛰어날 수도 있으니 경계하라는 뜻이 아니라, 스승보다 더 나은 제자를 길러내기 위해 최선을 다하라는 뜻이다. 그래서 순자는, "학문은 멈출 수 없는 것이다(학불가이이學不可以已)"라고 하고, "날마다 널리 배우고 날마다 스스로를 반성해야 지혜가 밝아지고 허물이 없어진다"라고 그 이유를 밝혔다.

교학상장과 같은 의미인 효학반斅學半은 《서경》에 실려 있다. 〈열명說命 하〉에 나오는 이 문장은 명재상 부열이 은나라 고종의 당부에 자신의 생각을 밝힌 것이다.

"부열이 말했다. '왕이시여, 사람이 많은 견문을 구하는 것은 이 사업을 이루기 위해서입니다. 옛 가르침을 배워야 얻음이 있는 것이니 옛것을 본받지 않고서 길이 다스려질 수 있다는 말을 들은 적이 없습니다. 배움은 뜻을 겸손하게 하고 항상 민첩하게 해야 닦을 수 있습니다. 독실하게 믿고 기억하면 도가 몸에 쌓일 것입니다. 가르침은 배움의 반(효학반斅學半)이니 처음부터 끝까지 배움을 잊지 않고 힘쓰면 덕은 자신도 모르는 사이에 갖추어질 것입니다. 선왕이 이루어놓은 법을 보시어 길이 잘못이 없게 하소서. 제가 공경히 받들어서 뛰어난 인재들을 널리 불러 여러 지위에 올리도록 하겠습니다.'"

심지어 국가의 최고 지위에 있는 왕이라고 해도 겸손하게 배움을 구해야 한다. 또한 배움을 구하는 데 잠시의 방심도, 게으름도 있어서는 안 되며, 가르침과 배움이 함께해야 학문의 증진과 덕을 이룰 수 있다. 그렇게 할 때 나라를 오래도록 평안하게 다스릴 수 있다는 간언이다.

맹자가 위의 예문에서 말했던 "사람들의 병폐는 남의 스승이 되기를 좋아하는 데 있다"는 바로 이런 자세를 갖추지 못한 사람들을 꾸짖는 말이다. 남보다 지식이 많다고 교만하게 자기를 높이고, 겸손하게 배움을 구하기보다는 자기주장만 강하게 하고, 알량한 학문으로 곡학아세曲學阿世를 하고, 편협한 이념에 사로잡혀 이치에 맞지 않는 행동을 하는 사람들에게는 제대로 된 학문이 정립될 수 없다. 그리고 이런 사람들이 세상을 혼란스럽게 한다. 맹자의 시대에는 좁은 소견과 독선적인 이념으로 백성들을 미혹시키는 사람들이 있었다. 천하를 구하는 일보다 자신의 털 오라기 하나가 더 중요하다는 극단적인 이기주의인 양주의 학파, 세상의 모든 사람을 하나의 차별도 없이 사랑해야 한다는 비현실적인 이상주의인 묵가, 세상 사람 모두 자기가 먹을 음식을 직접 농사지어야 한다는 비이성적인 주장을 하는 농가. 바로 이런 사람들이 자신의 학문으로 세상을 이롭게 하기는커녕 어지럽히고 백성들을 현혹시키는 세태를 맹자는 강하게 질타하고 있다.

"알량한 지식과 허황된 학문으로 남을 가르치기보다 먼저 너부터 바르게 하라."

마치 서양의 철학자 소크라테스Socrates가 "너 자신을 알라!"고 외치며 아테네의 거리를 다녔던 일을 연상시킨다. 또한 맹자는 "백성을 제대로 가르치지 않고 전쟁에 보내는 것은 백성을 재앙에 빠뜨리는 것이다(불교민이용지 위지앙민不教民而用之 謂之殃民)"라고도 했다. 자신의 학문과 수양뿐 아니라 백성들의 삶을 지키는 것이 바로 배움이라는 말이다. 이처럼 치열하게 수양과 학문을 추구했던 대철학자에게 자신의 알량한 지식을 뽐내며 사람들을 미혹시키고 세상을 어지럽히는 사이비 학자들은 사라져야 할 병폐일 뿐이다. 《대학》에는 "진실함이 없는 자가 궤변을 늘어놓지 못하게 해야 한다(무정자 부득진기사無情者 不得盡其辭)"라고 실려 있다. 이 말이 맹자의 생각을 정확하게 말해주고 있다.

남의 스승이 되기 좋아하는 것은 외적으로는 자기 지식을 과시하는 태도이지만, 내면을 들여다보면 열등감의 표현인 경우가 많다. 자신의 부족함을 드러내기 싫어서 작은 지식을 자랑하며 다른 사람 위에 군림하려는 것이다. 이런 성향인 사람은 부족함을 채우기 위해 노력하지는 않는다. 무엇보다도 문제가 되는 점은 이러한 삶은 허망하다는 사실이다. 채우지는 않으면서 계속 비우기만 하니 어찌 삶이 공허하지 않겠는가? 진정한 배움이란 자신의 영달이나 남에게 과시하려는 도구가 아니라, 끊임없이 계속해야 할 자기완성의 과정이다.

근심할 만한 것만 근심하라

> 군자에게는 평생토록 근심하는 것은 있어도, 하루아침의 근
> 심은 없다.
> 君子有終身之憂 無一朝之患
> 군자유종신지우 무일조지환
> -《맹자》〈이루 하〉

《논어》〈태백〉에 공자의 제자 증자가 했던 유명한 말이 실려 있다.

"선비는 뜻이 크고 의지가 강인해야 하니, 짐은 무겁고 갈 길은
멀기 때문이다(임중이도원任重而道遠). 인仁을 임무로 삼으니 어찌 짐
이 무겁지 않은가? 죽은 후에야 그만두는 것이니 또한 갈 길이 멀
지 않은가?"

이 문장은 표현이 유려하고 의지가 비장해서 많은 역사적 인물
들의 좌우명으로도 손꼽힌다. 서양 귀족들의 도덕적 의무와 사회
적 책무를 뜻하는 노블레스 오블리주의 동양식 표현이라고 할 수
있겠다. 《맹자》〈이루 하〉에도 사회지도층의 자세와 도덕적 책무
를 뜻하는 '종신지우終身之憂'라는 성어가 실려 있다.

여기서 종신지우는 군자로서 인의예지에 충실한 삶을 말한다. 만약 이런 사람들이 사회지도층이 된다면 나라와 국민을 위해 평생을 두고 근심한다는 의미로, 증자가 말했던 임중이도원任重而道遠과 의미가 같다. 일조지환一朝之患은 하루아침의 근심으로 해석되는데 바로 평범한 사람들의 근심을 말한다. 오늘날도 마찬가지지만 당시 세상 사람들도 끊임없이 부와 성공과 권세를 좇고 있었다. 맹자는 이것을 마치 하루아침의 근심처럼 허망한 욕심으로 표현했다. 그리고 최소한 군자라면 어떤 근심을 해야 하는지를 말해준다.

"만약 근심할 것이 있다면 이런 것이다. 순임금도 사람이고 나도 사람인데, 순임금은 천하의 모범이 되어 후세에 전할 만한 데 비해 나는 시골사람을 면치 못하고 있으니 이는 근심할 만하다."

〈등문공 상〉에는 공자의 제자 안연이 "순임금은 어떤 사람입니까? 저는 또 어떤 사람입니까? 하려고만 한다면 누구나 그와 같을 수 있습니다"라고 말했던 내용이 실려 있다. 이 말은 사람으로 태어나 누구나 노력한다면 탁월한 인물이 될 수 있다는 뜻이다. 심지어 순임금과 같은 최고의 성군으로 꼽히는 인물이라고 해도 못 오를 나무는 아니다. 하려는 마음과 의지만 있다면 될 수 있다는 것이다. 안연은 공자로부터 수제자로 인정받았던 인물이다. 공자는 안연을 두고 '나보다 더 뛰어나다'고 말하기도 했다. 하지만《논어》에 기록된 안연은 학문과 수양은 뛰어나지만 대장부 이미지는 아니었다. 어떻게 보면 유약하다고 보일 정도였다.

《맹자》에서의 안연은 당당하고 담대하게 자신의 소신을 이야기한다. 맹자의 이미지와 닮았다. 맹자는 안연을 빌려 자신의 생각을 말하고 있는지도 모르겠다. 즉 사람이라면 누구나 순임금과 같은 인물이 될 수 있고, 단지 스스로 노력하지 않기에 되지 못할 뿐이라는 것이다. 그리고 자신의 부족함을 누구의 탓으로도 돌려서는 안 된다. 타고난 천성이 부족하다거나, 환경이 나쁘다거나, 기회가 없었다거나, 이 모든 것이 맹자에게는 변명에 불과하다. 미리 자포자기하고 스스로를 방치했기에 할 수 없었던 것이다. 따라서 진정으로 근심해야 할 것은 큰 가능성이 있었음에도 살리지 못함이다. 그런 근심이 바로 평생 해야 할 근심인 것이다. 학문을 닦고 수양하는 것은 단기간에 되지 않을 뿐더러 스스로 만족하기도 어렵다. 따라서 진정한 군자란 평생 정진하고 자신을 닦아나가는 사람이다. 높은 차원의 이상을 추구하기에 언제나 자신의 부족함을 절감할 수밖에 없다. 결국 끊임없이 연마해야 하는 것이다. 맹자는 이렇게 말한다.

"스스로 근심스럽다면 어떻게 해야 할까? 순임금과 같아지려고 할 뿐이다. 대체로 군자라면 사소하게 근심하는 일이 없다. 인이 아니면 행하지 않고 예가 아니면 행하지 않는다. 그래서 일시적인 근심이 있다 해도 군자는 그것을 근심하지 않는다."

크게 보고 의지가 담대한 사람은 자신의 부족함을 근심할 따름이지, 작고 사소한 일에 마음을 두지 않는다. 여기서 담대한 의지란 바로 인의예지의 삶을 추구하는 것이다. 작고 사소한 일이란 부와 명예, 권세와 같은 것들이다. 맹자는 이것을 두고 "군자는 근심하지 않는다"고 했다. 영원하지도 않을 뿐더러 물거품처럼 하루아침에 허무하게 사라질 수 있기 때문이다. 그러면 진정한 군자가 되려면 어떻게 해야 할까?

"군자가 평범한 사람들과 다른 점은 마음을 잘 보존하는 것이다. 군자는 인仁을 마음에 보존하고, 예禮를 보존한다. 인한 사람은 다른 사람을 사랑하고 예를 지닌 사람은 다른 사람을 공경한다. 남을 사랑하는 사람은 남들도 그 사람을 사랑하고, 남을 공경하는 사람은 남들도 그 사람을 공경한다."

사람과 사람과의 관계는 상대적이다. 먼저 사랑을 베풀면 상대방도 보답한다. 군자는 먼저 베푸는 사람이다. 사랑과 배려하는 마음으로 다른 사람을 대하면 다른 사람 역시 그를 사랑하고 공경한다. 그 힘이 바로 인과 예가 잘 보존되어 있는 마음이다. 맹자가 항상 주장하듯이 하늘로부터 받은 선한 천성이 잘 보존되어 있는 마음인 것이다. 만약 그래도 대인관계에 문제가 있다면 다음과 같이 대처한다.

"여기에 어떤 사람이 있다고 하자. 그 사람이 함부로 대한다면 군자는 반드시 스스로 반성할 것이다. '내게 분명히 어질지 못한 점이 있고 무례한 행동이 있었을 것이다. 그렇지 않다면 어떻게 이런 일이 나에게 닥쳤겠는가?' 군자가 스스로 반성해 어질어졌고, 스스로 반성해 예의를 갖추었는데도 여전히 그 사람이 함부로 대한다면 군자는 다시 한 번 반성해야 한다. '분명히 내가 충실히 대하지 못함이 있었을 것이다.' 그리고 스스로 반성해 충심을 다했는데도 여전히 함부로 군다면 군자는 이렇게 말할 것이다. '이 사람은 망령된 자다. 금수와 다를 바가 없구나. 금수에게 비난할 것이 무엇이 있겠는가?' 그러므로 군자에게는 종신토록 근심하는 것은 있어도 하루아침의 근심은 없다."

먼저 두 번의 자기반성이다. 인간관계에 문제가 생기면 스스로에게 잘못이 있지는 않은지 반성한다. 그래도 계속 문제가 생겨 상대가 함부로 대한다면 그때는 단호하게 관계를 단절해야 한다. 이미 두 번이나 양보했는데도 상대의 행동이 변하지 않는다면 그 사람은 금수와 다를 바가 없기 때문이다. 맹자는 사람과의 관계에서도 무작정 양보하고 배려하라고 말하지는 않았다. 두 번의 배려를 받아들이지 않는 사람은 더는 비난하지도 말고, 관계를 지속하지도 말라고 단호하게 말했다. 심리학자 알프레드 아들러Alfred Adler는 "인간의 모든 고민은 인간관계에서 비롯된 것이다"라고 말했다. 2,300년 전의 맹자도 인간관계의 핵심을 말해준다. 먼저 사랑과 배려로 대하되, 그것을 받아들이지 못하는 사람과는 관계를 단절하고 더는 고민하지도, 근심하지도 말라는 것이다. 맹자가 이야기했던 종신지우는 바로 가까운 사람과의 관계를 바르게 하는 데서부터 시작한다.

맹자는 부와 권력과 명예를 좇는 삶을 물거품과 같이 사라질 욕심이라고 했다. 하지만 오늘날을 살아가는 평범한 사람들이 더 나은 삶을 추구하는 마음에서 자유로울 수는 없다. 초월의 경지에 오른 사람이 아니고서는 성공과 성취를 마다할 사람이 어디 있으랴.

단지 맹자와 같은 높은 경지는 아니더라도 인생의 목적을 오직 성공과 성취에 두고 그것을 위해 수단과 방법을 가리지 않은 삶은 멀리할 수 있어야겠다. 오직 가지려 하고 더 높은 자리에만 오르려는 사람은 자연히 본성의 선함과는 멀어질 수밖에 없다. 설사 원하는 것을 가진다고 해도 결코 만족하지 못한다. 더 많은 것을 가지려고 하고, 혹시 빼앗기지는 않을까 두려워하며 살아가야 한다.

담대심소膽大心小라는 말이 있다. 기개와 뜻은 크게 하지만 세심함을 잃지 말라는 말이다. 맹자는 담대한 꿈을 꾸고 그것을 이루기 위해 평생 매진하라고 우리를 격려한다. 하지만 가까운 사람과의 관계 역시 잘 가꾸어가라고 권한다. 종신지우가 바로 그런 뜻이다. 평상시에 자기성찰과 배려로 먼저 베풀며 살아갈 때, 더 큰 것을 이룰 힘이 생긴다.

널리 배우고 자세히 말하라

> 널리 배우고 자세히 말하는 것은 나중에 돌이켜 요점을 말하기 위함이다.
> 博學而詳說之 將以反說約也
> 박학이상설지 장이반설약야
> -《맹자》〈이루 하〉

《논어》에는 과유불급過猶不及, 즉 "지나친 것은 모자란 것과 같다"라는 유명한 성어가 실려 있다. 공자가 동문수학하는 자장과 자하를 비교했던 내용인데, 자장에게는 지나침을, 자하에게는 모자람을 지적했다. 자장은 능력도 뛰어나고 적극적인 성품이지만 의욕이 지나친 면이 있었고, 자하는 문장과 학문에 뛰어난 제자이지만 고지식하고 소극적인 면이 있었던 탓이다.

하지만 자하는 학문이 깊었고, 성격처럼 기본에 충실한 배움을 지향했다. 그래서《논어》에서도 자하는 일상에서의 배움에 관한 많은 글을 남겼다.《논어》〈자장〉의 해당 내용이다.

"날마다 모르던 것을 알아가고, 달마다 배운 것을 잊지 않는다면

배움을 좋아한다고 할 수 있다(일지기소망 월무망기소능 가위호학야
이의日知其所亡 月無忘其所能 可謂好學也已矣)."

다음은《논어》〈학이〉에 언급된 내용이다.

"어진 이를 어질게 대하기를 마치 여색을 좋아하듯이 하라. 부모
를 섬기는 데 온 힘을 다하고, 군주를 따르는 데 목숨을 바칠 줄 알
며, 친구와 사귈 때 신의를 지켜라. 이런 사람은 스스로 배우지 못
했다고 말하더라도 나는 그를 배운 사람이라고 할 것이다(수왈미학
오필위지학의雖曰未學 吾必謂之學矣)."

《논어》〈팔일〉에서는 공자와 시에 대해 논하다가, "내게 깨달음
을 주는 자는 바로 상商(자하)이로구나. 비로소 자네와 함께 시를
말할 수 있겠다(기여자상야 시가여언시이의起予者商也 始可與言詩已矣)"라
는 극찬을 듣기도 했다. 공자가 "그림을 그리는 것은 흰 바탕이 있
은 다음이다"라고 시에 관한 가르침을 주자, "예는 나중 일이라는
것입니까?"라고 정확하게 대답했기 때문이다.

자하가 학문에 관해 말했던 내용 가운데 가장 핵심적이며 후대
의 학자들에게 큰 영향을 준 말이 〈자장〉에 실려 있다.

"널리 배우고 뜻을 굳건히 하며, 간절하게 묻고 가까이 생각하
라. 인은 그중에 있다(박학이독지 절문이근사 인재기중의博學而篤志 切問
而近思 仁在其中矣)."

올바르게 살기 위한 학문과 생활의 도리를 밝혀준 말이다. 이 말
에 있는 '박학독지博學篤志'와 '절문근사切問近思'는 군자로서 공부하
는 방법을 일러준 것이다. 박학독지는 한 가지 분야에 그칠 것이 아

니라 폭넓은 분야를 공부하고 경험을 넓혀 경륜을 쌓아야 한다는 말이다. 이때는 반드시 올바른 뜻을 세워 잘못된 방향으로 나가는 것을 막아야 한다. 올바른 뜻을 세우지 못하고 공부에만 집중한다면 전혀 예기치 않은 방향으로 나아갈 수도 있다. 예를 들어 오직 성공, 오직 출세의 공부에 빠질 수 있는 것이다. 공부의 목적은 나의 성장을 통해 세상을 이롭게 하는 데 있다. 그것을 확고히 하기 위해서는 반드시 뜻을 바로 세워야 한다.

절문근사는 평상시에 배움이 있어야 한다는 의미다. 물론 공부를 위해 시간을 따로 내어 세상과 담을 쌓고 학문에 몰두하는 것도 학문을 이루는 한 가지 방법이다. 하지만 평생 이렇게 공부만 하며 살 수는 없다. 학문을 했다면 당연히 세상에 나와서 뜻을 펼쳐야 한다. 그때 필요한 것이 바로 절실히 묻고, 가까운 데서 미루어 생각하는 자세다. 공부는 현실에 기반을 두어야 하고, 평상시에 접하는 사람들 모두에게서 배움을 얻을 수 있어야 한다.

성리학의 시조라고 할 수 있는 주자朱子는 이 성어 중에 근사近思를 따서 《근사록》을 썼다. 학문의 길이란 가까운 일상에서 진리를 찾을 수 있어야 한다는 가르침을 담은 글이다. 가까운 데서 미루어 시작하고, 더 큰 이상을 향해 나가야 한다는 유교의 가장 근본적인 가르침이다. 《맹자》 〈이루 하〉에서는 왜 폭넓게 공부해야 하는지에 대해 말해준다.

"널리 배우고 자세히 말하는 것은 나중에 돌이켜 요점을 말하기 위함이다."

폭넓게 공부하는 목적은 자신의 학문을 자랑하기 위해서가 아니다. 만약 학식을 자랑하는 데 목적을 둔다면 자신이 아는 바를 장황하게 설명하게 된다. 다양한 지식을 동원하고 화려한 말솜씨를 늘어놓지만 듣는 사람을 지루하게 만들 뿐이다. 당연히 설득은커녕 반감만 사게 된다. 맹자에 따르면 폭넓은 공부란 바로 요점을 짚어 핵심을 말하기 위함이다. 폭넓은 공부와 경험을 바탕으로 자신이 말하고자 하는 바를 짧고 정확하게 말하는 것은 진정한 고수의 경지다. 이것저것 둘러대며 말을 장황하게 하는 사람은 어설픈 지식에 갇힌 하수에 불과하다.

'폭넓게 공부하는 것(박학博學)'은 공부의 다섯 가지 원칙 중에 하나로,《중용》20장에도 실려 있다.

"널리 배우고, 자세히 물으며, 신중하게 생각하고, 밝게 변별하고, 독실하게 행한다(박학지 심문지 신사지 명변지 독행지博學之 審問之 愼思之 明辯之 篤行之)."

이 다섯 가지 공부 원칙은 오늘날에도 통한다. 공부를 잘하기를 원한다면 반드시 이 원칙을 새겨 실천해야 한다. 먼저 '널리 배운다(박학博學)'는 폭넓은 공부를 뜻한다. 어느 한쪽에 치우친 전문가가 아니라 다양하고 폭넓은 지식이 뒷받침해야 진정한 실력자가 될 수 있다. '자세히 묻는다(심문審問)'는 스스로 모른다는 사실을 인정하고 겸손하게 의문을 풀어가는 것을 의미한다. 그리고 자신의 공부에 분명한 철학을 세우는 것을 말한다. 학문學問이라는 단어가 배울 학과 물을 문으로 이루어진 이유는 바로 박학과 심문에서 유래

되었기 때문이다. '신중히 생각한다(신사愼思)'는 생각을 통해 배움을 보완한다는 의미다. 배운 후에 생각하는 것은 배운 지식을 온전히 자신의 것으로 만드는 과정이다. 그냥 외워서는 아무것도 남는 것이 없고, 오로지 생각을 거쳐야 자신의 것이 된다. '밝게 판단한다(명변明辯)'는 '신중히 생각한다'와 연결되는 말이다. 자신이 배운 바를 비판적으로 분별하라는 의미다. 검토·비판·수정·실천·재수정을 거쳐야 진정한 지식이 된다. 이러한 과정이 생략되면 오류가 있는 지식, 도덕성이 결여된 지식에 빠질 수도 있다. '독실하게 행한다(독행篤行)'는 배움은 반드시 실천해야 완성된다는 사실을 말해준다. 배움은 자신의 일과 삶에 올바르게 적용하는 단계가 마지막이다. 단순히 아는 것에만 그치는 공부는 공부가 아니다.

그리고 이 모든 것을 통해 자신이 배우고 익힌 학문을 집약해서 가르쳐줄 수 있어야 한다. 《채근담》에는 "문장이 경지에 이르면 별다른 기발함이 있는 것이 아니라 다만 적절할 뿐이고, 인품이 경지에 이르면 별다른 특이함이 있는 것이 아니라 단지 자연스러울 뿐이다(문장주도극처 무유타기 지시흡호 인품주도극처 무유타이 지시본연文章做到極處 無有他奇 只是恰好 人品做到極處 無有他異 只是本然)"라고 실려 있다. 이 문장은 말과 글을 넘어 세상의 모든 일에 적용되는 지혜가 담겨 있다. 지나치게 남다른 것을 추구하다보면 오히려 보편성을 잃고 복잡해진다. 핵심을 짚지 못하고 중언부언하는 것이다.

모든 사람, 모든 사물은 극치에 도달하면 단순해지고 본질에 충실해진다. 단순함과 자연스러운 아름다움이 최상이다. 말과 학문도 마찬가지다. 현실에 기반을 두면서도 깊은 뜻이 담긴 말이 가장 좋은 말이다. 또한 간결하면서도 폭넓게 베풀 수 있는 것이 진정한 학문이다.

"말이 비근하면서도 가리키는 바가 깊으면 그것은 좋은 말이고, 지키는 것이 요약되어 있으면서 베푸는 것이 넓으면 그것이 좋은 도다(언근이지원자 선언야 수약이시박자 선도야言近而指遠者 善言也 守約而 施博者 善道也)."

맹자가 가르쳐주는 말과 수양의 최고 경지다.

내면의 힘을 기르는 공부가 필요하다

> 학문의 길은 다른 것이 아니라 잃어버린 마음을 찾는 것이다.
> 學問之道無他求其放心而已矣
> 학문지도무타구기방심이이의
> - 《맹자》〈고자 상〉

《논어》의 첫 문장은 잘 알려진 대로 "배우고 때때로 익히면 또한 기쁘지 않은가(학이시습지불역열호學而時習之不亦說乎)?"로 배움의 즐거움을 말하고 있다. 그 외에도 《논어》에는 거듭해서 배움에 대해 이야기한다. 배움의 의미, 배움의 가치, 배움의 자세 등 배움에 관한 거의 모든 내용이 실려 있다고 해도 과언이 아니다. 그만큼 유교의 시조인 공자의 철학은 배움을 중심으로 한다. 사람다운 삶을 위해서, 개개인의 성장과 수양을 위해서, 올바른 통치를 위해서, 좋은 세상을 만들기 위해서 반드시 배움이 필요하다는 것이다. 《논어》〈위정〉에는 다음과 같은 말이 실려 있다.

"나는 열다섯에 학문에 뜻을 두었다."

"아는 것을 안다고 하고 모르는 것을 모른다고 하는 것, 이것이 아는 것이다(지지위지지 부지위부지 시지야知之爲知之 不知爲不知 是知也)."

다음은《논어》〈옹야〉에 실려 있는 문장이다.

"무엇을 안다는 것은 그것을 좋아하는 것만 못하고 좋아하는 것은 즐기는 것만 못하다(지지자 불여호지자 호지자 불여락지자知之者 不如好之者 好之者 不如樂之者)."

직접적으로 배움이나 학문을 가리키지 않더라도 배움과 수양의 목적인 도道에 대한 열망을 나타내는 글도 있다.《논어》〈이인〉에 실려 있는 "아침에 도를 들어 알게 되면 저녁에 죽어도 좋다(조문도 석사가의朝聞道 夕死可矣)"가 대표적이다.

이 외에도 유교의 전통을 이어받은 많은 고전들에는 학문과 배움에 관한 글이 많다. 특히《중용》에 학문의 핵심적인 방법을 가르쳐주는 글이 많다. 먼저 공부에 임하는 자세다.

"배우지 않은 것이 있으면 그것을 배우되, 다 배우지 못했으면 그만두지 않는다. 묻지 않는 것이 있으면 그것을 묻되, 알지 못하면 그만두지 않는다. 생각하지 못한 것이 있으면 생각하되, 얻지 못했으면 그만두지 않는다. 분별하지 못한 것이 있으면 그것을 다시 분별하되, 밝히지 못했으면 그만두지 않는다. 행하지 않은 것이 있으면 그것을 행하되, 독실하지 못했으면 그만두지 않는다."

공부의 치열한 자세를 말해주는 문장으로, 한번 시작했으면 반드시 끝장을 보라는 이야기다. 그리고 결론으로 이렇게 말해준다. 어떻게 보면 가혹할 정도다.

"다른 사람이 한 번에 할 수 있다면 나는 백 번을 하고, 다른 사람이 열 번에 할 수 있다면 나는 천 번을 한다(인일능지 기백지 인십능지 기천지人一能之 己百之 人十能之 己千之)."

다른 사람이 한 번에 하는 것을 백 번을 해야 한다면 심각하게 우둔한 사람일 수도 있다. 하지만 학문에서는 전혀 그것이 부끄럽거나 문제가 되지 않는다. 어떤 노력을 거치더라도 일단 이루고 나면 모두가 같아지기 때문이다. 이때 필요한 자세가 바로 자신의 부족함을 아는 겸손과 반드시 학문을 이루겠다는 열망이다. 이런 자세만 갖춘다면 반드시 학문을 이룰 수 있다.

맹자도 학문과 배움의 가치를 가장 중요한 덕목으로 삼았지만, 정작《맹자》에는 학문에 대한 글이 그리 많이 실려 있지는 않다. 그 중에 주목할 만한 것이 바로 위의 예문이다. 〈고자 상〉에 실려 있는 전문을 살펴보면 이렇다.

"인은 사람의 마음이고, 의는 사람의 길이다. 그 길을 버려 따르지 않고, 그 마음을 놓아버리고 찾을 줄 모르니, 슬프다! 사람들은 개나 닭을 잃어버리면 그것을 찾을 줄 알면서도, 마음을 잃어버리고서는 찾을 줄 모른다. 학문의 길은 다른 것이 아니라 잃어버린 마음을 찾는 것이다."

인이 사람의 마음이고 의가 사람이 따라야 하는 길임을 맹자는 거듭해서 강조한다. 이 글에서도 역시 마찬가지다. 맹자가 말하고자 하는 핵심은 바로 사람의 선한 마음(인仁)과 바른길(의義)을 따라야 한다는 것이다. 하지만 많은 사람이 인의의 도리를 잃어버리고도 찾을 줄 모른다. 하찮은 닭과 개를 잃어버리면 온 동네를 뒤지며 찾아다니지만 정작 자기 마음은 잃어버려도 찾을 줄을 모르고, 심지어 잃어버린 줄도 모르고 있음을 맹자는 한탄한다.

오늘날 관점에서 보면 닭과 개는 재물을 상징한다. 사람들은 부와 재물, 그리고 권력 같은 것들을 생명처럼 여기고 얻기 위해 최선을 다한다. 하지만 정작 사람에게 가장 소중한 선한 마음과 바른 도리는 내팽개치고 찾을 줄을 모른다. 맹자는 심지어 "생명도 내가 원하는 것이고 의도 내가 원하는 것이지만 둘 다 얻을 수 없다면 생명을 버리고 의를 취하겠다(생역아소욕야 의역아소욕야 이자불가득겸 사생이취의자야生亦我所欲也 義亦我所欲也 二者不可得兼 捨生而取義者也)"라고 말하기도 했다. 맹자는 진정한 학문의 길이란 몇 가지 지식을 머릿속에 넣는 것이 아니라 바로 이런 선한 마음과 바른 도리, 즉 인간성을 회복하는 것이라고 질타한다.

《심경心經》의 저자인 서산 진덕수眞德秀는 위의 예문을 이렇게 해설한다.

"닭과 개는 지극히 하찮은 것인데도 잃어버리면 그것을 찾을 줄 안다. 사람의 마음은 지극히 중요한 것인데도 잃어버리면 찾을 줄 모른다. 매우 하찮은 것을 빌려서 매우 중요한 것을 깨우쳤으니, 사람으로 하여금 경계할 줄 알게 했다. 그렇다면 사람의 마음을 놓아버리게 하는 것은 무엇인가? 욕심에 빠지면 놓아버리고, 이익이 유혹하면 놓아버린다. 마음을 놓아버리면 그 행동은 반드시 어긋나게 된다."

진덕수는 사람들의 마음을 놓아버리게 하는 것은 바로 욕심과 이익이라고 간파했다. 그리고 이런 유혹에 빠지면 사람들은 나쁜 길로 빠지게 된다는 것이다. 그것을 막기 위해서는 반드시 마음을 지켜야 한다. 그 마음을 지키는 방법은 바로 학문이다.

주자는 "학문을 하는 일은 진실로 방법이 한 가지만은 아니다. 그러나 모두 본심의 바름을 잃어버리지 않기를 구하는 것일 뿐, 다른 방법이 없다"라고 했다. 하지만 사람들이 학문의 진정한 뜻을 알지 못하기에 헛도는 공부를 하고 있다고 비판한다.

"오로지 과거공부만 하는 사람은 과거에서 답을 쓰는 것이 모두 성현의 말씀이다. 청렴에 대해 논하라 하면 잘할 수 있고, 의에 대해 논해도 마찬가지다. 그러나 스스로는 청렴하지도 의롭지도 않으니, 많은 말을 하지만 단지 종이 위에서만 말하기 때문이다. 청렴도 제목상의 청렴이고, 의도 제목상의 의에 불과하니 모두 자신과는 아무런 관계도 없다."

오늘날에도 마찬가지다. 어린 시절부터 오직 좋은 성적을 얻기 위해, 좋은 대학과 좋은 회사에 입사하기 위한 목표로 공부하고 있다. 여기서 좋은 대학, 좋은 회사란 부와 권력을 얻기에 가장 유리한 조건이라고 할 수 있다. 물론 오늘날 성공과 명예를 위해 공부하는 것을 탓할 수는 없다. 하지만 자칫 오직 성공, 오직 명예를 얻는 데만 집중한다면 그 과정과 절차의 정의와 정당성이 훼손될 수 있다. 능력이 있는 사람, 성공한 사람이 무너지는 경우가 바로 이 때문이다. 다산 정약용丁若鏞은《심경밀험心經密驗》에서 이렇게 말했다.

"자기가 갑자기 죄와 허물에 빠져 부끄럽고 후회스러울 때 점검해보면 재물이 아니면 여색 때문이다. 다른 사람이 갑자기 명성이 추락하고 오명이 세상에 가득할 때 점검해보면 역시 재물이 아니면 여색 때문이다."

또한《자치통감資治通鑑》에서는 "나라를 어지럽힌 신하와 집안을 망하게 했던 자식은 재주는 넘치지만 덕이 부족하다"라고 했다. 스스로 성찰하고 내면의 힘을 키우는 공부가 겸비되어야 하는 이유다. 아니, 반드시 우선되어야 한다.

내 마음을 살펴 늘 원만하게 하면
천하는 절로 결함이 없는 세상이 될 것이다.
내 마음을 풀어놓아 늘 너그럽고 평안하게 하면
천하는 절로 험악하고 편파적인 자가 없는 세상이 될 것이다.

－《채근담》〈전집 97〉 중에서

세상의 권위에 흔들리지 말라

서경을 맹신하는 것은 서경이 없는 것만 못 하다.
盡信書則不如無書
진신서즉불여무서
-《맹자》〈진심 하〉

《논어》〈위령공〉에는 위나라 영공과 공자와의 만남이 기록되어 있다. 위나라 영공이 공자에게 진법에 대해 묻자, 공자는 이렇게 대답한다.

"제사에 관한 일은 일찍이 들어 알고 있지만, 군사에 관한 일은 배우지 못했습니다."

그리고 이튿날 위나라를 떠나버렸다. 공자는 인의예지로 나라를 다스려 이상적인 국가를 만들려 했지만, 위령공衛靈公은 자신의 관심사인 전쟁과 다툼으로 다른 나라를 정복하는 꿈을 꾸는 사람이었다. 위령공은, 지혜롭다고 세상이 인정하는 공자가 분명히 전쟁에도 통달했으리라고 생각했을 것이다. 그래서 공자에게 전쟁을 하는 법을 물었다. 이 대화를 통해 공자는 그의 무도함을 알고 위나라를 떠나버렸다. 함께 좋은 세상을 논하기는 어려운 인물이라고 생각했던 것이다.

여기서 우리는 공자의 철학뿐 아니라 그의 성향에 대해서도 잘 알게 된다. 공자는 정명론定命論, 즉 "임금은 임금다워야 하고 신하는 신하다워야 하고 아버지는 아버지다워야 하고 아들은 아들다워야 한다(군군 신신 부부 자자君君 臣臣 父父 子子)"고 주장했다. 천하의 모든 사람은 각자 처한 위치에 따라 충실하게 직분을 다해야 하고, 각각의 관계가 바르게 정립될 때 좋은 세상을 만들 수 있다는 것이다. 하지만 이로 인해 신분적인 한계가 정해지고, 군주의 권위를 철저히 인정했다. 비록 "군주는 예로써 신하를 부리고 신하는 충으로써 군주를 대해야 한다(군사신이례 신사군이충君使臣以禮 臣事君以忠)"라고 선언했지만, 군주가 예로써 신하를 대하지 않을 때 신하는 회피할 수밖에 없었던 것이다. 바로 위의 예화에서 공자가 보였던 행동이라고 할 수 있다.

맹자는 스스로 자신은 공자의 학문과 철학을 이어받은 사람이라고 했다. 《맹자》〈이루 하〉에는 맹자가, "군자가 남긴 덕도 다섯 세대가 지나면 끊기고, 소인이 남긴 혜택도 다섯 세대가 지나면 끊긴다. 나는 공자의 문도가 되지는 못했으나, 다른 여러 사람을 통해 공자의 도를 사숙하고 있다(여미득위공자도야 여사숙제인야予未得爲孔子徒也 予私淑諸人也)"라고 말했다. 공자와 맹자의 세대는 약 180년 차이가 나니 다섯 세대 정도 된다. 맹자는 어떤 좋은 덕과 학문도 다섯 세대가 지나면 끊길 수 있음을 우려했다. 따라서 맹자는 비록 공자에게 직접 배우지는 못했으나, 공자의 학문과 덕을 이어받기 위해 여러 곳에서 배웠다는 것이다. 맹자의 이러한 노력을 통해 전국 시대의 난세에도 공자의 유학은 맥을 이을 수 있었다. 그리고 맹자 역시 공자의 계승자, 성인인 공자 다음가는 아성亞聖으로 인정받을 수 있었다.

하지만 맹자가 공자의 학문을 맹목적으로 받아들인 것은 아니었다. 공자가 인仁을 핵심 덕목으로 삼았다면 맹자는 이에 덧붙여 의義를 강조했다. 그리고 공자가 무조건적으로 군주의 권위를 인정했다면 맹자는 군주일지라도 인의仁義를 지킬 때만 인정받을 수 있다고 했다. 군주가 이를 지키지 못한다면 반드시 고쳐야 하고, 끝내 돌이키지 못한다면 징벌을 받아야 한다고 했다.

맹자의 이러한 생각은 《맹자》〈고자 상〉에 실려 있는 천작天爵과 인작人爵의 개념에 잘 드러난다.

"하늘이 주는 작위가 있고 사람이 주는 작위가 있다(유천작자 유인작자有天爵者 有人爵者). 인仁·의義·충忠·신信·선善을 좋아하기를 게을리하지 않는 것은 하늘이 준 작위다. 공·경·대부는 사람이 주는 작위다. 옛사람들은 하늘이 준 작위를 잘 닦아 사람이 준 작위가 그것에 뒤따랐다. 요즘 사람들은 하늘이 준 작위를 잘 닦아 사람이 주는 작위를 추구하지만, 정작 사람이 주는 학위를 얻은 다음에는 하늘이 준 작위를 버리는데, 이는 심히 미혹된 것이다. 결국 사람이 준 작위 또한 잃을 것이다."

하늘이 준 권위와 달리 사람이 준 권위는 영원하지 않다는 의미다. 준 사람의 마음이 바뀌면 허무하게 사라지기 때문이다. 반면에 하늘이 준 작위는 영원히 지킬 수 있는 권위다. 사람들은 하늘이 준 작위, 즉 인의예지의 학문과 수양을 함으로써 사람들로부터 인정을 받고 높은 지위에 오를 수 있다. 하지만 정작 성공하고 난 뒤에는 올바르게 살지 않고 권세를 누리고 즐기는 데에만 열중하기에 결국은 패망한다. 권선징악 개념이라 거북할 수도 있겠지만, 오늘날 높은 지위에 오르고 권세와 명예를 누리는 사람들이 자신의 탐욕 때문에 무너지는 모습을 보면 허투루 들을 가르침은 아니다.

맹자는 위의 예문에서 학문의 권위 역시 무조건 받아들일 것이 아니라 반드시 비판적인 검증 과정을 거쳐야 한다고 말하고 있다. 전문을 살펴보자.

"서경을 맹신하는 것은 서경이 없는 것만 못 하다. 나는 〈무성武成〉에서 죽간 두세 쪽만 취했을 뿐이다. 인한 사람은 천하에 적수가 없다. 지극한 의의 힘으로 지극히 불인한 것을 친 것인데 어찌 피가 강을 이루어 절굿공이를 떠다니게 했을 것인가."

《서경》은 사서삼경四書三經 가운데 하나로, 중국의 가장 오래된 역사서다. 유교의 시조인 공자가 편찬한 책으로, 중국 인문학의 결정판이라고 볼 수 있다. 그 당시에도 가장 권위 있는 책으로 공자와 맹자를 비롯한 많은 학자가 이 책을 인용했다. 유학의 최고 경전인 《논어》와 《맹자》에도 《서경》에서 인용한 글들이 많이 실려 있다. 권위 있는 책을 인용해서 자신의 주장을 뒷받침하고 확실한 정당성을 부여하려고 했던 것이다.

하지만 맹자는《서경》이 위대한 책이기는 하지만 무조건적으로 맹신해서는 안 된다고 말했다.《서경》〈무성〉의 내용 중에 "피가 강처럼 흘렀다"는 말이 지나치게 과장되었다고 했다. 천하에서 가장 인한 주무왕周武王이 폭정을 일삼던 은나라(상나라)의 주왕紂王을 치는데 어찌 피가 강처럼 흐를 정도로 많은 사상자가 날 수 있었겠느냐는 뜻이다. 정의로운 전쟁은, 특히 지극히 정의로운 주무왕의 군대는 큰 피해를 보지 않았으리라는 확신이다.

물론 맹자의 주장도 지나치게 이상적이고 편견과 선입견이 있다. 아무리 의도가 선한 전쟁이라고 해도 전쟁에는 어쩔 수 없이 희생이 따르기 마련이다. 맹자의 가르침에 따라 냉철하고 비판적으로 이 글을 본다면 그의 생각에도 오류가 있음을 알 수 있다.

하지만 이 글의 핵심은 오직 인의仁義만이 진정한 가치일 뿐 세상의 권위를 인정하지 않는 맹자의 소신과 철학에 있다. 맹자의 말에서 우리는 두 가지 가르침을 얻을 수 있다. 한 가지는 좋은 책이나 권위 있는 학자의 가르침을 읽고 대하는 올바른 자세다. 아무리 훌륭한 책, 권위 있는 사람이라고 해도 그 내용을 무조건 맹신해 받아들이는 자세는 결코 좋지 않다. 좋은 가르침은 생각과 적용의 과정을 통해 자신의 것으로 받아들여야 한다. 하지만 그 과정에서 의구심이 드는 내용은 반드시 비판적 검증을 거쳐야 한다. 비판적 검증 역시 자신만의 생각에 사로잡혀 혼자 결론을 내리는 독단이 아니라 철저히 묻고 확인하는 과정이 필요하다.

또 한 가지는 세상의 권위와 권력을 대하는 자세다. 우리는 흔히 지위나 부를 가진 사람을 높이는 자세를 취할 때가 많다. 지위와 부가 그 사람의 가치를 대변한다고 생각하는 것이다. 하지만 부와 지위가 결코 그 사람을 말해주지는 않는다. 비록 가지지 못했어도 사람됨이 훌륭한 사람이 있고, 가진 것이 많아도 사람 구실을 못 하는 사람도 있다.

맹자는 세상의 어떤 권세와 권위 앞에서도 당당할 수 있었다. 심지어 무소불위의 권력을 가진 왕 앞에서도 마찬가지였다. 그 힘은 바로 스스로 올바르다는 확신에서 나왔다. 이러한 확신으로부터 담대한 호연지기를 얻었고, 당당하게 자신의 뜻을 표현할 수 있는 말의 능력을 얻었다. 물론 오늘날 세태에서 맹자처럼 행동하는 것은 무모한 일일지도 모른다. 하지만 어느 누구 앞에서도, 어떤 상황에서도 옳고 그름에서는 양보하지 않아야 한다. 그것이 난세에 스스로를 지키는 최선이다.

좌우봉원을 기르기 위한 맹자의 가르침

- 세상 모든 것이 스승이 될 수 있다. 어떤 사람으로부터라 도 배움을 얻을 수 있고, 또 배워야만 한다.

- 진정한 배움이란 자신의 영달이나 남에게 과시하려는 도구가 아니다. 끊임없이 계속해야 할 자기완성의 과정 이다.

- 진정으로 근심해야 할 것은 가능성이 있었음에도 살리 지 못함이다.

- 인간관계에 문제가 생기면 스스로에게 잘못은 없는지 반성해야 한다. 그럼에도 계속 문제가 생겨 상대가 함부 로 대한다면 그때는 단호하게 관계를 끊는다.

- 가까운 데서 미루어 시작하고, 더 큰 이상을 향해 나아가 야 한다.

- 폭넓은 공부와 경험을 바탕으로 말하고자 하는 바를 정 확하게 말한다.

- 스스로 성찰하고 내면의 힘을 키우는 공부가 반드시 우 선되어야 한다.

이천 년의 공부

흔들리지 않는 마음이 필요할 때, 맹자를 읽는다

초판 1쇄 발행 2019년 5월 31일 초판 3쇄 발행 2019년 8월 30일

지은이 조윤제
펴낸이 연준혁

출판 1본부 이사 배민수
출판 4분사 분사장 김남철
편집 이지은

펴낸곳 (주)위즈덤하우스 미디어그룹 출판등록 2000년 5월 23일 제13-1071호
주소 경기도 고양시 일산동구 정발산로 43-20 센트럴프라자 6층
전화 031)936-4000 팩스 031)903-3893 홈페이지 www.wisdomhouse.co.kr

값 16,000원 ⓒ 조윤제, 2019
ISBN 979-11-90065-73-3 03150

이 도서의 국립중앙도서관 출판예정도서목록(CIP)은 서지정보유통지원시스템
홈페이지(http://seoji.nl.go.kr)와 국가자료종합목록시스템(http://www.nl.go.
kr/kolisnet)에서 이용하실 수 있습니다.
(CIP제어번호 :2019019461)